南京理工大学马克思主义理论学科建设丛书

思想政治教育形态研究

王哲◎著

南京理工大学特色理科精品文科专项资助

海峡出版发行集团 THE STRAITS PUBLISHING & DISTRIBUTING GROUP | 福建人民出版社 FUJIAN PEOPLE'S PUBLISHING HOUSE

图书在版编目（CIP）数据

思想政治教育形态研究 / 王哲著 . --福州：福建人民出版社，2023.12

ISBN 978-7-211-09329-8

Ⅰ.①思…　Ⅱ.①王…　Ⅲ.①思想政治教育—研究—中国 Ⅳ.①D64

中国国家版本馆 CIP 数据核字（2024）第 028972 号

思想政治教育形态研究

SIXIANG ZHENGZHI JIAOYU XINGTAI YANJIU

作　　者：王　哲
责任编辑：陈银洁
美术编辑：林　玲
责任校对：陈　璟
出版发行：福建人民出版社　　**电　　话**：0591-87533169（发行部）
网　　址：http://www.fjpph.com　　**电子邮箱**：fjpph7211@126.com
地　　址：福州市东水路 76 号　　**邮政编码**：350001
经　　销：福建新华发行（集团）有限责任公司
印　　刷：福州星森印务有限公司
地　　址：福州市青口镇东长路 8 号
电　　话：0591-83910992
开　　本：700 毫米×1000 毫米　1/16
印　　张：17.5
字　　数：232 千字
版　　次：2023 年 12 月第 1 版
印　　次：2023 年 12 月第 1 次印刷
书　　号：ISBN 978-7-211-09329-8
定　　价：38.00 元

序

王哲的专著《思想政治教育形态研究》即将付梓，我很高兴。王哲是我非常优秀的学术型学生之一，这部著作亦是我指导的博士生研讨思想政治教育基础理论的非常优秀的学位论文之一。他邀我写序，我借机发些学术之感慨。

思想政治教育作为人类社会的一种文化现象自古有之，但将其作为一门学科加以系统性、学理性研究在我国却只有近 40 年时间。自 1984 年教育部开始设立思想政治教育本科专业以来，尤其是思想政治教育学科列入硕士博士学科专业目录以后，无论是在理论研究还是在实践探索上都取得了一系列重要成就和突破，基础理论探索和研究范式逐渐走向成熟，人才培养规模和质量不断提升。特别是近些年来，党和国家对思想政治工作的重视提升到了前所未有的高度，为学科发展注入了强劲动力。思想政治教育在新时代迎来了生机勃勃的春天。但是，作为思想政治教育理论研究者，我们不能沉湎于眼下学科的繁荣，而应清醒地认识到，思想政治教育的学科体系、学术体系和话语体系的建设发展依然任重道远，许多基础理论问题、学科规范问题仍需进一步取得共识。而且，越是处于快速发展的历史时期，越容易产生各种问题和挑战，正所谓“革命尚未成功，同志仍需努力”。思想政治教育的理论与实践研究仍然“在路上”。

十多年前，我曾在《马克思主义研究》（2011 年第 1 期）发文明确提出拓宽拓深思想政治教育“专业学术槽”这一命题。其实，这一看法我已酝酿腹稿多年。譬如，应对 20 世纪八九十年代一些人认为“两课”（马克思主义理论课和思想道德修养课）本身没有什么学科和科学性可言，更无任何“学问”可做等错误认识，我在新世纪初接受《思想理论教育导刊》记者兼编辑采访时就提出，合格的“两课”教师要成为本学科的专家学者，“潜台词”即不能将“专业学术槽”搞得很浅（参见《思想理论教育导刊》2001年第4期，题为《不断开拓　永远前行——记全国优秀“两课”教师张澍军》）。2012年，我在一个全国思想政治教育学术研讨会上，借主持大会学术讨论兼点评的机会，再次明确表达了这一观点：人们有时谈论，说某人“很专业”，是说他经过专业训练；相反，如果没有专业训练或专业自修却显得“很专业”，这个学科、专业就很危险了。所以多年来我一直认为，这一问题攸关学科发展的前途和命运。此后，我也多次在博士生、硕士生课堂上讲述这一观点。

诚然，十多年来在学界同仁的不懈努力下思想政治教育学科的“专业学术槽”已得到极大的深化和拓展，但与党和国家的要求及我们的理想期待仍然有一定距离。其中很重要的一个因素是思想政治教育的“元理论”研究。对于“思想政治教育元理论”的理解，我在一篇文章中做了这样阐释：

关于“思想政治教育元理论”概念。这要从“元理论”概念说起。“元理论”亦称“元科学”，人们通常理解为“关于理论的理论”，意即对于科学、理论等更为基本、更为抽象层面的再认识、再反思，从而构建出新的学科或某种学说领域的更为“一般”的理论，实质是一定学科或学说领域的前提性、终极性追问。不过，在我看来，有元问题，才有元理论；元理论拷问的对象理论与拷问这一对象理论背后的事实、实践，是不能分离的，两者不可能有绝对的界限。因为，后者恰恰是前者的认识论依据，也就是说，不论什么理论，即便是各类“元”理论，归根结底是客观存在和人的实践的反映。历史地看，元理论之“元”，在中国古代经典中，若取其哲思之意，主要是“起始”“基本”“本原”的意思，所谓“元犹原也”“元者为万物之本”（《春秋繁露·重政》）。在古希腊，“元”几近于哲学本体论学说。而现在我们通常讲的“一元论”“二元论”乃至“多元文化”中的“元”，实际是指规定规范事物的性质并自成系统的核心要素。理论现象也是如此。所以我认为，使用“元理论”概念，其一，应当借鉴、包括但不要拘泥它的关于“理论的理论”的含义。其二，相对于思想政治教育学科的理论现实而言，创建它的“元理论”，既能对已有理论进行更为基本的再认识，又能对古今中外思想政治教育实践进行再探讨；既具有如古代哲思的“元”性理论的特质，又是在建构“学科基本原理”。正如我在一篇文章中所指出的，我们现行的思想政治教育原理，总体上是中国特色的思想政治教育原理，“如果类比于马克思主义基本原理与中国化马克思主义理论，那么，在理论逻辑上，‘现代中国思想政治教育原理’，实际是思想政治教育学科体系的一个分支学科领域，是思想政治教育元理论在现代中国的实现形式。”（参见《试论思想政治教育学科前沿的若干重大问题》，《马克思主义研究》2011 年第 1 期）其三，总体来说，我认为，思想政治教育元理论研究及其呈现的主要内容是：思想政治教育的源流演进、本体本质、核心理念、功能价值、运动形式、方法论原则、终极意义，等等。（参见《学科重要理论探索——我的 18 个思想政治教育见识见解》，中国人民大学出版社 2018 年版，第 2 页）

所谓“元理论”究其实质而言，是一定学科或学术领域的前提性、终极性追问。如果将一门学科比作大厦，那么元理论就相当于地基，其基础性作用自然毋庸置疑。但是近几年来，思想政治教育科学发展似乎出现一种只注重当下实际需要与现实导向以及“加楼层”“美外观”的风尚，“打地基”“固根本”的元理论研究在一定程度上遇冷。当然，这不是说应用研究不重要，应当说极为重要，而是讲应当两条腿走路，一些基础性、前提性的理论问题同样要有人去研究和思考，因为，也许精到厚实的基础理论“管用”更长远。

正是在这种背景条件下，王哲选择了需要坐得起“冷板凳”的学位论文研究和创作，便显得非常难能可贵。作者对思想政治教育形态问题的思考始于跟随我攻读博士研究生期间。最初我建议将“思想政治教育形态”作为其博士论文选题，也是希望他能够在思想政治教育元理论方面进行一些探索。这些年，作者在不断思考中，对这一问题已初步形成了系统性理解和认识，本书便是其思考成果的集中展示。对此，我感到很欣慰。

应当说，思想政治教育形态问题探究，属于元理论中的“思想政治教育观”范畴，具有较大难度。“思想政治教育观”是理解和把握思想政治教育学科建设的“总开关”，体现为一种“终极性解释追求”，规定着思想政治教育的一系列基本范畴、原理以及学科学理体系，其实质是学科根本问题的根本性自我认识、自我解读、自我把握，说到底是要真正弄清“思想政治教育究竟是什么”的问题。从这个意义上讲，思想政治教育形态问题属于典型的“思想政治教育观”问题。作者认为，不同于日常生活中的常规认识，在学理上“形态”不仅指事物的外在形象和状态，更是其内在规定的显现与表征，同时“形态”也是事物自身特质作用于人的感官而形成的某种认识和判断。因此，“形态”概念具有连接现象与本质、贯通主观与客观的中介属性，这一特征也赋予了形态研究需在历史与逻辑的圆圈运动中互释生成的逻辑理路。

在行文秩序上，作者遵循“从抽象到具体”的研究方法，全书由理论前提、形态谱系、现实观照三部分构成。其中不乏一些比较有见地的观点：如当下思想政治教育概念存在使用语境上的含混，需要从作为教育活动与文化现象的角度加以进一步明晰，如思想政治教育的本质并不是从传递社会意识形态或者促进人的发展中二选一，而在于以特定的方式建构并维系个人同社会的关系，再如形态问题研究的独特价值在于提供了一种本体论式的认识和反思工具，有助于建构起思想政治教育存在的门类与谱系，并以“耦合剂”和“普照光”的形式推动学科实现融合式发展，等等。

总体来看，这部著作有以下几个特点：第一，研究对象较为新颖，属于思想政治教育学科前沿问题。我认为，学科前沿问题通常有这样几重规定：一是学科建设发展紧迫需要而又尚待研究的重要理论问题，二是学科领域中理论与实践发生矛盾而又亟待解决的重大问题，三是学科理论逻辑演进中生发出来而又必须解决的新问题。可见，形态问题属于学科研究的前沿，目前学界在此领域仅有部分论文，系统性加以阐发的这部著作也许尚属首部。第二，行文风格具有较强的理论性、思辨性。尽管以“思想政治教育形态研究”为题，但通读全书不难发现作者并不是单纯对思想政治教育形态类型及构成进行简单罗列，而是将其置于一个系统的逻辑链条中，重点阐发形态谱系的确立标准及其对思想政治教育基础理论的反思价值。第三，研究辐射范围和领域较为广泛，所涉及的部分内容学界尚未形成共识。既然是前沿问题，就是要准备“冲锋陷阵”的，可能有所突破，也可能会有某种失误。书中涉及的思想政治教育概念、本质、起源等问题目前学界存在不少争议，作者基于一定逻辑秩序得出的结论能否立得住，还需要与学界同仁进行更为深入的交流与探讨。

这是一个很好的探索与尝试。如果能够引发对于这一领域乃至学科相关基础理论问题的新的讨论，那将是很有意义的一件事。相信这部著作的问世，能够为思想政治教育学科发展贡献一份力量。作为作者的硕士研究生和博士研究生导师，我见证了王哲这些年的进步与成长，在此也预祝他今后能够取得更大的成绩。

张澍军

（东北师范大学荣誉教授，曾任国务院学位委员会学科评议组成员）

2023年10月12日于长春寓所

前言

思想政治教育形态是指思想政治教育的形式样态及存在状态，是对其外在形象的描述与内在根据的揭示，是思想政治教育现象和本质的统一。形态研究作为一个问题被提出有着重要而现实的理论和实践根据，是对“思想政治教育是什么”这一学科基础性、前提性问题的再认与反思，是一个学科“自我发现”的范畴。思想政治教育形态研究既是对学科基础理论中一个重要但被遮蔽领域的探索与开拓，同时该问题也具有元理论性质，涉及对思想政治教育概念、本质、起源等问题的反思和批判，进而对思想政治教育学科的发展走向、思想政治教育实践活动的创新和深化产生影响。

笔者对思想政治教育形态问题的关注始于在东北师范大学马克思主义学部攻读博士学位之初，后围绕此问题发表学术论文若干，并将形态问题作为学位论文选题，即本书初稿。博士毕业后笔者持续对此问题加以关注和思考，并对博士论文的思路设置、内容安排进行了整合重组，逐渐形成本书的基本架构。本书将思想政治教育形态作为基本研究对象，由绪论和七个章节构成。绪论是对本课题选题缘由、研究现状、研究意义、研究方法等的简要说明。正文七章可分为三个部分：第一部分是思想政治教育形态研究的理论前提，包括概念界定、理论基础、出场语境、研究思路、逻辑架构等内容，对应正文第一章到第三章，这部分也是对绪论相关内容的具体展开和说明；第二部分是思想政治教育形态研究的两大基本视域及其相应形态呈现，对应正文第四、五两章，分别以微观具体的结构视角和宏观整体的历史视角为经纬，建构起基本的思想政治教育形态门类及谱系；第三部分是思想政治教育形态研究的理论价值和现实旨趣，对应正文第六、七章，分别从学科建设与实践活动的角度说明形态问题对思想政治教育其他基础理论和学科发展的推动意义，以及新时代中国思想政治教育的历史定位及其形态转型与建构等问题。各章节具体内容如下：

第一章，思想政治教育形态及其研究的概念界定。在研究意义上，“形态”的内涵不局限于生活中我们通常所理解的事物外在形象，而是一个连接现象与本质、揭示结构和功能、表征事物自我呈现“其所是”的复杂概念，关涉对象的本体性存在。在此意义上，思想政治教育形态是指思想政治教育的形式样态和存在状态，是对思想政治教育“是怎样”的描绘和揭示。思想政治教育形态包括阶级立场、目标功能、主体客体、内容方法、运作实现等识别要素，具有多元性、层次性、同源性与同构性、关联性、直观性和抽象性等特征，同时与思想政治教育现象、本质、模式等概念既相互关联而又彼此区分。对思想政治教育形态问题的研究需要引入视域概念，研究者的视域选取与研究对象的形态呈现具有内在统一性，结构视域和历史视域构成思想政治教育形态研究的基本视域。形态研究在思想政治教育学科体系中处于重要的关联耦合位置，对学科发展具有重要意义。

第二章，思想政治教育形态研究的理论基础与现实逻辑。从历史与现实、理论与实践的角度阐发思想政治教育形态研究的必要性和可能性。梳理、整合马克思主义经典文本中的形态特别是社会形态理论为本研究提供了基本遵循与范式参考，广泛应用于各门学科中的形态学理论为本研究提供了具体的思路借鉴和启发，丰富的理论资源表明对思想政治教育形态问题展开思考是可能的。从当下我国思想政治教育实践活动与理论研究及学科建设的现状来看，伴随快速发展与丰硕成就的同时还面临许多尚待解决的问题，而形态研究为破解这些问题提供了一个全新的思路，因此对这一问题的思考和探讨更是必要的，值得引起学界关注和重视。

第三章，思想政治教育形态研究的逻辑秩序与致思进路。这一章是对思想政治教育形态研究如何开展、其逻辑规则和顺序的阐释与说明。思想政治教育形态研究的逻辑理路是马克思主义的“科学研究方法”，即“从抽象到具体”的方法。该方法含从具体到抽象的前提规定，从一个简单的抽象规定性出发，在历史与逻辑的互释生成中使对象“在思维的行程中具体地再现”。基于现象与本质的关系，“从抽象到具体”的逻辑理路对思想政治教育形态研究具有过程和维度的双重契合性。这一逻辑理路的具体展开构成了思想政治教育形态研究的逻辑架构，包括研究思路与叙述思路两个层面，是对研究过程与结论呈现的顺序和规则的说明。凝练而抽象的思想政治教育概念是研究的逻辑起点，其依据在于划定研究边界、体现对象基本矛盾、明确形态要素等方面。

第四章，结构视域下的思想政治教育形态。这是指在特定社会结构中具体教育实践活动的意义上来分解研究和系统解构的思想政治教育形态。从系统整体的角度看，思想政治教育与社会经济、政治、文化等系统具有紧密关联，存在大量渗透和分布在这些社会要素中的泛在形态。从系统自身的角度看，思想政治教育活动由若干要素构成，且要素间按照一定方式结合并相互作用，从而使整个系统得以运作和实现。思想政治教育活动的要素主要由教育者和受教育者、教育内容和教育方法等构成，而要素间的相互关联和作用则体现为微观的运行机制（如空间、目标、规律）及宏观的过程环节这两个层面。与之相对应，系统自身的结构形态由构件形态和运作形态两部分组成，构件形态可从主导性内容、教育方法、教育者与受教育者的关系等方面进一步加以划分，运作形态基于具体的空间环境、不同的目标导向、实现的方式依托、整体的过程环节等角度可做更为细致的分化。

第五章，历史视域下的思想政治教育形态。这是指在宏观历史过程中作为人类社会一般文化现象意义上把握的思想政治教育形态，从本体存在的角度考察其产生发展、过程状态与演进规律。通常来说，阶级性是思想政治教育的基本属性，思想政治教育是主张统治阶级利益与诉求、维系阶级统治的一种思想上层建筑。其阶级形态可根据不同的时期和地域加以认定，也可依照其处理个人与共同体关系的自身逻辑加以再认。从整个人类历史发展的视域看，阶级是一个历史范畴，并不是从来就有的，也有其消亡的时刻；与之相对应，思想政治教育作为社会关系的一种建构和维系方式，与阶级社会相适应的阶级形态也只是其宏大过程中的一种形式，由此生发出思想政治教育存在非阶级形态的逻辑推论，主要包括原始社会“原发—形成中”形态与共产主义社会“自觉—本真”两大形态，这二者是从存在论角度对阶级形态何以可能与终极走向问题的进一步思考。在人类社会整体视域观照下，思想政治教育历史形态的完整序列呈现出一定的演进规律，主要表现为边界扩展、聚合统一、否定回归等；从更为深层的角度讲，这些规律反映出思想政治教育熔铸于并伴随人类自我超越自我确证的解放历程，是人自身本质力量的充分彰显和集中体现。

第六章，思想政治教育形态研究的理论价值。这一章包括形态问题本身的理论归依以及形态研究对学科建设的意义。就形态问题本身而言，其理论归结在于揭示思想政治教育“是什么”，即对思想政治教育概念和本质的再认。基于形态研究，发现传统意义上思想政治教育概念存在指向含混的语境困境，因此笔者主张对概念使用的场域和语境进行限定，相应区分不同语境下的表述，使之更为精准；同时将思想政治教育本质理解为个人与社会思想关系的建构和引导活动，以回应争论、深化认识。就学科发展的意义而言，形态研究提供了一种本体论式的认识工具和手段，有助于建构“思想政治教育存在”的门类与谱系；此外，形态研究有助于打破各分支学科间的壁垒与隔阂，以元理论形式对学科发展加以整体性观照，发挥“耦合剂”与“普照光”的作用，推动思想政治教育学科的融合式发展。

第七章，思想政治教育形态研究的现实旨趣。深化对当代中国思想政治教育形态的认识并推动其发展是本书的最终落脚点。中国特色社会主义进入新时代构成我国社会发展新的历史方位，在此方位下，新时代中国思想政治教育呈现出阶级性与民众性并存并朝向本真形态的过渡性特征。对这种历史过渡性的研究有助于实现新时代思想政治教育的守正创新，这意味着扬弃，意味着继承、批判与发展，在描述现状、分析问题和原因的基础上，探寻改进方向、谋划策略与方式，从而探索符合时代特征与实践需要的新时代思想政治教育发展趋向，包括精准形态、生活形态、自主形态、共同体形态等，对这些新形态的探索与建构为今后一段时期思想政治工作提供了重点与方向。

目 录

绪　论

第一节　问题缘起

理论创新源自时代的需要。中国特色社会主义进入新时代，党的二十大报告指出，“党和国家事业取得历史性成就、发生历史性变革”，“我们比历史上任何时期都更接近、更有信心和能力实现中华民族伟大复兴的目标”。然而历史发展的规律不断告诫人们，任何成就的获得都不是轻而易举、一帆风顺的，都必定会经历艰难困苦、伴随风险挑战。新时代的中国，取得的成就举世瞩目，面临的困难和风险也前所未有，正如习近平总书记所言：“我们现在所处的，是一个船到中流浪更急、人到半山路更陡的时候，是一个愈进愈难、愈进愈险而又不进则退、非进不可的时候。”①

在这样一个快速变革与攻坚克难的新时代，发展成就伴随矛盾问题不断涌现，人民群众面临诸多新的思想困惑：新时代究竟是一个什么样的时代？其历史定位、发展走向如何？新时代继续以马克思主义为指导、坚持中国共产党领导的必要性体现在哪些方面？中国特色社会主义共同理想与中华民族伟大复兴中国梦、共产主义远大理想之间是何种关系？新时代青年应当树立怎样的理想信念，理

① 习近平：《在庆祝改革开放40周年大会上的讲话》，北京：人民出版社，2018年，第38页。

想信念如何转化为实际行动，如何担当起实现民族复兴的历史使命？家国情怀为何在新时代显得尤为重要，个人与社会、国家究竟是一种怎样的关系？等等。可以说，这些思想困惑如果能够有效化解，将激发人民群众强烈的干事热情，转化为巨大的物质力量；但如果处理不好，也会导致人们对于个人发展、社会前途、国家未来等的迷茫乃至怀疑，进而引发一系列消极甚至严重的后果。

面对人民群众的这些思想困惑，需要理论工作者给予正面回应，因此新时代对于思想政治工作而言是一个必须有所作为且能够大有可为的时代。党的十八大以来，思想政治工作被提到了前所未有的重要高度，党和政府专门召开了一系列会议推动相关工作不断发展。然而，新时代改进和完善思想政治工作，不能仅仅依靠政策支持，而必须向内用力，既要迎难而上，又要顺势而为，结合当下特征与现实诉求，为传统思想政治工作理念赋予新的时代内涵，拓展新的教育内容和工作方法，探索符合社会历史发展潮流、能够解决现实问题的思想政治工作新形态。

思想政治工作是一个相对宏观的概念，其外延既包括以各级各类学校思政课为主的教育活动，也包含社会层面舆论宣传、思想引导等活动，还包括与之相关的一系列组织管理、支持保障等相关活动。而这些工作的有力开展，最为根本的是在学理和研究层面以思想政治教育学科的纵深发展为支撑。自 1984 年学科建立，思想政治教育学科取得了长足发展，在队伍建设、人才培养、科学研究等各方面实现了重大突破，学科基本骨架体系得以确立，形成了相对独立的研究范式和话语体系。然而不可否认的是，同其他较为成熟的学科比起来，思想政治教育依然有很大的发展空间，在学科基础理论研究、发展史研究、跨学科研究等方面仍较为薄弱。其中基础理论研究是最为根本和关键的，其规定着学科边界，是其他研究的前提。而目前在基础理论研究方面，思想政治教育范畴、本质、起源、过程及规律等问题依然存在一定争议，亟待加以深化并形成共识。应当说，对这些问题的研究应以“历史和逻辑的互释生成”为基本遵循，也就是将既有的概念、范畴、体系放到思想政治教育现象的历史发展中重新加以审视和检阅，从而使“抽象的规定”以更符合事物本来面貌的姿态“在思维行程中导致具体的再现”[①]，而思想政治教育形态研究，恰恰致力于这一基础性、前提性工作和任务。

所谓“形态”，就其字面含义而言，即“形状、样态”，也就是对象直接呈现给人的姿态。这种始于对对象直观样态进行研究的形态学在自然科学与人文社会科学中广泛分布，尽管不同学科有各自特点，但总体上还是形成了一套共同遵循的系统理论与方法。根据形态学基本理论，对对象的研究始于直观表象，即“看起来像什么”；但这只是研究的起点，以此为基础旨在回答对象的内在本质，即“究竟是什么”的问题，以及现象与本质间的关系。而对后者的揭示，就需要有共时性的结构论解析与历时性的存在论解析，由此构成了形态学研究的基本范式。在这个意义上，形态学更像是一个研究视域或方法，在各个学科中都具有可应用性。

对思想政治教育学科来说，形态学研究不仅是可行的，更是必要的，理由主要有二：其一，“思想政治教育形态”就其本质而言，就是要回答作为人类社会历史中一个客观存在的基本现象，思想政治教育究竟是一种怎样的存在，其发生根据、发展轨迹、未来走向、终极价值等一些本体性问题。而形态研究通过“历史与逻辑的互释生成”对这些问题的探索，以元理论形式对思想政治教育现象进行本体论层面反思，进而对思想政治教育起源、本质、过程、规律等亟待深化的问题加以观照，无疑具有重要意义。其二，与其他学科特别是教育学和德育学相比，思想政治教育形态研究相对较为滞后。尽管“形态”概念已经进入思想政治教育学者们的视线中，但目前主要是基于字面含义，有时与思想政治教育模式、思想政治教育范式等概念相混淆；同时由于对“形态”概念缺少较为深入的理论探讨，导致使用时存在泛化倾向，出现不同层面、不同内涵相互混用

---

① 《马克思恩格斯文集》第 8 卷，北京：人民出版社，2009 年，第 25 页。

的现象。因此，对思想政治教育形态研究而言，首先应当借鉴形态学基本理论，明确界定“形态”的基本内涵，在此基础上概括思想政治教育形态的基本类型，研究思想政治教育形态的划分根据与发展规律，并与思想政治教育史、比较思想政治教育研究等相区分，从而推动思想政治教育学科向纵深发展，推动理论创新、回应时代关切，这便是思想政治教育形态问题的基本背景与缘由依据所在。

第二节　研究现状评述①

关于思想政治教育形态相关问题，目前国内研究尚处于起步阶段。就成果种类而言，著作方面，目前尚无专门研究这一问题的专著，各个版本的《思想政治教育学原理》中也鲜有此内容；论文方面，基于中国知网的期刊数据库，可以发现主题或关键词中包含“思想政治教育”“形态”的论文数量众多，但内容较为分散庞杂，渗透在思想政治教育理论和实践研究的方方面面。进一步梳理概括这些已有成果，发现有两个特征：其一，研究多以阐发某种具体的思想政治教育形态或其要素形态为主，主要从实践活动的角度对形态内容加以充实，然而却将形态作为一个现成的概念直接拿来使用并缺少对进一步深入的形式性界定和探究；其二，在更多的研究成果中，形态并不是作为主要论题加以阐发，而是在思想政治教育本质、规律、起源、历史、范式等相关研究中简要涉及。本书的主题和侧重点主要在于澄清思想政治教育形态概念本身，并试图搭建形态问题研究的主要框架，因此上面两条结论难免有些不尽如人意，因为能够直接被参考和借鉴的成果实在过于匮乏。基于此，对思想政治教育形态问题的研究综述只能采取一种间接迂回的方式，从基

① 参见王哲：《思想政治教育形态研究述评》，《湖北社会科学》，2020年第2期，第143—149页，有改动。

于字面含义和具体内容的思想政治教育形态研究、涉及形态问题的思想政治教育其他理论和实践研究以及相近学科形态研究三个方面进行梳理，以期尽可能从外围、零散的理论碎片中拾取有益的养料与资源。

一、思想政治教育形态研究主要场域和类型

（一）侧重于具体内容的思想政治教育形态相关研究整合

目前与思想政治教育形态相关的文章多数属于此类。这类成果在题目或关键词中包含“形态”字样，然而通过斟酌辩驳不难发现多数是取其字面含义将“形态”作为一个现成的概念拿来使用，在具体内容上加以充实来描绘思想政治教育及其要素的种种样态，但并未对“形态”概念本身加以反思和界定。从理论研究视角来看，这应当说是必要的，但不够充分并有待深化。在这个意义上，目前的研究成果主要包括以下四个方面。

第一，思想政治教育形态的含义。总体来看，一般意义上的思想政治教育形态概念主要是基于形态一词的基本含义，即“形式、样态”之意，但各自的角度又有所不同：一种理解认为是思想政治教育或其某一要素的类型、类别及构成。如石书臣、樊浩、刘梅等学者论述了主导性思想政治教育形态、道德教育的精神形态、思想政治教育的社会形态、思想政治教育互联网＋等形态，王颖论述了思想政治教育过程的矛盾形态，熊建生阐述了思想政治教育内容的结构形态，李锦红等提出了高校隐形思想政治教育的三种形态、石书臣阐述了“双主体—客体”的主客体关系新形态等。另一种理解是从动态的角度认为是思想政治教育的运行方式或实现路径。如周琪提出了现代思想政治教育三种形态——主导式、交往式及网络形态，郑富兴阐述了三种道德教育的历史形态——传统社会的社会化—生活化形态、现代社会的国家化—学校化形态、当代社会的媒体化—生活化形态。对此有学者提出不同意见，如许慎认为“形态”在思想政治教育研究中是一种分析视角，樊浩认为道德教育形态是

"其存在的现象学表现"[①]，较之于字面含义，这种认识显然更具有理论性。

第二，思想政治教育及其要素的形态名称及类别。一是思想政治教育本身的种种形态。基于对形态概念的不同理解和不同的划分标准，学界提出了各种各样的思想政治教育形态：孙迎光将思想政治教育划分为意识形态型、学术型、面向生活型三种形态，代玉启从基础形态与扩展形态两个维度论述了思想政治工作的形态构成，等等。在这些划分中每一种形态又可进一步分解多种形态。二是思想政治教育某一要素或方面的种种形态。较之于思想政治教育本身的形态，这一类属于"亚形态"范畴，因而标准更为多元、划分更加繁杂，见仁见智。如刘建军将思想观念、精神品格、行为规范、心理情感四个层面确立为思想政治教育内容的基本形态，并论述了彼此间的相互关系；熊建生则将政治、思想、道德、法治、心理视为思想政治教育内容的五种形态；张耀灿从话语的角度区分为代表统治阶级根本利益的政治话语、追求普遍观念形式的学术话语及融合社会成员共同利益的生活话语三种形态；李锦红等区分了高校隐形思想政治教育的物质、制度、精神三种形态；石书臣系统论证了思想政治教育主客体关系形态，等等。三是关于思想政治教育的认知和理解形态。这一类属于思想政治教育元理论研究范畴，总体看数量不多，但理论色彩浓厚。如钟启东阐述了思想政治教育理念的历史形态及其演变逻辑。

第三，思想政治教育及其要素形态的分类标准与论述视角。学者们在研究思想政治教育形态相关问题时，不仅提出了各种形态的名称及其划分标准，还会对某一形态或某类形态展开具体的阐述，这样就涉及论述角度的问题。概括起来，学者们主要从生成基础、背景条件、内涵本质、基本架构、运行特征、建构原则及策略等角

① 樊浩：《道德教育的"'精神'形态"与"中国形态"》，《教育研究》，2013 年第 2 期，第 46 页。

度展开论述。如周琪就从这些视角出发，阐述了其对思想政治教育现代形态发展的多重理解；刘梅主要从机制和路径两个角度谈思想政治教育社会教育形态的建构策略；杨晓慧借鉴孙绵涛的观点，在区分了学科层面思想政治教育的知识、活动、组织三形态的基础上，系统阐述了这些形态的内涵、地位、特征，结合当下现实指出了存在的问题和解决的路径；石书臣在介绍主导性思想政治教育形态时，首先提出了这一形态的概念、内涵，论述了其确立的依据，阐发了这一形态的基本原则即主导性与多样性相结合，并从教育功能、教育目标、教育内容、教育要求等方面进行了系统性的介绍。

第四，名称中含有“形态”的理论或事物与思想政治教育的关系。根据检索结果，有不少文章中出现了“形态”字眼，虽然这些“形态”的主体并不是思想政治教育，但却与其关系密切。其中一部分文章阐述的是一些理论对思想政治教育实践的指导作用，主要涉及马克思主义意识形态理论、社会形态理论、人的发展的历史形态等理论。还有一部分学者则关注一些事物或现象，其名称中含有形态，且与思想政治教育关系较为密切。如有学者借鉴传媒学理论，论述了“短形态”这一当下流行的信息资讯表现形式对思想政治教育工作的影响及应对的策略；也有学者以教师为研究中心，论述了教师在不同道德教育形态中的地位及作用；还有学者在研究思想政治教育整合问题时，谈到了思想政治教育与其他教育形态的整合问题。

（二）涉及形态问题的思想政治教育其他理论研究成果拓展

与思想政治教育形态问题相关的另一类研究大量散见于思想政治起源、历史、模式、范式等研究中，这些领域对思想政治教育形态研究而言同样具有重要意义，但目前处于半遮蔽状态，亟待加以澄清和解蔽。

思想政治教育起源、演进问题与思想政治教育形态密不可分。在对作为人类社会历史中的思想政治教育现象进行过程性、整体性研究的意义上，起源研究中的发生依据、演进研究中的发展阶段和规律等问题，都构成认识和理解思想政治教育形态的重要方面，因而值得加以挖掘和概括。

第一，思想政治教育的起源研究中的“形态”问题。学界对这一问题的研究主要集中在三个方面。其一，思想政治教育产生的时间。主要有三种观点，一是思想政治教育起源于原始社会，代表人物是张澍军，认为“原始社会已存有完整形态的思想政治教育”[①]，李俊奎、王升臻、杨威、孙佩锋、张苗苗等学者从不同角度论述并支持该观点，赵继伟基于对原始社会思想依存和思想共生现象的研究，在区分了社会发生与个体发生的基础上得出了类似的结论；二是认为思想政治教育起源于阶级社会，这种观点可以从目前学界普遍认可的思想政治教育定义中得到依据，代表人物有张耀灿、何祥林、周军虎、余仰涛等，如何祥林等明确指出“阶级意识形态性作为思想政治教育的本质决定了思想政治教育是阶级社会特有的产物”[②]，李合亮在其著作《思想政治教育探本——关于其起源及本质的研究》中也持此观点；三是认为思想政治教育起源于近现代的意识形态政治，代表人物金林南。其二，思想政治教育产生的根源、缘由。段建斌从人的政治社会化、人类规范性文化传承、人的生成与完善需要三个维度进行了论述；杨威以马克思主义、哲学、社会学、教育学等为理论依据，指出劳动、分工、社会意识的产生及分化是思想政治教育出现的重要条件，李坤认为思想政治教育产生于个人与社会需要的张弛发展中。可以看出，这些研究成果直接或间接地为思想政治教育原始发生论提供了依据。其三，思想政治教育起源问题的研究方法。“原始发生论”与“阶级发生论”两派学者在争论中，也阐述了关于起源的研究方法问题。概括起来主要有：区分思想政治教育的历史（事实）发生与逻辑发生、对广

① 张澍军：《学科重要理论探索——我的 18 个思想政治教育见识见解》，北京：中国人民大学出版社，2018 年，第 1 页。

② 何祥林、周军虎：《关于思想政治教育原始发生问题的思考》，《思想教育研究》，2014 年第 1 期，第 6 页。

义狭义政治概念的理解、思想政治教育本质的认识论与本体论维度、从后思索与倒叙反思的方法等。应当说，这些成果对于界定思想政治教育形态的内涵、明确思想政治教育形态的研究思路具有较强的参考价值。

第二，思想政治教育发展演进即历史分期研究中的“形态”问题。首先，就目前已有的研究成果来看，中国共产党思想政治教育史的分期研究是最为成熟的。就学科归属而言，历史分期是思想政治教育史研究的重要组成部分。王树荫等将目前学界关于中国共产党思想政治教育史的分期标准主要概括为三条：一是中共党史与新中国史，二是党的思想政治教育自身发展，三是将二者结合起来。在考察各标准优缺点的基础上，他们指出“可以将中国共产党思想政治教育史分为两大时期、三大阶段和若干小阶段”①。与之相比较，中西方古代、近代及现代思想政治教育史的分期研究则相对较为薄弱，多散见于断代史、专题史或比较研究中，缺少宏观线索式的总体性研究。甚至还有部分学者将中国共产党思想政治教育史直接等同于思想政治教育史，对此有学者评论道：“（这种研究）在研究视野上过于狭窄和封闭”，“在研究内容上侧重于历史经验总结，未能深入揭示历史发展的规律”②。其次，一些学者尝试基于更为宏大的历史视角，从总体性的角度把握思想政治教育的发展及演进规律。如陈炳在其博士论文中以现代性为视域，指出现代性与思想政治教育发展之间的契合性，进而指出思想政治教育“作为一项特殊的实践活动，自人类社会中的阶级和国家产生之日起就有了其客观的存在形态”③。此外还有学者将视野进一步放大，认为思想政治教育在

① 王树荫、韩华、温静：《中国共产党思想政治教育史研究进展》，《思想教育研究》，2014年第8期，第9页。

② 刘梅：《思想政治教育史的研究路径与方法》，《马克思主义与现实》，2008年第2期，第195页。

③ 陈炳：《现代性与思想政治教育发展研究》，苏州大学博士学位论文，2014年，第1页。

本质上是“一种与人类社会的历史始终相伴随的现象”[①]，并论述了其在原始社会、阶级社会、共产主义社会的三种存在形态；类似观点还有“思想政治教育应起源于原始社会，经过前现代思想政治教育、现代思想政治教育，发展到未来思想政治教育，共四个历史发展阶段”等[②]。应当说，在思想政治教育基础理论层面，这是非常重要的一项课题，但目前学界的关注度与研究成果尚薄弱，应当成为今后研究的一个重点。最后，还有学者提出了思想政治教育发展及分期的研究方法问题，如刘梅阐述的意识形态逻辑主线与“社会史—思想史—教育史”综合分析框架的建构问题；张艳红提出“以意识形态性为其逻辑主线，以时间为纵轴、实践活动为横轴”[③]的思想政治教育史分析框架；等等。这些研究成果无疑对为思想政治教育形态划分的理论建构提供了思路与启示。

思想政治教育模式、范式等研究中的“形态”问题。就一般意义而言，模式是“事物或活动中由若干相互联系的要素构成的、具有典型特征的简化模型或范式”，“思想政治教育模式是贯通思想政治教育理论形态与实践的纽带与中介”[④]。可以看出，模式与形态的共同点有二：一是体现了事物的内在结构，二是具有类的特征和属性。二者的区别则在于模式更偏重于操作层面，是思想政治教育理论和实践的中介；形态更偏重于对思想政治教育本身的描述，是其现象与本质的统一。由此，一些名称中包含“模式”的研究成果，实际上也多少涉及“形态”的问题。关于思想政治教育模式问题的研究，许瑞芳、高国希进行了细致的梳理，指出目前在该领域国内

---

① 张苗苗：《论思想政治教育的发生、发展与未来走向》，《教学与研究》，2017年第4期，第96页。

② 孙佩锋、尉天骄：《思想政治教育的起源与发展——兼谈思想政治教育的本质》，《学术论坛》，2011年第10期，第26页。

③ 张艳红：《思想政治教育史：思想政治教育学科建设亟需澄清的重要理论问题》，《东北师大学报（哲学社会科学版）》，2013年第2期，第173页。

④ 冯刚、郑永廷主编：《思想政治教育学科30年发展研究报告》，北京：光明日报出版社，2014年，第315页。

研究主要涉及的四个方面：一是我国传统的思想政治教育模式，主要包括古代儒家教化模式和近代革命时期中国共产党思想政治教育模式；二是国外思想政治教育模式，以国别划分主要包括美国、英国、德国、日本等国的德育或公民教育模式，以类型划分则有道德认知发展、社会学习、体谅、价值澄清等模式；三是当代我国思想政治教育模式，主要有主体性、主体间性模式，认识、情感、行为导向模式，网络思想政治教育模式等；四是不同模式间的比较研究。①

而思想政治教育范式则是指人们对于思想政治教育活动或现象的认识、看法或理解，其核心为思维方式。较之于模式，范式与形态的关系相对更远一些，有两个方面值得关注：一是思想政治教育范式与形态一样同属于学科基础理论或元问题层面，在研究对象和方法上具有相似性；二是学界目前认可度较高的两种思想政治教育范式——“社会哲学范式”与“人学范式”，既体现出思想政治教育在不同历史时期的阶段性特征，又涉及思想政治教育的本质问题，即个人与社会的关系，而这些都是形态研究所应当重点关注的。

此外，有著作对思想政治教育现象进行了介绍，论述了思想政治教育现象的含义、特征及其主要方面，并简要提及了思想政治教育现象与思想政治教育本质间的关系②，这些内容也在一定范围和程度上涉及思想政治教育形态有关问题。

（三）教育形态和德育形态研究成果借鉴

从更为间接和外围的角度看，汲取其他学科中较为成熟的形态学理论特别是与思想政治教育属性接近学科的相关成果，对于研究的进行同样有所助益。目前学界在植物学、数学、地质学、语言学、艺术学等领域，形态及形态学研究较为成熟、成果丰硕，而哲学社

① 参见许瑞芳、高国希：《思想政治教育模式研究的回顾与展望》，《思想教育研究》，2014 年第 8 期，第 25—30 页。

② 《思想政治教育学原理》编写组：《思想政治教育学原理》，北京：高等教育出版社，2016 年，第 77—84 页。

会科学在此领域起步较晚、成果相对零散。对思想政治教育学科而言，借鉴其他学科已有的成果无疑是至关重要的，相比较而言，更具直接参考意义的是教育学和德育学，这是由这两门学科与思想政治教育学的紧密联系所决定的。目前教育学和德育学虽尚未建立系统性的形态学理论，但关于形态问题的研究还是比较丰富的。

教育学在形态学研究这一领域的成果主要包括四个方面：其一，关于教育形态的含义及理解。大体上有三类：一是将形态理解为由各种教育要素所构成的教育整体在不同历史时期内的表现形式，如褚宏启认为“教育形态是指教育这一社会现象在不同时空背景下的存在状态和变化形式”①，持同类观点的学者还有罗明东、胡弼成等，二是将形态理解为教育的类型、途径或方式，持此类观点的学者多数并未对教育形态概念进行细致考察，通常阐发或列举教育的某一或某些形态，三是借用了形态概念对教育领域个别问题的研究，这类研究中对形态的理解大体与第二类接近，如董云川介绍了中国高等教育的不同形态及特点，龙宝新介绍了教师教育形态的当代转型路径等。其二，教育形态的划分标准。概括而言，多数学者所认可的划分标准主要有三条：社会生产力与生产关系、人类的认识能力和教育自身的发展，其中每一条又可进一步划分出更为细致的标准。学者们在研究时往往基于这三条主要标准中的一条，区分不同的教育形态。对此有学者认为，单一的划分标准具有较大的片面性，难以深入本质，同时“缺乏从整个人类社会发展的完整形态上来把握教育的发展阶段”②，因而主张以不同尺度相互交织融合为标准划分教育形态。其三，教育形态的主要分类。大体上有两类：一是按照历史发展顺序，在逻辑上分别从不同时期的社会历史环境、人与人的关系及社会意识特点、教育的主要内容和方式等方面展开论述，

---

① 褚宏启：《教育现代化的本质与评价——我们需要什么样的教育现代化?》，《教育研究》，2013 年第 11 期，第 5 页。

② 罗明东：《人类社会教育发展三形态论》，《云南师范大学学报》（哲学社会科学版），2005 年第 1 期，第 2—3 页。

如罗明东提出的群体社会教育、物化社会教育、自主社会教育，胡弼成提出的农牧时代信仰教育、工业时代知识教育、信息时代思维教育等；二是按照教育的不同类型与实现方式，如结构性教育与功能性教育，家庭教育、学校教育与社会教育等。此外，也有学者将这两类结合起来，提出了纵横交织的立体教育形态：个人—非制度化形态、个人—制度化形态、社会—非制度化形态、社会—制度化形态。其四，关于教育形态研究的独特视角。比较有代表性的是傅松涛的形态学视角与比较教育学视角，区分了形态与类型的关系，指出了形态研究的超越性整合特征与基本要求，认为教育形态研究是比较教育学的基本范式，并阐述了该范式的确立依据、历史发展和基本精神（科学化分类、解剖式分析、归纳性概括、类比性迁移）。[①] 此外，还有褚宏启的现代化视角，论述了教育形态与教育现代化的内在关系。

在教育学中，德育是与思想政治教育关系最为密切的学科。在这一领域目前学界的研究成果主要包括以下四个方面：其一，关于德育形态的含义及理解。刘巍在其博士论文中明确对“德育形态”概念进行了界定，认为“所谓德育形态，是指在某一特定的人类共同体中的德育现象的存在和表现形式”[②]，包括静态的现实要素和动态的机制运行，以及二者间的内在联系。而多数学者则直接使用这一概念，并未作系统考证，但其理解是不完全相同的，主要有三类：从纵向历史发展的角度，论述了不同时期的德育形态；从横向比较研究的角度，对比了不同国别地区的德育形态；动态的实现形式与运行方式的角度，区分了不同类型的德育形态。其二，德育形态的划分标准。主要有三个维度：一是德育自身的发展演进，如檀传宝认为德育在历史上大体经历了习俗性德育、古代学校德育和现代学

① 参见傅松涛：《比较教育学教育形态研究范式的基本依据》，《教育研究》，2012年第1期，第62页。

② 刘巍：《德育形态比较研究——以中国古今和中美对比为例》，复旦大学博士学位论文，2014年，第6页。

校德育三种形态。二是基于一定的理论框架，以人的历史发展为标准进行划分，如杨现勇根据人的整体性、个体性、共生三种存在形态，区分了德育整体主体性、个体主体性和主体间性三种形态①；而王晓丽则根据历史上经历的依附人格、单主体和生成主体三种人格形态，区分了奴化德育、物本德育、生活德育三种形态。三是基于德育的类型、模式、运行及实现方式的差异进行区分，如檀传宝提出的直接德育、间接德育、隐形课程意义上的德育三种德育现实形态；刘巍在博士论文中详细介绍的中国古代、中国当代、美国当代三种德育形态。其三，德育形态的论述角度。综合已有研究成果，学者们对某一或者某些德育形态的介绍主要从相应的社会历史环境、目标、特征及主要内容、方式方法、运行机制、优缺点评价等方面来进行。可以看出，这些内容大体上涵盖了德育学原理的主要方面，如果只是从一般意义上泛泛而谈的话，便会显得相对空洞。其四，当代德育发展的一些新兴形态。作为一项重要的社会活动，德育必然会随着历史和实践的发展而发展，从而展现出不同以往的新兴形态。一些学者对此进行了研究。如张洪春基于生态伦理学的“本体论承诺”，提出了生态德育形态的概念，并介绍了生态德育的实践视域和价值追求；再如骆郁廷提出了形象德育形态，即“一种依托和运用生动具体的形象开展思想道德教育，从而培育、塑造和提高人的思想道德素质的社会实践活动”②，并指出这一形态的实质在于以形象启迪思想。

二、思想政治教育形态相关研究评述

通过梳理目前学界涉及思想政治教育形态相关问题的研究成果，可得出如下认识。

① 在文中作者使用的是“德育范式”这一概念，但其论述更多的是侧重于“形态”方面。关于形态与范式的关系，后文会有论述。下文中王晓丽的文章也是如此。

② 骆郁廷、孙婷婷：《形象德育：一种新的德育形态》，《教育研究》，2017 年第 6 期，第 20 页。

关于侧重于具体内容和基于字面含义的研究成果。在思想政治教育领域，学者们对“形态”这一概念的使用语境多样，层次标准不够明确，对其内涵认识不一，大体上包括要素结构与类型、运行模式及方式两大类。之所以会出现各种不同的认识，源于将“形态”作为一个现成的概念拿来使用，而未能进一步探究“形”和“态”的深层含义。任何可以被人们感知的事物或存在都有其直观的表象，因而“形态”便可以是诸如内容、方法、类别等的直观反映。关于“思想政治教育形态”研究的这般现状，反映出一个深层的问题，就是学界目前对于作为人类社会中一种客观存在的“思想政治教育现象”与日常生活中“思想政治教育实践活动”在基础理论研究中尚未进行明确区分，以致以作为人类社会一般现象的思想政治教育为研究对象的元理论，湮没在旨在探究更有效地进行思想政治教育活动的一般理论之中。因此，将包括形态问题在内的思想政治教育元理论从一般理论中剥离出来，赋予其独立的地位，是十分重要且迫切的。

关于渗透在其他理论和研究中的思想政治教育形态问题，主要有三点基本认识：一是思想政治教育起源、发展演进史及类型模式的研究为形态问题提供了大量原始材料，为进一步进行理论的抽象奠定了基础；二是思想政治教育起源、演进及范式的一些文章是在基础理论层面进行研究的，这为思考形态问题提供了研究思路及方式的借鉴；三是关于思想政治教育形态、历史形态与思想政治教育史、思想政治教育模式、范式的关系仍有待进一步澄明，从而使边界勘定更加清晰明确、避免重复研究。

关于教育学与德育学在形态问题的研究成果。首先，研究的内容比较接近，主要有对形态含义的理解、形态划分的标准、主要的形态类型等。其次，对形态内涵的认识大体有两个角度：一是历史发展的视角，认为形态是作为整体的教育或德育现象在不同历史时期的呈现或表现；二是分类比较的视角，认为形态是在某一时期教育或德育的不同类型、方式及模式。最后，可以看出，对形态内涵的理解学界目前是存在分歧的，而内涵的界定却是进一步研究的基础，规定着研究方向的确立与研究内容、方法的选取。因此，这一问题非常重要且亟待澄清，应当成为后续研究的关键所在。

在此基础上对以上三方面进一步加以整合概括，可得到关于思想政治教育形态问题及其研究的四点整体性认识：其一，形态学在自然和人文科学领域具有广阔的应用空间和发展前景，对于推动学科纵深发展具有重要意义。目前思想政治教育学界已经开始注意到这个问题并取得了一定的研究成果，为后续研究奠定了坚实基础，然而这一领域总体上仍较为薄弱，应当加以关注和重视并不断推动深化。其二，思想政治教育形态研究应遵循形态学的基本思路和范式，注重由表及里展现对象功能结构的纵深剖析以及演进发展中对象存在方式和状态的历史呈现，而不能停留于字面含义进行直观的现象描述；同时要结合思想政治教育学科的自身特点，从元理论的角度加以把握，与中外思想政治教育史、比较思想政治教育等研究区分开来。其三，目前思想政治教育形态研究最重要的任务在于界定基本概念和内涵、明晰概念层次与划分标准，从而避免未经反思的泛化使用（取直观表象之意）、层次不明的混合使用（整体形态与要素形态不分），以及标准不一的自说自话（如历史形态、国别形态、运行形态等不同角度）等问题，为后续研究打下基础。其四，对于这样一个新课题新领域的研究应持开放态度，允许争议和“试错”，在交流碰撞中博采众长，在探索尝试中廓清方向，从而推动思想政治教育学科在新时代的纵深发展。

第三节　研究意义

思想政治教育形态问题目前在学界尚无系统性、专门性著作加以论述。在建构符合时代要求和特色的思想政治教育理论研究与实践活动新形态、推动学科纵深发展的背景下，研究此问题具有较强的理论和实践意义。

一、理论意义

第一，深化形态概念内涵，建构起思想政治教育形态研究理论框架，拓展思想政治教育基础理论研究内容领域。通过文献梳理不难发现，目前学界对涉及“形态”问题的研究尚且不够深入，多数情况下是将其作为一个现成的概念直接拿来使用，以描述在特定时空环境下某种或某些思想政治教育外在的样态和形式，而缺少对不同情境中思想政治教育的整体性状态以及外在可感形式背后的内在根据的揭示。究其原因，在于对“形态”一词的理解停留于字面表层含义，缺少对这一概念本身进行系统性、学理性反思。本书通过借鉴形态学相关理论，对思想政治教育形态概念加以较为全面和深入的理解与界定，从而为进一步准确认识和看待思想政治教育提供前提性依据。以此为基础，梳理整合不同视域下思想政治教育形态的基本类型，概括一般意义上思想政治教育形态的演进规律，揭示思想政治教育形态发展的未来走向和趋势，由此形成以“思想政治教育形态”概念为核心的问题域并建构研究框架和体系，开拓思想政治教育基础理论研究的新领域、新方向。

第二，为思想政治教育本质、起源、规律等争议范畴提供研究新思路，谋求理论共识、规范概念表述，强化思想政治教育学科话语体系建设。建构富有学科特色、系统严密的话语体系有助于提升学科科学性，增强理论说服力。当下思想政治教育话语体系建设已经取得较大成就，基本形成了层次鲜明、系统规范的学科话语。但不可否认的是，目前学界对于一些基本概念、范畴的界定仍尚未达成共识，存在表述不一致的情况。诸如思想政治教育本质与矛盾、过程与规律、起源与发生等基本问题，既存在内涵外延的界定不一以致交叉重复或彼此割裂，又存在不同层次混合使用等问题。思想政治教育形态研究有助于为解决这些问题提供新的思路和角度。从研究进路上看，通过历史材料的充盈有助于接近和还原思想政治教育作为一种客观存在的本来面目，从而尽可能避免在基本概念界定时先入为主的主观成分与特定时空背景下的认识局限，进而使其更为严密和规范；从研究特征上看，强调系统性、关联性与整体性，有助于把握包括形态本身在内的基本概念间的相互关联与作用关系，从而推动概念表述在争论中寻求共识，得以明确和规范，进一步加强学科话语体系建设。

第三，推动思想政治教育元理论研究，促进学科纵深发展。实现思想政治教育学科深入发展，研究边界的扩展与研究方法的创新是不可或缺的重要方面，但更为根本的是基础理论的深入挖掘与巩固强化，这需要以哲学思维为内核的元理论研究作为重要支撑。思想政治教育元理论既内涵于思想政治教育之中，是其理论体系的重要组成部分，又在一定意义上处于思想政治教育之外，以一种“观”的形式对思想政治教育存在本身进行前提性反思，或者说是一种整体性审视的态度和站位。而形态研究始于描述现象，终于澄清本质，是对思想政治教育“看起来像什么”以及“究竟是什么”问题的系统反思与自觉回应，因而其本身是思想政治教育元理论研究的重要组成部分；同时这一问题不可避免地会涉及思想政治教育存在论、现象学、价值论等其他元理论问题，因此对于强化思想政治教育元理论研究，进而推动学科纵深发展具有重要意义。

二、实践意义

第一，深刻理解思想政治教育形态的复杂性、多元性，推动不同形态间融合与转化，建构符合时代需要和特征的思想政治教育活动新形态。通过对形态问题的研究不难发现，在实践中思想政治教育的形态是复杂、多元且具有层次性的。以往的思想政治教育实践活动往往更关注和重视理论与课堂教学等思想政治教育形态，而本书通过系统梳理指出在此之外还有文化、制度、活动、仪式等思想政治教育形态，对这些形态的揭示和描绘有助于改变我们对于思想政治教育形态单一性的认识，从而在实践活动中进一步拓展视野，开拓更多行之有效的思想政治教育方式和途径。此外，对形态问题的研究有助于发现不同形态的共性和差异，深刻把握其内在关联，从而推动多形态间的融合与转化，探索形成新的思想政治教育形态。不论是既有形态的深化推进，还是新形态的探索尝试，都必须符合客观规律，满足时代需要，因此对该问题的研究有助于深刻把握科学化和现代化要求，推动新时代思想政治教育形态创新与发展。

第二，揭示思想政治教育对人存在和发展的积极意义，提升思政工作者理论自觉与实践自信，增强思想政治教育的说服力与实效性。理论要想说服人就必须彻底，“所谓彻底，就是抓住事物的根本”①。目前思想政治教育说服力不强的一个重要原因正是由于理论不够彻底，往往只是简单地告诉人们“要怎样做”，而对“为什么这样”解释得不够，从而导致实践中的不自信。思想政治教育形态研究对于解决这一问题具有独特意义。究其实质，形态研究本身只是工具和手段，根本目的在于理解思想政治教育这一客观存在。而“何以必要”（为什么）、“何以可能”（怎么样）正是形态研究揭示思想政治教育存在的两个基本维度。借助这两个维度能够深化关于思想政治教育本体论和价值论的认识，确证思想政治教育对人存在发展所具有的重要意义，提升思政工作者的理论功底，在自觉的基础上做到自信，对自身所从事工作的正当性、价值性给予充分肯定，进而以“真理在手”“至善在握”的姿态理直气壮地面对受教育者、感染受教育者，切实增强思想政治教育的说服力与实效性。

第三，以当代中国思想政治教育形态定位和创新为落脚点，直面时代主题，回应人民群众的思想困惑、理论关切。一般来说，当社会处于快速变革和发展时期，新事物层出不穷，而社会意识对于社会存在的反应却并非完全同步，因而很多事物人们还未来得及反应就已成为过去时，这便会导致思想和认识上的困惑。我国目前正是处在这样一个新时代，和以往任何历史时期相比，既更接近民族

---

① 《马克思恩格斯文集》第1卷，北京：人民出版社，2009年，第11页。

复兴的伟大目标，又面临前所未有的风险与挑战，快速变革的时空压缩效应并含成就与问题，更是加重了人们的思想矛盾与困惑。思想政治教育形态研究的落脚点——准确定位当代中国思想政治教育形态并推动其创新发展，离不开对新时代中国特色社会主义时空方位的认识和理解，从而进一步分析当下人们普遍容易产生关于个人、社会与国家，历史、现实与未来，理想、信念与实践等关系的疑问和困惑及其原因，进而有针对性地找到答案和对策，正面回应人民群众的理论关切，调动并凝聚起强大的精神力量，为实现中华民族伟大复兴的梦想作出贡献。

第四节 研究方法

思想政治教育形态研究的方法主要包括两个层面：第一层面是逻辑秩序或方法论层面的方法，即对整个研究过程起着方向性统领作用的、研究中应当遵循的根本原则或致思进路；第二层面则是操作性的具体方法，即在研究过程中用到的方式和手段。

一、逻辑秩序层面的方法

就学科属性而言，思想政治教育相关研究应以马克思主义唯物辩证法为根本遵循；而具体到形态问题来说，唯物辩证法主要体现为以下两个基本方法：

第一，抽象与具体相结合的方法。马克思在《〈政治经济学批判〉导言》中提到了科学研究的基本路径和方法，而不论是“完整的表象蒸发为抽象的规定”，还是“抽象的规定在思维行程中导致具体的再现”[①]，都应将二者结合起来作为一个整体来理解。也就是说，从抽象到具体的方法之所以是“科学上的正确方法”，是因其已经内

① 《马克思恩格斯文集》第8卷，北京：人民出版社，2009年，第25页。

在地包含了具体到抽象的前一条路径，这实质是强调具体与抽象相统一。对思想政治教育形态研究而言，这一方法有着更为切近的适用性。从研究内容看，形态就是要研究对象的外在现象与内在本质以及二者间关系，而现象与本质恰恰对应具体和抽象。就研究过程而言，形态研究的归宿是使我们对思想政治教育的认识更加契合其本来的面貌，建构起"思维的具体"；而这一过程的起点则是"概念的抽象"，即当下我们对思想政治教育规定性的认识。因此这样一个"思维圆圈的上升运动"，体现的正是从"抽象"上升到"具体"的逻辑秩序。

第二，历史与逻辑相统一的方法。从思想政治教育形态研究的两个基本方面来看，共时性的结构论解析从思想政治教育的定位和主客体要素出发，经过目标功能、过程矛盾的运行分析，最终达到对本质的认识，而这一过程如果不注重历史材料的充盈与融合，便会与一般意义上的思想政治教育原理叙述没有区别；历时性的存在论解析则是对思想政治教育发生、发展、趋向的整体性把握，但如果只是泛泛地叙述历史而没有总结提炼发展规律，就难以与思想政治教育史研究相区分。因此，结构分析中融入历史材料，过程分析中强调规律提炼，是思想政治教育形态研究区别于其他研究的重要体现。从整体的研究过程来看，"概念抽象"如何上升到"思维具体"，只有回归思想政治教育在人类社会中的发展史本身才能够得到说明，在这个意义上，"历史与逻辑相统一"同"抽象与具体相结合"实质是同一个方法的不同体现。

二、具体操作层面的方法

第二层面是具体操作的研究方法。按照从一般到特殊的思路，主要包括：

第一，文献研究法。这是思想政治教育形态问题作为人文社会科学所应遵循的基本方法。只有充分占有文献资料，才能保证研究内容的充实性与研究价值的现实性。就思想政治教育形态而言，所应参阅的文献主要包括四个方面：一是马克思主义经典文本。特别是社会形态理论与政治经济学研究方法理论，为思想政治教育形态问题提供理论范式和路向借鉴。二是思想政治教育基础理论与思想政治教育史相关资料。形态研究的核心在于使逻辑与历史在相互碰撞中互释生成，因而这两个方面的文献是形态研究的基础性关键性文献。三是社会科学中形态学基本理论。为研究对象的认定、基本内涵的界定与解读、研究思路和方法的确立提供参照。四是学界对这一问题的已有研究成果。旨在充分把握学界目前的研究现状，占有、利用已有成果，发现其不足之处，从而确立研究的创新点及相应的重点难点。

第二，整体研究法。一般来说，对研究对象进行宏观性把握、获得全方位认识都需要进行整体研究，因而这一方法有着广阔的应用领域；但同其他研究相比，整体研究法与思想政治教育形态问题又有着更为紧密的关联性。一则，从研究性质看，思想政治教育形态问题属于元理论研究范畴，旨在揭示作为一种客观存在，思想政治教育在不同时空环境中的呈现样态，这样一种本体论性质的研究视域必然要求进行整体性把握与观照。二则，从研究视域看，无论是结构分析还是过程分析，都更加强调分析基础上的综合，也就是不能“只见树木不见森林”、局限于思想政治教育的某一要素或环节，而要从细节中跳脱出来，注重系统性、关联性研究，从整体上勾勒思想政治教育存在和发展的基本线索与脉络。

第三，形态学方法与跨学科研究法。这是思想政治教育形态问题最为直接的研究方法。既然是以思想政治教育形态为研究对象，那必然会用到形态学的基本方法，而形态学作为一种研究方法或研究视域广泛应用于各个学科，因此在借鉴时便需要在不同学科间加以比较和鉴别。运用跨学科研究法时，应对哲学社会科学相关学科加以重点关注，这是由研究对象的学科属性所决定的。因而对于自然科学和特殊性较强的学科（如语言学）的形态学理论和方法可不必过于关注，这样可使研究焦点更为集中和凸显。在此基础上，可以概括归纳出形态学方法的基本要义有二：一是通过揭示本质来认识和把握对象的形态；二是从内在结构与发展过程的角度来认识对象的本质与状态。这对于思想政治教育形态问题而言同样是适用的。

第一章　思想政治教育形态及其研究的概念界定

第一节　形态

一、形态概念的基本含义

所谓“形态”，从字面来理解，有形状、外形、姿态、样态等含义，是对事物形象的描述。一般来说，人们对于形态的认知以自身感官为基础，通过视觉、听觉、嗅觉、触觉等感觉形式，得到的关于对象外在形象的认识，便是其形态。在日常生活中，形态成为人们认识和区分事物的基础，某一事物或现象之所以能够被人所关注和理解，首先必然源于其自身特有的形态；而人们之所以能够将一物与他物区分开来，最为简洁和直观的依据也是彼此间的形态差异。由此可见，形态是人们认识理解事物的前提与切入点。当然，基于感官的判断往往存在很大的局限性，事物现象与本质间的关系十分复杂，将形态仅仅看作是外在直观的现象是不够的，还需要从以下两个方面加以更进一步的理解。

第一，不仅有形的事物具有形态，无形的存在也有其形态。从某种意义上讲“无形”也是一种“形”，只不过是人们感官所难以直接把握到的“形”。因此，世间万物都有其形态，“形态”概念具有最为一般和广泛的外延。《说文解字》记载，形：象也，态：意态也。[①] 其中“形”“象”是具体可感的，而“意”“态”则是抽象无形的。但“无形”不等于“无在”，“态”传递的便是一种“形而上”的存在。在古代汉语语境中，形、态常与象、质等范畴关联。《易经・系辞上传》有云，“在天成象，在地成形，变化见矣”，用象和形分别指代天地万物的存在和现象；又说“见乃谓之象，形乃谓之器”，指出象与形的差别在于“象仅是视觉的对象，形不但是视觉的对象，而且也是触觉的对象”[②]。《老子》中写道“大象无形”，说明象与形有时虽不可见，但仍是可感知的客观存在。由此可见，形态是具象与抽象的统一体，具有普遍性和客观性。

第二，形态不仅可以描述事物的外在形象，也可以揭示和呈现其内在结构与功能。在《现代汉语词典》中，“形态”词条的解释是：①事物的形状或表现；②生物体外部的形状；③词的内部变化形式。其中第三条尤其需要加以关注，这层含义主要针对语言学而言，之所以赋予其这层含义，有着充分的词源学依据。在英语语境中，与“形态”相对应的单词主要有form，formation，shape，state，pattern，model 等。form 的含义有很多，《牛津高阶英汉双解词典》[③]将其概括如下（去除与汉语语境中“形态”无关的解释）：作为名词，有类型，种类；形式，外表，样子；形状，体形；（尤指艺术作品或文章的）结构，形式；表现状态等含义。作为动词，有开始存在，（使）出现、产生、形成；有……功能等含义。formation 作为名词的含义主要是指组成和形成物。shape 作为名词，其主要含义是形状，外形，样子，这与 form 一词的名词含义是相接近的；此外还有状况、情况；性质，特点等含义；作为动词，有使成为……形状、

① 参见［清］段玉裁：《说文解字注》，上海：上海古籍出版社，1988 年，第 424、509 页。

② 张岱年：《中国古典哲学概念范畴要论（张岱年全集）》，北京：中华书局，2017 年，第 124 页。

③ 参见《牛津高阶英汉双解词典》第 8 版，北京：商务印书馆，2015 年。

塑造，决定……的形成、影响……的发展等意义。state 作为名词，有状态、状况、情况等含义。pattern 的名词解释主要为模式、方式等。同样 model 的名词解释中也有模型、样式等含义。由此可见，英语语境中"形态"不仅意为作为结果呈现的"what"，还包含何以如此的过程即"how"，而后者便涉及其内在结构与功能表征，正是在特定内部结构与机理的作用下，才会形成相应的外在形象与样态。因此，形态也是连接现象与本质的桥梁和纽带。

由此可见"形态"概念的基本内涵包括三重规定：其一，形态是具体可感事物的外形、样式及姿态，是其"看起来如此"的直观呈现，即人们在日常生活中最为普通的理解。其二，形态不仅指具体的可感事物，也可以指无形的抽象事物，是各种事物的存在方式；同时也是对象事物的存在作用于人的感官和思维所引起的人对对象事物整体状态的认知与理解。正是由于形态概念可以用于描述抽象的事物和存在，并且与人的理性思维相关涉，从而使得我们对于思想政治教育形态的描述和研究成为可能。其三，形态是事物发展变化过程与结果的统一表征，既是在某一特定瞬间呈现出的样态与状态，同时也蕴含着这种样态和状态的运动轨迹。一方面揭示其"何以如此"，即缘由和根据；另一方面也预测其"去向何方"，即演变和趋势。而这种动态过程的呈现实际上便是事物自身内部要素基于特定结构相互作用的产物，因此形态也是事物内部结构和功能的表征，是其现象与本质的中介，而绝不仅仅是外在现象的呈现。

从基本内涵中不难发现，形态是一个复杂概念，具有多样性和层次性。正是由于形态概念外延的广泛性，对其进行分类和整理便显得尤为复杂。在日常生活中，人们可以基于感官对各种形态加以分类；但进入更为宏观的范围内，直觉的作用便显得极为有限，因而需要引入逻辑思维的方法加以认识和整理。尽管如此，各种分类标准都难以涵盖所有形态，彼此间也存在诸多交织，但大体上学界主要有以下两种分类：从最一般的角度看按照世界的二重分化，可以分为自然形态与人文形态，其中自然形态包括现实世界中主要依靠自然力量而呈现的如生物、地貌、气象、天文等形态以及人类实践活动范围之外的自在世界诸种存在的形态；人文形态则是现实世界中主要基于人的实践活动而形成的事物或现象的形态，如社会、文化、理论、人造物等形态。按照人的认识方式，可以分为具体形态与抽象形态，其中具体形态是通过人的感官或者作为人感官延伸的仪器设备而呈现并被人感知的，如山水、鸟兽、建筑、星宿、细胞等；抽象形态则是通过人的理性思维而把握的如观念、理论等形态。对形态的分类和整理，主要出于两个原因，从事物自身角度而言，形态是由特定要素组成的，包括质量、体积、密度、颜色等物理要素及结构、关系等逻辑要素，大体上同一形态具有相同或相似的内部要素，因而是能够被辨认和区分的；从人的主观意愿来说，对形态的分类和整理是为了进一步认识事物本身，因而是被需要的，而这种主观的目的和意愿构成了形态的功能所在。

至此，对形态功能的理解，已经触及形态概念最为核心的内涵，即认识事物“是什么”，而对这一问题的回答，还需要从哲学的高度进行深入研究。

二、形态概念的深层含义

认识某种事物或现象“是什么”，要做到“透过现象看本质”。前文已经指出，形态是基于现象而又超越现象并指向本质的复杂概念，是连接现象与本质的中介。如果说形态概念的基本含义主要侧重于具体或抽象、外在或内部的“形”，那么其深层含义便指向与其本质相关的“态”。这里的“态”并非作为形的姿态样态，而是指“状态”，从存在论（Ontology）的角度看，状态与本体必然相关，有“体”就有“态”，有“态”必有“体”，不存在没有“体”的“态”，也不存在没有“态”的“体”。形态概念对对象状态更为深层的描述和揭示，实际上就是对事物本质本体的把握和观照，而这便是对一事物或现象“是什么”问题的根本回答。需要注意的是，形态本身不等于本质，甚至在字面含义上更为接近与本质相对应的现象；但通过对构词、语义及词源学的考察可以确定，基于现象的形态必然指向现象背后的本体与存在，形态概念内含对事物本质的揭示和观照。黑格尔在《哲学科学全书纲要》中指出："物质的个体性在其直接的定在内是内在性的形式，这种形式给那种物体的物质以一种固有的特定的区别，这就是形态。"[①] 这里将形态理解为"内在性的形式""固有的特定的区别"，所要论述的实际上便是某物自身区别于他物的内在规定，即本质。此外，这段论述中还有两个关键词需要加以关注，一是"形式"，二是"区别"，而"区别"必然关涉"联系"，由此引申出"类"的概念，因此"形式"和"类"又成为理解形态概念深层内涵的关键所在。

对应于中文"形态"概念的最主要英文单词 form，其首条解释为"形式"，在西方哲学史上，柏拉图、亚里士多德、托马斯·阿奎那、司各脱、康德等人都有大量关于"形式"的哲学思想。应当说，"形态"与"形式"还是有一定区别的，其中最明显的在于"形式"更多的是相对于"内容"而言，强调内容的组合方式，而"形态"作为描述对象整体状态的概念，则是内容与形式的统一；当作为一个表示"类"的概念来理解和区分事物时，形态与形式在揭示事物结构与本质规定的意义上具有一定的相似性，因此通过理解哲学中"形式"的含义，进而加深对"形态"内涵的认识，在逻辑上是可行的。在古希腊语中，"形式"被称作"eidos"，亚里士多德在不同语境中对该词的理解存在差异，概括起来，"形式意指事物的内在结构，是在其定义中表现出来的"[②]，在这里，亚里士多德论述的这一概念与其说是"形式"（eidos），不如说是使事物是其所是的"存在"（being）。因此在这个意义上，"形式不仅是事物的普遍本质，而且

---

① ［德］黑格尔：《哲学科学全书纲要》，薛华译，上海：上海人民出版社，2002 年，第 186 页。

② 参见［英］尼古拉斯·布宁、余纪元编著：《西方哲学英汉对照辞典》，北京：人民出版社，2001 年，第 385 页。

是事物所要达到的目的”，“只有形式才有现实性”[①]。可见，在哲学中，“形式”或“形态”是与“本质”紧密联系的概念，具有使事物“成其所是”的现实性功能，这样也就解释了英语语境中 form 和 shape 具有动词词性的原因。此外，哲学中也经常使用“样态”或者“样式”来解释形态，斯宾诺莎认为，样态是事物或实体的存在方式、变化形式、关系或性质的结合方式，是其在特定情景中的呈现形式，样态不能离开事物本身而独立存在[②]。可以看出，斯宾诺莎所说的“样态”在作为事物具体存在方式、表现其本质的意义上具有与“形态”相同的内涵，其要义都是通过具体的外在直观深入事物内部，对其存在状态加以描述和揭示。

通过以上梳理，可以得出在哲学社会科学语境下深入理解“形态”概念，还需进一步把握两点：其一，形态概念是主客体相互作用的产物，是客体作用于主体而使其产生的某种认识，是主体对客体“是什么”的理解与表征。因此，形态是个类概念，意味着对一些具有相同特征或内涵的事物的整合与概括，因而具有类别、模式、表现形式等含义。而类概念的重要内涵是条件和限度，也就是时间和空间上的前提，否则就不存在“此类”和“彼类”的区分，如果进一步抽象的话就会得出唯一、永恒的绝对实体，这样便消融了形态本身。其二，类的区分以一定标准为前提，同类事物必然具有区别于其他事物的相同特征或属性，因此形态又与本质紧密相连，是事物本质自我展开自我呈现的过程和方式。对形态这层含义的理解涉及两对重要范畴：一是现象和本质，既不能仅仅将形态理解为现象，也不能像亚里士多德那样将形式与本质相等同，而应将其看作是连接现象与本质的桥梁和纽带。二是一般与个别，首先应肯定形态是对一类事物特征及属性的概括，以对象的普遍性本质为前提，

---

① 参见冯契主编：《哲学大辞典（修订本）》，上海：上海辞书出版社，2001 年，第 1704 页。

② 参见冯契主编：《外国哲学大辞典》，上海：上海辞书出版社，2008 年，第 129 页。

个别的存在或个体的特殊性不构成形态研究的基本视域；但同时形态的区分必须基于一定的条件和界限，因此时间和空间是研究形态问题的重要维度。至此，对形态概念的深层理解已推进到事物或现象自我呈现使之“是其所是”的存在论高度。在接下的论述中可以看到，这种认识对于明确形态研究的目的、方式和维度，具有重要意义。

第二节　思想政治教育形态

一、思想政治教育形态的基本内涵

通过对“形态”概念的深入理解，可以概括出以下几个要点，这些要点成为界定思想政治教育形态内涵的关键：其一，形态是事物和现象外在形象的呈现与描述，并基于这些形象构成窥见其内部结构、认识其本质属性的重要途径；其二，形态与事物和现象的本体不可分离，形态必然是某种存在的形态；其三，形态有瞬时性和历时性之分，前者是在某一特定时空环境和条件下对象的直观呈现，后者则是其发展过程中所有瞬时样态集合而表现的整体性存在状态，对事物和现象形态的完整把握必须同时关注这两个方面，实现二者相统一。基于此，所谓思想政治教育形态，便是思想政治教育这一客观存在的形态，是某一特定思想政治教育活动呈现出的具体样态以及各种思想政治教育理论和实践的共同属性与特征，即关于思想政治教育“是什么”的一般性描述和阐释。概括起来，思想政治教育形态是指思想政治教育的形式样态与存在状态。

目前，国内学界对思想政治教育形态的概念界定尚处于起步阶段，主要观点有二：其一是叶方兴认为“思想政治教育形态是思想政治教育具体的存在状态与表现样式”[1]；其二是杨威等认为思想政治教育形态是“标志思想政治教育客观存在的一个范畴”，是其“外在表现形式”与“发展的某种状态”[2]。不难看出这两个观点是大体接近并相互补充的，二者都肯定了形态是标识思想政治教育存在和状态的客观范畴，并从外在的表现形式与发展的阶段状态两方面对其进行了规定，这种认识与前文对形态概念的综合性理解是相符合的。与叶方兴的观点不同，笔者对思想政治教育形态概念的界定将“形式样态”的位置放到了“存在状态”之前。这两个表述的位置之所以不能够颠倒，原因在于形态概念内涵具有逻辑认知上的先后顺序，首先是直观和具体的形式样态，然后才深入内在和整体的存在状态，后者是前者的内在根据。也就是说，“形式样态”这一表述首先是对形态字面含义的回应，并且能够进一步引申出“存在状态”；如果颠倒过来的话，既不符合逻辑认知的顺序，也容易从“存在”出发直接与“本质”而非“形态”相关联。但抛去构词顺序的差异，这一界定与学界已有的观点并没有根本性的对立。

进一步来看，在这个概念表述中，形式样态指思想政治教育在各种具体条件和环境下直接呈现出的感性直观。样态一词又称样式，取斯宾诺莎的“样态是事物和对象在特定情景中的呈现形式”之意，用以描述思想政治教育种种具体的样貌，如理论形态的思想政治教育、实践活动形态的思想政治教育、文化现象形态的思想政治教育，再如思想政治教育的古代形态、近现代形态、中国形态、外国形态等。概念表述中的存在状态则是指直观现象背后的决定性根据以及由各种具体样态构成的整体状态。一方面，思想政治教育在不同情境中呈现出丰富多彩的不同样态，这些样态彼此间虽然存在很大差异，但无不与思想政治教育存在某种关联，或者说之所以能够称作思想政治教育的某种形态，其必然包含某种共同的规定性，这一内

---

① 叶方兴：《论思想政治教育形态》，《学术论坛》，2019 年第 4 期，第 122 页。

② 杨威、陈毅：《思想政治教育形态问题初探》，《思想理论教育》，2020 年第 1 期，第 52 页。

在的规定具有抽象性，却是决定其存在和状态的依据。另一方面，思想政治教育种种具体样态分别从不同角度和方面描述了思想政治教育在某种环境、某些情境中的状态，将这些状态整合起来便可以对思想政治教育的整体存在状态进行概览，这种总体性的描述和把握同样是思想政治教育形态所不可或缺的。

将有先后顺序的“形式样态”和“存在状态”作为思想政治教育形态概念的两个基本规定，是在深入理解这一复杂概念基础上的有机迁移和运用：首先是在某一具体情境中直观可感的具体样态；其次是不同情境中的不同样态，由此产生了类的区分；再次是这些具体样态背后共同的内在结构与规定，这些规定是对各种具体形态和样态“何以如此”的解释，是现象背后的原因和依据；最后是所有具体样态的集合对对象整体面貌和存在状态的揭示。思想政治教育形态概念中的这两个规定，便是依照形态概念的内涵，合乎逻辑地对思想政治教育进行描述和解释。

至此，这一界定已经实现了对思想政治教育形态形式上的规定，也就是澄清了思想政治教育形态的逻辑架构问题。然而，脱离内容的形式是抽象和空洞的，如果仅仅将这一抽象规定作为裁量尺度，当面对某一具体的思想政治教育活动时，人们还是会感到难以下手，无从描述其形态究竟为何。因此，在描述具体的思想政治教育形态时，要以其形态内容为支撑，这便需要进一步对思想政治教育形态的要素构成加以梳理和概括。

二、思想政治教育形态的要素构成

形态是由要素依照特定关系和作用方式组合而成的样貌状态整体，不同事物或同一事物的不同形态之所以存在差别，是源于其内部要素的构成及作用关系存在差异。对不同事物而言，其形态的要素也是不尽相同的。一般来说，物质性存在的形态要素主要由质量、密度、颜色、体积等物理因素构成；而抽象的精神性存在其形态要素则更多是由概念、范畴、判断、推理等人的思维逻辑之“格”来划定的。思想政治教育从根本上讲是一项实践活动，是人的主观意识与客观实际相互作用的产物，既包括抽象的理论形态（如观念、原则、立场等），又离不开具体的物质依托（如载体、场域、环境等），还包含二者相互作用的过程即实践活动的开展。因此，思想政治教育形态具有融合性与复杂性，对其构成要素的把握应充分认识其自身特殊性，从不同角度和方面加以整合概括。

梳理思想政治教育形态的要素，实际上就是怎样认识思想政治教育的过程。根据形式逻辑“属＋种差”的下定义基本原则，思想政治教育的上层属概念是教育，而教育最本质的内核是培养人。习近平总书记多次指出，“培养什么人、怎样培养人、为谁培养人”是教育的根本问题，这分别从目标、方法、立场三方面回答了教育的根本遵循。进一步来看，当我们认识和辨别某种教育形态的时候，最为重要和关键的也是要思考三个问题：其一，这种教育培养出的人是怎样的、具备何种能力和素养？其二，这种教育如何实现培养目标、采取何种方式和手段？其三，以特定方式培养具有特定素养的人，其教育目的是什么、是为谁服务的？这三问实际上也就从“是什么”“怎么样”“为什么”这些逻辑思维之“格”帮助我们从整体上把握了某种教育的性质和特征，从而建构其大致的形态轮廓，即教育形态的骨架要素。对思想政治教育而言，作为教育的下属子概念，这三个方面作为其形态要素的基本架构同样是适用的，但还应注意两个方面：其一，思想政治教育自身的特殊规定性，即与其他教育活动的差别；其二，较之于纯粹的形态概念，教育形态的基本三要素已经具有了一定的指向性，但仍不够具体，需要结合思想政治教育的特征加以进一步分解细化，才会变得充盈和鲜活，使之易于把握。

不同于其他学科相对注重知识和能力培养，思想政治教育更加强调对受教育者思想观念的引导，因此“为谁培养人”对思想政治教育来说便显得尤为重要，这便构成了思想政治教育形态要素的重要构成：阶级立场。立场凸显原则和方向，决定思想政治教育的根本性质。当我们尝试对一种思想政治教育形态加以历史定性时，首先便要思考其代表谁的利益、为谁所服务，是致力于所有人的发展还是一部分人的发展，是服务于多数人还是少数人的进步，所服务的群体在历史上的定位如何，等等，这些都是阶级立场这一要素所要关注和思考的。不同的阶级立场决定了思想政治教育形态的巨大差异，代表广大无产阶级和人民群众，为社会绝大多数人自由全面发展服务的中国共产党思想政治教育形态，同服务于少数统治阶级的资产阶级思想政治教育形态相比，显然具有无可比拟的历史优越性。除了“为什么”，“怎么样”也是考察、界定思想政治教育形态的另一个重要因素，即“怎样培养人”这个问题。具体来看，思想政治教育活动的开展离不开几个基本构成：教育者、教育对象、教育内容、教育方法、教育载体等，这些方面可进一步概括成主体客体、内容方法、运作实现等要素，这些要素导致了具体思想政治教育实践开展时的形态差异。如根据教育对象的差异，可分为学生思想政治教育、干部思想政治教育、农民思想政治教育、军队思想政治教育等形态；再如根据教育环境和方式的不同，可分为课堂思想政治教育、日常思想政治教育、网络思想政治教育等形态。最后，“培养什么人”这一问题落实到思想政治教育上，则主要体现为目标功能这一要素。目标功能可以分为社会和个人两个维度，个体目标是思想政治教育活动对受教育者认知、情感、信念、行为等方面的直接期许和愿望；社会目标则是通过个体目标而实现的对社会政治、经济、文化等方面的积极作用和价值。教育目标的设定对思想政治教育的运作方向具有重要的影响，同样是其形态要素的基本构成。

概括起来，阶级立场、目标功能、主体客体、内容方法、运作实现等是思想政治教育形态的基本构成要素，当我们认识某种思想政治教育“是怎样”的时候，这些方面能够大体上勾勒出其形态轮廓。至此，思想政治教育形态已不再是“思想政治教育的形式样态和存在状态”这样冰冷的抽象，变得有血有肉易于理解。这实际上也是在抽象概括之后返回到形态的字面含义，成为观察思想政治教育形态的基本维度，同时也是进一步对思想政治教育形态开展研究的前提所在。

三、思想政治教育形态的基本特征

根据概念界定和要素构成，可以进一步概括出思想政治教育形态的基本特征，主要包括多元性、层次性、同源性与同构性、关联性、直观性与抽象性等。

第一，多元性。从联系的普遍性来看，任何事物都是由相互作用的要素构成，并且与周围环境发生关联和作用，而事物自身的要素构成复杂多样，其周围的环境也是不断变化的，因此事物因内部结构的差异以及所处环境的不同，其形态也会有多种呈现。而思想政治教育作为一项非常复杂的社会实践活动，其内部要素诸多，结构微妙，不同的要素构成、不同的要素作用关系、不同的内部结构、不同的运行机理，都会导致不同的形态呈现；而作为社会系统的重要构成，思想政治教育的外部环境同样复杂多样，横向看其在特定社会中与政治、经济、文化系统的相互关联与作用关系，纵向看不同的历史环境和时空特征，都会深刻塑造和影响着思想政治教育的形式样态，使之呈现出多元迥异的形态。如从实施教育的方式看，可以有灌输形态、对话形态、交往形态等；从依赖的载体看，可以是书本形态、活动形态、网络形态等；从时空范围看，可以是中国形态、美国形态、日本形态、古代形态、现代形态等。

第二，层次性。无论是在何种情景中、依照何种标准而认定的各种思想政治教育形态，其存在并非杂乱无序的，而是一个具有层次性的系统。根据不同的标准与尺度，思想政治教育形态的层次也可从不同的角度加以划分。从自身结构和系统的角度看，思想政治教育形态可划分为不同的要素形态、运作形态、内核形态等，每一种形态下又可进行更为细致的划分，如要素形态可根据主客体数量、性质、相互作用关系、内容、方法构成等进一步区分。从历史演进和发展的角度看，可分为古代形态、近代形态、现代形态、当代形态、未来形态等；亦可根据典型的国家和历史时期分为中国古代形态、古希腊罗马形态、欧洲中世纪形态、西方近现代形态等。之所以将系统结构和历史发展作为划分的主要维度，是由思想政治教育形态研究的视域决定的，这点后文会详尽论述。此外，单纯从形态层次的逻辑秩序来看，思想政治教育形态系统包括基本形态、具体形态、亚形态等层次构成，从研究的角度看这些层次有助于尽可能完整地对思想政治教育进行全面深入的描述和揭示。

第三，同源性与同构性。所谓同源性是指不同事物在起源上的共同性，而同构性则是指事物不同层次和结构间的相似性①。思想政治教育形态的同源性指不同形态所共同体现、决定“其所是”的内在本质和依据，思想政治教育的同构性则是不同形态间内部结构与层次的相似性。举例来说，古希腊罗马时期的思想政治教育与当代中国的思想政治教育是两种差别很大的形态，二者的同源性便体现为这两种看似天壤之别的“活动”都能够被称为“思想政治教育”的内在根据，更进一步讲就是它们所具有的影响受教育者思想观念的共同本质；而这两种形态的同构性则是其内部结构与运作方式的相似性，如都必须传递特定的教育理念和主张，都必须经由主客体特定的交往关系而实现等。可见，同源性和同构性是思想政治教育形态揭示其内部结构与本质规定的关键所在，二者都是对思想政治教育系统稳定性、有序性的规定与说明。

第四，关联性，指思想政治教育不同形态间的相互作用和互相转化。思想政治教育各种形态之间彼此并非相互孤立隔绝，而是紧密关联的。一方面，不同形态间彼此会发生相互影响和作用，这些影响既可以是单向的，如晚近形态对早先形态的继承与改造，也可以是双向和多向的，如当代各国思想政治教育理论和实践的相互影响与借鉴。另一方面，思想政治教育不同形态在一定条件下也会相

① 参见李秀林、王于、李淮春等主编：《辩证唯物主义和历史唯物主义原理（第五版）》，北京：中国人民大学出版社，2004年，第57—58页。

互转化，如渗透在日常生活中的思想政治教育潜隐形态，在被人们所意识到并加以关注时便会转化为显性形态，而“思政课程”向“课程思政”的转变也体现了显性形态向隐性形态的转变，彼此间的界限是模糊的。思想政治教育形态的关联性表明，任何一种形态都是相对的，都只是在特定环境和条件下的暂时状态，思想政治教育形态间不存在绝对界限，这对于形态研究时注意把握条件和限度具有一定的启示。

第五，直观性与抽象性。在对要素构成的论述中已经指出，思想政治教育是一项主观见之于客观的复杂实践活动，既包含可感的物质要素和具体的现实活动，又包含抽象思辨的理论观念和逻辑设计，因此其形态呈现直观与抽象交织并存的状态。一方面，思想政治教育是人直接参与的社会实践活动，无论是教育者与受教育者还是组织者与研究者，在直接参与过程中都会对其产生直接和间接的体验与感知，因而是直观经验的；另一方面，思想政治教育是人们（确切地讲是组织者、实施者与研究者）自主设计建构的活动，其运作依据特定的理念和观念，靠人的理性思维来保障和实现，是极其抽象的，因此对其进行分析时“既不能用显微镜，也不能用化学试剂。二者都必须用抽象力来代替”①。

四、思想政治教育形态相关概念辨析

由于思想政治教育形态概念的复杂性、综合性等特征，在界定时不可避免地会涉及一些相近或相关概念，主要包括思想政治教育的现象、本质、模式、范式等。这些概念与思想政治教育形态或存在诸多共性内涵，如形态与现象、形态与模式，或者在逻辑上具有十分密切的关联，如形态与本质、形态与范式。因此只有将思想政治形态概念与这些相关概念和范畴加以进一步辨析，明确其相似性与不同之处，才能更好地对形态本身加以说明和澄清。

---

① 《马克思恩格斯文集》第 5 卷，北京：人民出版社，2009 年，第 8 页。

第一，思想政治教育形态与思想政治教育现象、本质。从思想政治教育形态概念出发，“形式样态”是外在的可感直观，而“存在状态”则是内在依据与整体状态，因而首先联想到的便是现象与本质这对范畴。就一般含义而言，现象是“事物在发展、变化中所表现的外部的形态和联系”[①]，本质则是“事物本身所固有的，决定事物性质、面貌和发展的根本属性”[②]。哲学中现象与本质是相对应而存在的，现象是本质的表现形式，本质是现象的内在根据，二者不可分离。思想政治教育现象，是指“人们在思想政治教育的实践中所提供的、并能够被人们的感觉所获得的直观的东西”[③]；思想政治教育本质，则是由思想政治教育基本矛盾所构成的、决定思想政治教育其他概念和范畴“何以如此”的依据。思想政治教育形态与思想政治教育现象的关系：一方面在描述具体的思想政治教育活动的可感方面，二者具有相同含义；另一方面形态的外延要比现象更广，除了对外部形象的描述外，形态还包含对内在的运作机理与抽象的性质状态的揭示，现象则不具有这层含义。因此，思想政治教育形态是以思想政治教育现象为基础，但又超越现象关涉本质的一个范畴。正是在这个意义上，二者的区别还在于，现象有时会与本质发生偏离，以假象的形式表现出来；而形态则始终是对本质的如实反映与呈现。思想政治教育形态与思想政治教育本质的关系：一方面，形态侧重于对具体样式的描述，而本质则直面抽象的内在矛盾和根据，二者的区别是十分明显的；另一方面，本质是形态得以呈现的依据，而形态则是本质的外显形式与认识路径。只有将思想政治教育现象上升到形态的高度，才能够深化对本质的认识和理解。综上，思想政治教育形态是连接思想政治教育现象和本质的中介，是二者的统一体，即对思想政治教育存在的整体描述和观照。

---

① 《现代汉语词典》，北京：商务印书馆，2017 年，第 1424 页。

② 《现代汉语词典》，北京：商务印书馆，2017 年，第 63 页。

③ 《思想政治教育学原理》编写组：《思想政治教育学原理》，北京：高等教育出版社，2016 年，第78 页。

第二，思想政治教育形态与思想政治教育模式、范式。形态概念的基本含义中包含“类”的属性，我们将纷繁的思想政治教育现象归结为不同思想政治教育形态也是在“类”的意义上来辨别的，因此思想政治教育形态又与思想政治教育模式、范式等概念发生关联。“所谓模式，就是事物或活动中由若干相互联系的要素构成的、具有典型特征的简化模型或范式”[①]，在思想政治教育研究中引入模式概念，在于其既是一种理论的阐释范式，也是实践理论的方式和维度，是贯通思想政治教育理论和实践的纽带与中介[②]。思想政治教育形态与模式的联系在于：一是二者具有类含义上的相似性，都是对思想政治教育现象和活动的类别概括和归纳；二是都涉及对思想政治教育的要素、结构、运行等的揭示，也只有在此基础上，才能够实现类的整合与划分。二者的区别是，模式相对形态而言更加微观和具体，侧重于操作层面，更加关注思想政治教育效果的实现，因而也体现了较强的目的性；而形态则相对更为宏观和抽象，不仅包括直观的可感层面，也有对思想政治教育存在状态的揭示，这是模式所不能实现的，因此形态较之于模式也更具客观性，是对思想政治教育本身的刻画和描述，而不涉及更多的主观意愿和因素。

另一个相关概念是范式，思想政治教育学界引入这一概念的内涵主要依照美国哲学家库恩的相关理论，意指建立在某些重大学术成就基础上的学术共同体所持有的共同信念，这里的信念涉及“研究对象的概念框架”、理论原则和“方法论信条”“可供效仿的解题范例”，以及“共同体成员的某种形而上学信念和价值标准”等。[③]思想政治教育范式概念主要指在既有思想政治教育理论框架基础上，

---

① 冯刚、郑永廷主编：《思想政治教育学科30年发展研究报告》，北京：光明日报出版社，2014年，第315页。

② 参见冯刚、郑永廷主编：《思想政治教育学科30年发展研究报告》，北京：光明日报出版社，2014年，第315、327页。

③ 参见冯契主编：《外国哲学大辞典》，上海：上海辞书出版社，2008年，第319—320页。

思政学者对本领域内相关问题和理论所持的基本信念、看法或者思维方式,[①]“本质上是反映和描述特定学科(思想政治教育——引者注)推进科学研究的方法论模型”[②]。思想政治教育形态与思想政治教育范式的联系:其一,二者在如何认识、理解思想政治教育现象和活动的意义上具有一致性,都会涉及思想政治教育最为基础的矛盾与内核;其二,从研究的意义上说,形态和范式都是对“思想的思想”即对理论的再认识,其结论都会对思想政治教育学科的发展产生影响;其三,从作为研究方法的意义上讲,形态问题可以作为一种特殊的思想政治教育研究范式。二者的区别在于:一方面形态是本质的外显和呈现,形态研究必须如实体现思想政治教育的本质和特征,而范式相对而言具有更多的主观成分,偏向于学者对思想政治教育的认识理解与思维框架;另一方面范式相对更加抽象,缺少对直观感性的思想政治教育现象的描述,而这方面却是思想政治教育形态的基本构成和重要内容。

第三节 思想政治教育形态研究

一、视域与思想政治教育形态研究的开展

在明确思想政治教育概念内涵的基础上,便可以对其开展研究。研究作为一项认识活动,是主客体间的交互作用过程。就形态问题来说,只有首先通过“看”才能够获得关于形态的最初认识。因此,就研究而言,思想政治教育形态问题需要引入一个关键范畴——视域。所谓视域,即主体观察对象时的站位、视角与眼界。之所以强

① 参见冯刚、郑永廷主编:《思想政治教育学科30年发展研究报告》,北京:光明日报出版社,2014年,第404页。

② 张耀灿、钱广荣:《思想政治教育研究范式论纲——思想政治教育研究方法的基本问题》,《思想教育研究》,2014年第7期,第3页。

调视域，是由于任何事物和对象的形态都是以观察者的观察活动（既包括直观感性意义上的观看和感知，也包括抽象理性层面的分析和思考）为前提，也就是说形态的呈现总是与观察者和研究者的视域密不可分，只有通过一定的视域才能够对对象所呈现出的形态进行感知和把握，在不同的视域下所把握到的同一对象的形态也是不尽相同的。

因此，视域概念便与思想政治教育形态研究紧密结合起来。可以说，任何一种思想政治教育形态都是观察研究者在特定视域下所观察到的思想政治教育的样态和状态。其中的视域是观察的形式和方法，是一种"思考"；而形态的呈现则是观察者所观察到的内容，因而也是思考而来的"思想"，二者是统一的。这种统一性类似于马克思主义世界观和方法论的内在关系。当我们说"有什么样的世界观就有什么样的方法论"这句话时，在语言表述上世界观和方法论是并列关系，由此似乎造成一种错觉，即世界观和方法论是逻辑上并列的两个东西，只不过二者具有内在的关联和统一性。然而，恩格斯明确指出，"马克思的整个世界观不是教义，而是方法"[①]，也就是说，马克思主义的世界观和方法论是相互包含的"一整块钢板"，世界观是其外显之"形"，而方法论则是其内在之"魂"。因此有学者指出，"所谓马克思主义理论的运用，实际上不是对马克思主义世界观的运用，而是对马克思主义世界观所具有的方法论的运用，即运用的是马克思主义方法论"[②]。同样，思想政治教育形态的内容和研究视域也是这样一种统一关系：一方面，视域决定了观察研究者所能"看"到的思想政治教育形态的内容，任何一种形态都是基于特定视域而得到的对思想政治教育现象的认识；另一方面，思想政治教育形态的研究视域不是随便确立的，而只能根据思想政治教育自身的特点及其形态呈现的方式所决定。

---

① 《马克思恩格斯文集》第 10 卷，北京：人民出版社，2009 年，第 691 页。

② 倪志安：《"马克思主义是科学的方法论"新论》，《探索》，2013 年第 2 期，第 154 页。

思想政治教育形态研究有两个基本视域：结构视域和历史视域。结构视域是对处在特定时空环境中具体的思想政治教育活动进行由远到近、由表及里的解构性解析：一是将思想政治教育视为一个整体，考察其在社会生活中的定位及其与其他社会系统的关系；二是将视线集中到思想政治教育活动本身，对其进行进一步的分析与解构，考察其要素构成，明确思想政治教育活动的基本构成要件；三是运行机理与内在根据，研究这些要素间的相互作用关系及其整体运作的保障与实现，明确思想政治教育活动的整体性状及其内在规定性。与结构视域的这些层次相对应，依次得到的是思想政治教育的泛在形态、构件形态、运作形态。历史视域是从人类社会历史发展的角度对作为一种文化现象的思想政治教育进行全局性、整体性的综合考察：一是在阶级社会这一基本场域中对比、综合不同时间和地域的思想政治教育，归纳出阶级形态的基本特征；二是将视野扩大到整个人类社会，以阶级形态的产生根源和发展走向为基点进行追问，得到思想政治教育原始社会和共产主义社会非阶级形态的推论；三是在对阶级形态与非阶级形态推论关系进行考察的基础上概括出思想政治教育产生、发展、演进的规律，对其整体的存在状态加以揭示。可以看出，结构视域与历史视域相比较而言，前者是微观、共时性的，侧重于对思想政治教育样式样态的描述；后者是宏观、历时性的，侧重于对思想政治教育存在状态的揭示。二者与思想政治教育形态内涵的两个方面存在一定的对应关系，也由此进一步论证了视域和形态的内在统一性。

当引入视域概念以对思想政治教育形态问题进行研究时，视域与形态内容间的统一关系便容易造成研究过程（即“思考”）与研究结论（即“思想”）在语言表述上的交织与含混，因此有必要对行文中的概念和表述加以规范澄清：其一，在思考与方法的意义上，使用“形态视域”概念，即结构视域、历史视域；而涉及研究思路时，则使用“形态研究”或“形态问题”这一表述。其中的关系是，视域属于研究的一部分，除了视域外，研究还涉及逻辑规则与秩序、起点与归结等问题。其二，在描述某一形态或某些形态的具体内容时，使用“某某形态”或“样态样式”的表述。由此避免因单一使用“形态”一词而出现研究视域、研究思路与研究结论、形态内容相互混淆的情况。

二、思想政治教育形态研究的功能和目的

俗话讲“眼见为实”，按照通常的字面含义来理解，形态就是我们所看到的事物的外在形象，那么形态研究便没有必要和意义，因为既然某物已经呈现在我们眼前，它就是“那个样子”，我们已经对其有了某种认识和理解，那么也就足够了。而这里之所以要费很大功夫来思考和阐释思想政治教育形态研究，就说明上述观点并不完全正确和成立：一方面，思想政治教育形态研究有其必要性；另一方面，思想政治教育形态研究亦有其他研究所不具备的价值和功能。

第一，对思想政治教育形态加以研究是必要的。那种认为形态研究没有必要的观点的偏颇之处在于，其一，这里所说的“研究”并非真正的研究，而只是一般意义上的“看”。前文提到，由于形态研究与视域概念紧密关联，这一特殊性致使人们容易在“看”的意义上来理解“研究”，从而混淆二者。事实上，“看”只是“研究”的一部分或者说前提，是远不充分的，将“研究”窄化为“看”本身就是一种误解。其二，对思想政治教育这一对象而言，其形态在很大程度上是无法直观“看”到的。作为一种客观存在，思想政治教育有其特殊性，内在的价值取向、阶级立场、理论观念等要素是以抽象的形式而存在的，因此已经超越了以视觉为核心的感官范畴，故需要运用理性思维才能加以驾驭和掌握。其三，形态概念的深层含义在于其是揭示事物“是其所是”内在根据的中介，因此形态研究便蕴含着对事物本质的认识和理解。与本质研究从抽象到抽象的逻辑路径不同，形态研究的致思进路是从抽象到具体，始于一般的抽象规定（而概念本身又是在具体形象基础上得到的），经过逻辑与历史的互释生成，最终再回到具有丰富规定性的现实具体。这种研

究进路同本质研究相比，一方面抽象的结论是基于现实具体而非纯粹逻辑演绎，更符合其本身的规定性；另一方面关于本质规定的结论又将反过来作用于对象本身，作为一种“普照的光”而对其产生观照，从而更具现实性。因此，形态研究便构成了本质研究的必要根据与有益补充。

第二，思想政治教育形态研究有其自身功能和价值。主要包括两个方面：其一，明确思想政治教育形态的分类标准，建构思想政治教育谱系学和门类学。尽管目前学界关于思想政治教育的界定已十分精确，但是不可否认的是，这一概念的外延仍是十分广泛的。讲授马克思主义理论的思政课显然是思想政治教育，其他学科中对受教育者价值观念的引导也是思想政治教育；课堂教学是思想政治教育的主阵地，社会实践甚至日常生活中也随处都有思想政治教育的身影；在中国有思想政治教育，在其他国家和地区也有思想政治教育（只不过各自的名称表述不同而已）。面对涵盖面如此之广，形态构成如此纷繁复杂的一种存在，形态研究的首要目的和功能便是找寻若干角度，提供若干思想政治教育形态的分类标准，从而在横向比较与纵向发展相互交织的经纬网中明确某一思想政治教育形态的坐标定位，进而建构起思想政治教育谱系学和门类学，这对于帮助我们更好地认识和理解思想政治教育现象无疑具有重要意义。通过形态研究而划定的分类标准应具有尽可能的独立性和容含性，使得每一种形态在凸显自身独立性而与其他形态相区分的同时，各种形态能够最大程度上涵盖思想政治教育的外延。其二，掌握思想政治教育形态的变化规律，加深对思想政治教育系统性、整体性的认识。正是由于思想政治教育形态外延的广泛性和多样性，不同形态间相互交织、相互作用和转化便十分复杂，其中的演变规律亦难以把握。从单向灌输到双向对话再到多样互动，思想政治教育主客体关系形态的变化根据是什么、在日渐民主的形式背后教育的权威性如何保证？当代中国的思想政治教育同西方相比有何优越性、面对人类世界日益成为一个休戚与共的命运共同体，未来的思想政治教育又将何去何从？……这些问题都值得进一步深入思考。而想要弄清这些问题的必要前提，便是明确不同思想政治教育形态间转化、发展、演变的内在规律，从系统论、存在论的高度加以理解和把握，这便是思想政治教育形态研究的另一功能所在。

综上所述，思想政治教育形态研究通过“视域”得以进行并在“看”的基础上加以突破，其目的既在于描述思想政治教育“看起来像什么”（现象），更在于揭示思想政治教育“究竟是什么”（本质）。因此，思想政治教育形态研究具有贯通思想政治教育研究各个领域和方面，关联思想政治教育概念、本质、历史、比较等研究的耦合作用，有助于加深对思想政治教育的系统性、整体性理解，对于推动当代思政学科的纵深发展具有独特功能和重要意义。

三、形态研究在思想政治教育学科理论体系中的定位

从描述“看起来像什么”的角度来说，思想政治教育形态研究需要大量丰富具体的历史和现实素材，故离不开思想政治教育史、比较思想政治教育相关研究作为支持和依托；就揭示“究竟是什么”而言，思想政治教育形态研究又与概念、本质等基础理论研究存在一定关联和交织。因此，想要厘清形态研究在思想政治教育学科理论体系中的定位，首先需要弄清形态研究同历史、比较、原理等研究的联系和区别。

第一，思想政治教育形态研究与中外思想政治教育史研究、比较思想政治教育研究。作为一种客观的文化现象，思想政治教育存在于人类社会历史不同时期和地域当中（尽管在名称表述上各有不同），这种时空分布的广泛性决定了对思想政治教育形态的研究必须以古今中外各个时期和不同地域的思想政治教育活动为基础性材料，这些材料广泛分布在中外思想政治教育史和比较思想政治教育研究之中，因此思想政治教育形态研究便与这两门学科发生密切关联。中外思想政治教育史研究，其研究对象主要为中国古代、西方古代和近现代以及中国共产党思想政治教育的发展和演变历史，其重点

是历史，因此从研究方法的角度而言要求“史论结合、论从史出；以论明史，统领史料”，形成“一条主线或线索，有一个大理念”，将史料贯穿起来①。比较思想政治教育研究，主要研究当代（第二次世界大战后）世界主要发达国家和地区、我国周边国家和地区的思想政治教育理论与实践以及对我国的启示。从名称中可以看出研究重点在于比较，因而比较研究是其主要方法，比较的形式有专题比较与综合比较、定性比较与定量比较、静态比较与动态比较、现象比较与本质比较等②。思想政治教育形态研究与中外思想政治教育史研究、比较思想政治教育研究的关联是，首先从内容上看，后两者为前者提供了大量基础性素材，即不同时期和地域中具体思想政治教育活动的目标、内容、方法等。其次从研究方法看：一则，都以马克思主义阶级分析法、历史分析法为基本遵循，特别是社会存在决定社会意识的原理，将思想政治教育现象置于特定的历史背景、社会经济政治文化环境中加以研究和考察；二则，都是在思想政治教育学原理基础之上进行的研究，以思想政治教育学原理中关于思想政治教育的基本结构为分析框架。最后从研究意义看，这三种研究都是以现象为基础并加以深化，从而都有助于揭示思想政治教育的共同属性、内在本质及其发展规律。这三者间最大的区别在于研究重点和目的的差异，中外思想政治教育史侧重于挖掘梳理史料并归纳发展规律；比较思想政治教育研究在于通过比较发现异同，并为我国思想政治教育理论和实践提供启发和参照；而思想政治教育形态研究则致力于揭示思想政治教育本身的面貌和状态。可见，三者的共性和区别在于对相同材料即古今中外的思想政治教育现象和活动进行不同方面和目的的选取与加工，从而从各自的角度丰富并深化对思想政治教育的认识与理解。

第二，思想政治教育形态研究与思想政治教育学原理、基础理

---

① 高峰编著：《西方思想政治教育史》，北京：首都师范大学出版社，2015 年，第 6 页。

② 参见苏振芳主编：《当代国外思想政治教育比较》，北京：社会科学文献出版社，2009 年，第 9、16—18 页。

论研究。思想政治教育学原理，是构成思想政治教育学理论体系最为基础的骨干内容，也是包括形态问题在内的思想政治教育所有研究和方面的基本遵循。思想政治教育学原理对思想政治教育形态研究的基础性作用体现在三个方面：首先，形态问题对研究对象的认定和选取，对思想政治教育现象的辨别需要以其概念和定义为依据，否则便无法确定研究对象；其次，在结构形态分析时需要以思想政治教育学原理中关于思想政治教育的基本结构（如目标、内容、方法、主客体关系等）为框架体系；最后，历史形态研究中所涉及的思想政治教育起源、阶级性、未来走向等问题，必须以一定的思想政治教育本质观为基础，而这些基础性的内容都是思想政治教育学原理和基础理论的重要构成。从研究的逻辑秩序来看，思想政治教育概念、本质等基础理论既是形态问题的逻辑起点，也是逻辑终点①，整个过程构成一个螺旋式的上升。可见，思想政治教育形态研究致力于实现对既有思想政治教育学原理中一些关键内容的突破和超越，这种突破之所以可能在于其遵循“从抽象到具体”的科学研究方法，在逻辑和历史的相逢与互释中，对思想政治教育活动进行现象学、本体论式的剖析与解读，从而使深化认识得以可能。

不难看出，思想政治教育形态研究与历史、比较、原理等研究存在非常紧密的关联，形态研究既需要以这些研究相关成果作为必要基础和支撑，同时也会对这些研究的成果加以反思和再认，因此思想政治教育形态研究属于元理论范畴，其研究对象聚焦却又不仅限于思想政治教育形态本身，最终落脚点在于对“思想政治教育是什么”这一本质问题的揭示与回应，是对既有相关理论的迁移应用和深化拓展。思想政治教育形态研究的元理论定位主要体现在三个方面：首先，形态研究不仅仅针对思想政治教育现象、模式、分类等问题作出一般性结论，还会对思想政治教育概念、本质、起源等

---

① 逻辑终点不等于最终归宿，这里所说的逻辑终点是在理论形态或者研究的意义上而言，而最终的归宿则是作为具体实践与活动形态的思想政治教育。关于思想政治教育形态研究的逻辑秩序和架构，参见本书第三章有关论述。

理论加以反思，辨析其合理性与局限性，并尝试加以突破，是关于理论的理论。其次，形态研究对于接续和弥合既有研究领域间的壁垒和边界具有重要意义，起着连接、沟通、润滑的“耦合”作用，这对于提升思想政治教育系统性、整体性认识无疑是独特且不可替代的。最后，形态研究从本体论的角度对思想政治教育存在“何以必要”“何以可能”等一般性问题加以观照，这些问题构成我们如何看待和理解思想政治教育的“总开关”与“总抓手”，对思想政治教育学科乃至思想政治教育本身的发展将产生重要影响，因此其元理论性质和定位便不言而喻。

第二章 思想政治教育形态研究的理论基础与现实逻辑

形态问题在我国思想政治教育学界尚为一个较新的领域，近年来逐渐被学者们所关注和重视，具有很大的拓展与深化空间。一方面，回溯历史，马克思主义经典文本中关于社会形态的研究范例以及各门学科中的形态学理论，为思想政治教育形态研究提供了丰富的理论基础和借鉴；另一方面，聚焦现实，我国思想政治教育实践活动的快速发展及思想政治教育学科的纵深推进，对这一问题提出了新的要求。

第一节 思想政治教育形态研究的理论基础和借鉴

从学科属性和研究对象的角度看，思想政治教育形态研究的理论基础和借鉴主要包括两个方面：其一，作为马克思主义理论一级学科之下的二级学科，思想政治教育无疑首先必须以马克思主义为指导，这种指导既体现为宏观的立场原则，同时也体现为具体的内容方法。就形态问题而言，分析马克思主义文本与形态相关的论述的出场语境和致思进路，以马克思主义社会形态理论作为研究范例，为思想政治教育形态研究提供了基本的理论基础和遵循。其二，作为一种研究范式或方法，形态学广泛应用于自然与人文社会各门科学中，为全面立体把握研究对象提供了有力武器。既然要研究思想政治教育的“形态”，就应当充分借鉴和运用形态学有关理论，为研究工作提供更为具体和细致的指导。

一、马克思主义经典文本中的形态及其研究范例

在马克思主义经典文本关于唯物史观基本原理、批判资本主义生产方式，以及自然科学和辩证法的阐述中，“形态”一词大量出现。尽管马克思并没有单独对形态概念本身加以界定，但通过辨析马克思主义著作里“形态”一词的出场语境及论述逻辑，进而启发和指导思想政治教育形态研究是十分必要的。具体的思路是：首先，在梳理文本著作的基础上概括出“形态”一词出现的基本场合和语境，明确其使用的范围与缘由，通过与相近概念的比较，辨析揭示其特殊性与规定性，从而概括其基本含义；其次，在明确马克思主义经典文本中在何种意义上使用“形态”一词的基础上，将社会形态理论确立为研究范例，具体分析马克思研究社会形态的基本框架和逻辑；最后，概括总结马克思主义形态理论对思想政治教育形态研究的借鉴和启示。

（一）马克思主义经典文本中形态概念的出场语境和基本含义

在马克思主义经典文本中，“形态”一词主要出现在四个场合：政治经济学研究商品流通规律时的商品形态，唯物史观批判资产阶级思想意识时的意识形态，唯物史观揭示社会发展趋势和规律时的社会形态，自然科学与辩证法研究时的物质形态与形态学等。具体来看，首先，商品形态。马克思在研究商品流通规律时用到了商品形态这一概念：“商品形态变化的两个相反的运动阶段组成一个循环”[①]，“在实际流通过程中，W—G—W（商品—货币—商品——引者注）就表现为各种不同的形态变化全程的形形色色的环节的无限偶然的并行和连接”[②]。这是一个组合短语，“形态”被用来描述商品

① 《马克思恩格斯文集》第5卷，北京：人民出版社，2009年，第133页。
② 《马克思恩格斯全集》第13卷，北京：人民出版社，1962年，第84页。

流通过程中可感知的商品与货币在外形上的区别（这里特别强调可感知的外形，因为在本质上货币也是一种特殊的商品），揭示出形态首先必然结合具体的对象，是某种存在的形态，不存在没有对象的形态。其次，意识形态。在形态概念出场的几处语境中，这是一个特例。因为尽管在这里“形态”是某种思想观念的形态，但“意识形态”在马克思主义文本中是一个整体概念，特指资产阶级种种颠倒现实的思想意识以及对社会存在起着反作用的社会意识。可见，意识形态是一个偏正短语，强调的是“意识”，而“形态”是对“意识”的限定与描述。再次，社会形态。这是“形态”一词出现最多的场合。马克思使用社会形态概念描述了社会的基本结构及其发展演进规律，可以说是以社会为对象进行形态分析的样本，对思想政治教育形态研究而言具有可直接借鉴的理论范式意义，因而在后文中将对其专门进行分析，这里不再赘述。最后，种种物质形态以及形态学。恩格斯在研究辩证法时用到了大量的自然科学知识，其中很多地方涉及各种物质的具体形态，甚至专门出现了形态学的概念。从出场语境看，恩格斯指出形态学出现在自然科学由搜集材料到整理材料的转变之后，也就是形而上学思维方式退场、辩证法成为科学研究的基本遵循的时代。“由此，比较形态学和比较生理学才成为可能，而且从此以后两者才成为真正的科学。”① 恩格斯特别指出：“形态学的现象和生理学的现象、形态和机能是互相制约的”，“形态学上的各种形态在一切发展阶段上的重现……”② 这段论述强调了形态与有机体的相互关联和作用，指出形态学研究应注重事物内在联系和整体发展的基本方法，具有很强的启示意义。

在这几处出场语境中，马克思很多时候将“形态”与“形式”相互替代混用，因此进一步辨别这两个概念的异同是必要的。在本书第一章中已经对二者的关系进行了辨析，而马克思主义经典文本

① 《马克思恩格斯文集》第9卷，北京：人民出版社，2009年，第428页。

② 《马克思恩格斯全集》第20卷，北京：人民出版社，1971年，第650页。

中的有关论述则为此提供了支持和依据。马克思指出，如果仔细研究劳动力商品的特殊性（其使用价值在于可以创造超过自身价值的剩余价值），便会发现"'劳动的价值和价格'或'工资'这个表现形式不同于它所表现的本质关系，即劳动力的价值和价格"①。因此，研究任何事物的形式都不能仅仅就其本身而言，都应做到形式与内容的统一，也就是从整体"形态"的角度加以把握。此外，马克思还论述道："像资本一样，雇佣劳动和土地所有权也是历史规定的社会形式；一个是劳动的社会形式，另一个是被垄断的土地的社会形式。而且二者都是与资本相适应的、属于同一个经济的社会形态的形式。"② 在这段文字中，"形式"与"形态"两个概念同时出现，应当特别留意。仔细研读可以发现，"形态"是一个整体性概念，用以描述一定历史时期的社会整体状态（即社会形态、经济社会形态）；而"形式"则是描述这个整体中的某些部分或方面，正如这段文字中指出的，是劳动或垄断土地的方式，而不论是劳动还是垄断的土地，都是整个社会经济现象的组成要素和方面。可见，在马克思主义经典文本中，形态多用来描述对象的宏观整体情况，而形式则多用于细节具体的分析之中，也就是说，同一形态可以包含和对应多个形式，因此可以认为形态是形式的上位概念。正是由于形态较之于形式更具综合性、整体性与系统性，因而也更能够反映和契合事物的本质。这便是形态概念之所以能够对事物本质产生关涉的依据所在。

基于对马克思主义经典文本中"形态"一词的出场语境和概念辨析，可以得到两点认识：其一，社会形态、商品形态、物质形态这几处语境是用来描述特定对象的样态和状态，其中既有现象的呈现，也有结构与本质的反映与分析；形态学这一语境是方法的角度，即运用联系和发展的观点来研究问题。因此，我们将形态界定为涉

---

① 《马克思恩格斯文集》第5卷，北京：人民出版社，2009年，第621页。

② 《马克思恩格斯文集》第7卷，北京：人民出版社，2009年，第923页。

及多重内涵的复杂概念——既包括事物和对象的外在现象与直观样态，也包括其内在的本质结构呈现与整体性存在状态，而形态研究便是相应的观察视角和方法。其二，从研究的角度讲，形态问题特别强调现象与本质、内容与形式的统一，其中的内容与形式既是指事物或现象本身的内容和形式，也意味着对象的形态呈现（内容）与研究方法（形式，即视域）的统一。而如何做到这两个"统一"，则可以通过马克思主义关于社会形态的研究和分析获得进一步启示。

（二）研究范例：马克思主义社会形态理论

在马克思本人的著作中，1852 年发表的《路易·波拿巴的雾月十八日》一文首次使用了"社会形态"（Gesellschaformation）概念，在文中马克思借用了地质学术语形态（formation）[①] 来分析社会（gesellschaft），用以说明人类社会在历史中的更替和演进。尽管该概念的正式出现时间较晚且文本中并没有明确界定，但马克思的社会形态思想却鲜明地表现在其各个时期的著作中。具体来看，按时间顺序排列主要有五次经典论说：

第一次论说，在《德意志意识形态》中，基于社会分工区分了不同形式的所有制及其演进更替："分工的各个不同发展阶段，同时也就是所有制的各种不同形式。这就是说，分工的每一个阶段还决定个人在劳动材料、劳动工具和劳动产品方面的相互关系。第一种所有制形式是部落［Stamm］所有制……第二种所有制形式是古典古代的公社所有制和国家所有制……第三种形式是封建的或等级的所有制。"[②] 第二次论说，在《雇佣劳动与资本》中，从经济基础即生产关系的总和角度对社会形态及其发展进行了论述："各个人借以进行生产的社会关系，即社会生产关系，是随着物质生产资料、生产力的变化和发展而变化和改变的。生产关系总合起来就构成所谓社会关系，构成所谓社会，并且是构成一个处于一定历史发展阶段

① 这里的"形态"一词指不同年代的地层、岩层。
② 《马克思恩格斯文集》第 1 卷，北京：人民出版社，2009 年，第 521—522 页。

上的社会，具有特定特征的社会。古典古代社会、封建社会和资产阶级社会都是这样的生产关系的总和，而其中每一个生产关系的总和同时又标志着人类历史发展中的一个特殊阶段。”① 第三次论说，在《1857—1858 年经济学手稿》中，从社会历史主体——人的发展角度提出了经典的“三形态”说：“人的依赖关系（起初完全是自然发生的），是最初的社会形式，在这种形式下，人的生产能力只是在狭小的范围内和孤立的地点上发展着。以物的依赖性为基础的人的独立性，是第二大形式，在这种形式下，才形成普遍的社会物质变换、全面的关系、多方面的需要以及全面的能力的体系。建立在个人全面发展和他们共同的、社会的生产能力成为从属于他们的社会财富这一基础上的自由个性，是第三个阶段。”② 第四次论说，在《〈政治经济学批判〉序言》中，马克思在论述生产力与生产关系、经济基础与上层建筑的矛盾运动的基础上指出，“无论哪一个社会形态，在它所能容纳的全部生产力发挥出来以前，是决不会灭亡的；而新的更高的生产关系，在它的物质存在条件在旧社会的胎胞里成熟以前，是决不会出现的”③，并指出，“大体说来，亚细亚的、古希腊罗马的、封建的和现代资产阶级的生产方式可以看做是经济的社会形态演进的几个时代”④。在这段论述中，马克思主要从生产方式即生产力与生产关系相结合的角度来理解社会形态，同时提出了社会经济形态的更替和演进规律。第五次论说，主要集中在马克思晚年研究古代社会和东方社会的笔记中，特别是《给维·伊·查苏利奇的复信》中提到的以农村公社为最后阶段的“原生社会形态”与“建立在奴隶制上和农奴制上的一系列社会”⑤ 的“次生社会形态”

① 《马克思恩格斯文集》第 1 卷，北京：人民出版社，2009 年，第 724 页。
② 《马克思恩格斯文集》第 8 卷，北京：人民出版社，2009 年，第 52 页。
③ 《马克思恩格斯文集》第 2 卷，北京：人民出版社，2009 年，第 592 页。
④ 《马克思恩格斯文集》第 2 卷，北京：人民出版社，2009 年，第 592 页。
⑤ 《马克思恩格斯文集》第 3 卷，北京：人民出版社，2009 年，第 586 页。

以及"'古代'类型的集体所有制和集体生产的高级形式"[①]——"再生社会形态"。

对此，列宁在《什么是"人民之友"以及他们如何攻击社会民主党人?》一文中指出，马克思关于社会历史的研究"探明了作为一定生产关系总和的社会经济形态这个概念，探明了这种形态的发展是自然历史过程，从而第一次把社会学放在科学的基础之上"[②]；而在《卡・马克思》一文中则指出马克思主义研究了社会经济形态的"产生、发展和衰落过程"，"考察了所有各种矛盾的趋向的总和"，"揭示了物质生产力的状况是所有一切思想和各种不同趋向的根源"[③]。可见，列宁对社会形态概念的理解在不同语境中是不一样的，有时将其理解为生产关系的总和即经济基础，而有时则认为是包含生产方式和上层建筑的有机整体。

从以上几段论述可以看出，马克思主义经典作家关于社会形态的阐述是在不同语境下从不同角度展开的，在表述时用到了"社会形态""社会经济形态""社会形式"等概念。因此，要对该理论进行完整准确的把握，就必须对这几个概念进行辨析。首先，关于"社会形态"与"社会经济形态"，马克思和列宁在多数情况下就是在后者的意义上来表述前者，所谓社会经济形态"指特定的社会经济结构，它同经济基础是同一序列的范畴"[④]，之所以在经济结构的层面来解读和描述社会，是由经济基础在社会有机体中的地位所决定的，也就是说，一定的生产关系呈现出何种样态，很大程度上影响甚至决定相应社会的整体样态和面貌。由此可见，马克思主义经典作家在考察社会形态时是围绕主要矛盾、剖析内核本质来进行的。而生产关系在著作中有时又表述为交往关系、市民社会、所有制等

---

① 《马克思恩格斯文集》第3卷，北京：人民出版社，2009年，第576页。

② 《列宁全集》第1卷，北京：人民出版社，2013年，第111—112页。

③ 《列宁全集》第26卷，北京：人民出版社，2017年，第59页。

④ 李秀林、王于、李淮春等主编：《辩证唯物主义和历史唯物主义原理（第五版）》，北京：中国人民大学出版社，2004年，第225页。

概念，由此进一步使“社会（经济）形态”的内涵变得错综复杂。其次，关于“社会形态”与“社会形式”，以《1857—1858年经济学手稿》中提到的人的发展三阶段为代表，马克思主义经典作家有时将这两个概念在相同意义上使用。通过对文本的解读可以发现，“社会形式”概念主要有两种含义，一是指一定历史阶段的社会关系及社会生活整体（“三形态”理论正是在这层含义上使用），如在《致帕·瓦·安年科夫的信》中马克思将社会形式理解为交往关系(commerce)，并从包括特权、行会制度、各种规则在内的综合了经济和政治的社会关系这样一种“最广泛的意义”层面来理解这个概念；又如《资本论》第一卷中“劳动过程……它为人类生活的一切社会形式所共有”[①]，也是在社会有机体整体的含义上来理解的。二是专门强调社会生产方式特别是生产关系，如“一切生产都是个人在一定社会形式中并借助这种社会形式而进行的对自然的占有”[②]。而在另外一些时候，社会形态是一个比社会形式外延更为广泛的上位概念，二者是有所区别的。

通过以上梳理和辨析，可以归纳出马克思主义的社会形态概念的基本内涵，这对于我们完整把握思想政治教育形态的要义具有重要启示。首先，马克思主义经典文本中社会形态的内涵包括以下几个方面：一是指一定的生产关系及其总和即经济基础，这层含义在马克思的第二次经典论说及列宁的大部分著作中明确表述；二是指同一定的生产力相适应的生产关系即生产方式，这一点在马克思的第四次论说中体现得最为明显；三是指同一定生产力相适应的生产关系的总和即经济基础及其与之相适应的上层建筑的有机整体，这一点是在对马克思、恩格斯、列宁的相关表述进行综合概括以及区分“社会形态”和“社会形式”概念的基础上作出的判断。此外，在《资本论》第三卷中有时也将“社会形态”理解为“社会生产过

① 《马克思恩格斯文集》第5卷，北京：人民出版社，2009年，第215页。
② 《马克思恩格斯文集》第8卷，北京：人民出版社，2009年，第11页。

程”，是一般的“人类生活的物质生存条件的生产过程”以及一定时期内人与人之间的“相互关系即他们的一定的经济的社会形式的过程”[①] 的统一。就以上几层含义来看，“社会生产过程”主要是对社会形态发展性特征的描述；而生产方式则更多的是强调特定时期内生产的社会形式即生产关系，甚至马克思恩格斯有时直接用前者来表述后者：“一定的社会生产方式即商品生产的生产关系”[②]“资本主义生产方式暴露出它没有能力继续驾驭这种生产力”[③]。因此可以进一步将这几层含义概括为两点：一是强调内核本质方面即一定历史阶段上的生产关系，二是突出有机整体方面即一定历史阶段的经济基础及其与之相适应的上层建筑的统一。基于全面性的考量，目前在我国学界大体上更加倾向于认同后者，即将社会形态理解为“经济基础和上层建筑的统一”，对此，列宁有一段经典的归纳：“虽然他（马克思——引者注）完全用生产关系来说明该社会形态的构成和发展，但又随时随地探究与这种生产关系相适应的上层建筑。”[④] 由此便可得出启示，思想政治教育形态研究既应涵盖各种思想政治教育样式和状态，突出整体性；又要对思想政治教育的内核根据进行关涉，强调本质性。

除此之外，马克思主义社会形态理论范例还为我们提供了形态研究的基本视域——结构分析与历史演进，并为具体的研究思路提供了参考：从共时性结构分析来看，社会形态与社会有机体概念密不可分。无论是基于哪种含义理解社会形态，马克思恩格斯都是对其进行系统性、整体性研究，分析揭示系统内外各个要素及其相互关系，特别是其中人的意识及活动，反对孤立性、碎片化研究，反对将社会看作停滞的、固化的实体，这应当说是形态研究的基本思路。从历时性发展演进来看，“我的观点是把经济的社会形态的发展

① 《马克思恩格斯文集》第 7 卷，北京：人民出版社，2009 年，第 927 页。
② 《马克思恩格斯文集》第 5 卷，北京：人民出版社，2009 年，第 93 页。
③ 《马克思恩格斯文集》第 9 卷，北京：人民出版社，2009 年，第 294 页。
④ 《列宁全集》第 1 卷，北京：人民出版社，2013 年，第 111 页。

理解为一种自然史的过程”[①]，也就是将一定的社会形态置于历史的发展视域中，研究其产生、变化、演进的趋势和规律。事实上，共时性结构与历时性发展同样是相辅相成、有机统一的，只有在彼此的互构中才能对社会形态作出深刻、完整的认识。正如恩格斯所言：“必须重新研究全部历史，必须详细研究各种社会形态的存在条件，然后设法从这些条件中找出相应的政治、私法、美学、哲学、宗教等等的观点。”[②]

（三）马克思主义形态理论对思想政治教育形态研究的借鉴和启示

通过研究马克思主义经典作家的社会形态理论，有助于为思想政治教育形态研究提供理论范式和致思路径的启示与借鉴。从方法论的角度讲，主要有两点遵循：其一，通过对“社会”这一特殊对象的分析，概括出“形态”研究一般的维度，进而再次将一般的论述角度应用到具体的对象即“思想政治教育”之中，归纳形态研究的一般内容；其二，类比马克思主义经典作家对“社会”进行形态描述时的技巧和侧重点，并将其迁移到“思想政治教育”现象中，即找到形态研究的原则与方法。概括起来，就是通过类比迁移和归纳概括，从社会形态理论中找到思想政治教育形态研究的基本内容和方法。

在进行类比迁移之前，还要留意我国学界对“社会形态”概念内涵的界定。一方面，学界目前对社会形态的内涵基本达成共识，即表征在一定历史时期内同生产力水平相适应的生产关系、经济基础和上层建筑的有机整体的范畴；另一方面，对这一共识的表述方式是存在差异的，如有的表述为“关于社会运动的具体形式、发展

---

① 《马克思恩格斯文集》第5卷，北京：人民出版社，2009年，第10页。
② 《马克思恩格斯文集》第10卷，北京：人民出版社，2009年，第587页。

阶段和不同质态的范畴”[①]，有的表述为“标志着社会结构的类型”[②]，有学者理解为“涵盖了社会结构、社会发展动力、发展道路、发展图景以及发展规律等问题”[③]，还有学者则认为是“在对社会作宏观结构、制度以及类型的划分过程中得出来”[④] 的概括。从表面来看，这些差异似乎只涉及形式上的区别，是对同一内容的不同表示方式；但仔细研究不难发现，学界目前已达成的共识实际上只是对“社会形态”这一概念中“社会”内涵的认识，也就是在形态观照下的社会研究所要涉及的方面，而存在的差异恰恰是对“形态”内涵的不同理解，也就是所谓“形态”究竟要研究什么问题，在这里差异便凸显出来：是质态、形式，结构、功能，还是发展、演变，抑或这些方面的组合？在通常意义上以社会为对象的社会形态理论研究中，这些差异往往不作为关注的焦点而被掩盖和忽略；但在更为深入的意义上思考形态问题时，所提到的这些分歧和差异恰恰应当给予重点关注并加以澄清。

在学者们的不同表述中，我们比较倾向于这样一种观点：“作为哲学社会科学研究对象的‘形态’，是指研究事物的外在形式、内部构造和变化规律，而社会形态就主要是指研究人类社会的外在形式、内在结构和变化规律。”[⑤] 通过对不同观点的比较分析、概括综合，我们可对马克思主义社会形态概念进一步抽象概括，认为社会形态是社会本质结构（即实践中形成的社会关系体系）的历史性时空呈现。以

---

① 《马克思主义基本原理概论》编写组：《马克思主义基本原理概论》，北京：高等教育出版社，2015 年，第 120 页。

② 李秀林、王于、李淮春等主编：《辩证唯物主义和历史唯物主义原理（第五版）》，北京：中国人民大学出版社，2004 年，第 223 页。

③ 王静：《形成史视域下“社会形态”范畴的 基本内涵及其意义》，《马克思主义理论学科研究》，2018 年第 2 期，第 175 页。

④ 胡刘、薛俊强、何玲玲等：《马克思主义基础理论专题研究》，北京：人民出版社，2018 年，第 48 页。

⑤ 黄斌：《马克思社会形态理论的当代阐释与中国实践》，天津师范大学博士学位论文，2008 年，第 12 页。

此为基础，可以得到马克思主义社会形态理论对思想政治教育形态研究的几点启示。

从研究内容来看，第一，要准确把握对象的主要矛盾及内核本质。从字面含义来看，所谓“形态”就是指对象直接呈现给人的样态，但这种直观的表象由于受到内外因素的相互作用，往往不能完整准确地反映对象的真实面貌甚至在一定程度上存在扭曲和遮蔽，因此学理性的研究要透过现象深入本质，探究某一事物何以这般的决定性原因，也就是要把握主要矛盾。正如列宁对马克思社会形态研究的评价：“他做到这一点所用的方法，就是从社会生活的各种领域中划分出经济领域，从一切社会关系中划分出生产关系，即决定其余一切关系的基本的原始的关系。”① 通过前文分析，马克思和列宁之所以用“社会经济形态”来表述社会形态，正是抓住了研究对象的主要矛盾，看到了经济结构对于社会的决定性作用。从这个意义上讲，形态不等于现象，而是连接现象与本质的桥梁，因此形态研究决不能仅仅停留在事物的表象，而应深入对象的本质内核之中，从而完整准确地把握现象和本质间的内在关系。第二，注重把握对象的要素结构和功能表征，进行系统性、结构性研究。由表及里的致思进路是抓主要矛盾、把握内核本质的过程，也是揭示对象要素结构，明晰彼此作用和关联的过程。现象和本质不是对立的两极，而是通过若干中介连接在一起，正是由于特定的要素构成与相互作用的结构和方式，才使得主要矛盾以相应的形式呈现出来。因此揭示结构是形态研究中至关重要的一步，也是对形态作为现象与本质中介环节的确证。在这点上，马克思主义经典作家从有机体角度把握社会形态给我们提供了重要启示，对思想政治教育而言，同样应从各要素的相互作用和系统结构出发进行形态研究。第三，要对对象的发展演进进行历时性的研究。马克思和列宁都将社会形态的更替视作一个自然的历史过程，结构决定发展，构成某事物的要素通

① 《列宁全集》第1卷，北京：人民出版社，2013年，第107页。

过一定的结合方式相互作用，在彼此作用和关联中形成有层次的矛盾体系，而这种矛盾运动推动着事物的不断发展，呈现出阶段性特征，因此从内部结构到整体演进，既是有机体自身的内在逻辑，也是形态研究的必然要求。在马克思主义经典文本中，无论是“三形态”说、“四形态”说，还是“五形态”说，都是从不同角度对同一演进过程的归纳和概括。应当说，重联系、看发展共同构成了整体性分析的内在要求，在共时态结构把握与历时态过程分析的结合中，也就实现了现象与本质的统一，即对研究对象的形态获得了全面、深入的认识和把握。

从研究方法来看，第一，要在抽象和具体之间找到适度的平衡点。一方面，社会形态是一个抽象的整合性概念，是对人类社会一般结构和发展阶段的宏观描述，而不能深入具体社会关系或各国各民族发展历程中进行微观研究；另一方面，社会形态又必须以具体的历史材料为支撑，是逻辑抽象和历史具体的相遇碰撞、互释生成。对此，马克思以生产为例，在《〈政治经济学批判〉导言》中进行了生动的阐释，一方面，“如果没有生产一般，也就没有一般的生产”，而“生产一般是一个抽象，但是只要它真正把共同点提出来”[①]，作为研究的前提和基础；另一方面，“生产，总是指在一定社会发展阶段上的生产——社会个人的生产”[②]，也就是将社会置于特定历史时期之中加以研究。因此，从抽象上升到具体是社会形态研究的基本方法，而对作为社会政治文化结构的重要组成部分——思想政治教育进行形态研究，这一根本方法同样也是适用的。第二，要注意统一性与多样性的关系。在对资本主义社会形态进行深入剖析之后，马克思晚年转向东方社会形态和原始社会形态的研究，其动因在于马克思注意到他对资本主义的研究是“明确地把这一运动的‘历史必然性’限制在西欧各国的范围内”[③]，因而试图在人类社会形态演

① 《马克思恩格斯文集》第8卷，北京：人民出版社，2009年，第9页。

② 《马克思恩格斯文集》第8卷，北京：人民出版社，2009年，第6—9页。

③ 《马克思恩格斯文集》第3卷，北京：人民出版社，2009年，第570页。

进的统一规律的基础上作出具体路径模式多样性的理论升华，也就是说，“各个民族的社会形态从低级向高级发展的规律是共同的，但具体的发展道路和模式是千差万别的。这是马克思社会形态理论的核心内容”[①]。就思想政治教育形态而言亦如此，作为人类社会或历史中的一个客观现象及存在，不同国家、不同民族、不同时期的思想政治教育目标、内容、方法自然各具特色，纷繁多样，但这看似繁杂的表象背后实则是受共同的规律支配的，而形态研究的目的正是要揭示蕴藏在多样性之中的统一性。

二、形态学相关理论及方法

既然是对思想政治教育形态开展研究，就不能不对形态学相关理论和方法加以关注。所谓形态学（Morphology），这一概念源自古希腊语，由表示“形状、形态”的词根“morph”和表示“对某一特定学科进行研究”的词根“ology”构成，意为“对形态进行研究的学问”[②]，是关于对象形态的学说。形态学术语最早由德国文学家歌德提出，认为是系统研究诸如岩石、云朵、颜色、植物、动物或人文社会的文化现象的形成和演变的科学[③]。历史上形态学最早源于生物学研究，通过对对象（动物、植物等）外在形态的描述、归纳，以此为基础进行分类和比较，从而获得关于研究对象形态的系统化认识。19 世纪之前生物学的各个分支（如动物学和植物学），大多采用这样的研究思路。此后，随着理论和技术的进步，研究开始向着微观纵深和宏观比较的方向发展，形成了大量交叉和边缘学科，使得学科间界限变得模糊。以植物形态学为例，在现代语境下，植物形态学概念就包含“有关植物的比较形态学、植物实验形态学、

---

① 庞卓恒：《马克思社会形态理论的四次论说及历史哲学意义》，《中国社会科学》，2011 年第 1 期，第 18 页。

② 王文斌：《什么是形态学》，上海：上海外语教育出版社，2014 年，第 1 页。

③ 参见《不列颠百科全书》国际中文版（修订版）第 7 卷，北京：中国大百科全书出版社，2007 年，第 182 页。

植物解剖学和植物胚胎学”[①] 等多重内涵。然而，不论学科如何发展，形态学研究的基本方法是没有改变的，这便是对对象形态的描述和比较。

在自然科学领域，除生物学（包含动物学、植物学等）外，形态学还广泛地应用于地质、矿物、土壤、工程等各个学科的研究之中。形态学如此广泛的应用性与人的认识规律不无关系。通常而言，人们的认识总是从感性直观出发，通过对对象外在特征的把握，形成碎片化的感观，再将这些感观综合为表象，进而经过思维的加工抽象化为某种认识。所以科学的研究通常始于对对象外在直观的把握，“正因为如此，形态学作为一门研究形态的科学，为一切自然科学奠定了基础”[②]。

值得一提的是，数学形态学的建立，进一步推动了该学科研究的深化。“数学形态学（Mathematical Morphology）是一种用于数字图象处理和识别的新理论和新方法”[③]，最早于 20 世纪 60 年代由德国和法国的科学家从矿物学及地质学研究中迁移而产生。数学形态学建立在严格的数学理论基础之上，“是一种非线性图象（信号）处理和分析理论”[④]，即借助于面积、周长等几何参数，得到一幅图像，通过数学演算和变换，从而“描述这一图象的基本特征或基本结构，亦即一图象的各个元素或各个部分间之间的关系”[⑤]。可见，这里一方面坚持了形态学研究的基本方式，即以对象的外形直观为

① 谢成章编译：《被子植物形态学》，孙祥钟、李扬汉、黄翠芹校，武汉：湖北科学技术出版社，1984 年，第1 页。

② ［俄］Б. Г. 罗札诺夫：《土壤形态学》，王浩清、郑军译，北京：科学出版社，1988 年，序第Ⅴ页。

③ 唐常青、吕宏伯、黄铮等编著：《数学形态学方法及其应用》，北京：科学出版社，1990 年，前言页。

④ 龚炜、石青云、程民德：《数字空间中的数学形态学——理论及应用》，北京：科学出版社，1997 年，第 1 页。

⑤ 唐常青、吕宏伯、黄铮等编著：《数学形态学方法及其应用》，北京：科学出版社，1990 年，第 5 页。

研究起点，另一方面又继续深入，将研究对象扩展到抽象的纯粹几何形态，并借助对外形的研究揭示对象的内在结构及要素间相互作用。

不仅在自然科学领域，形态学在人文社会科学领域也有非常广泛的应用。其中最具代表性的有语言形态学、艺术形态学以及哲学形态学等。

1859 年，德国语言学家 A. Schleicher 最早将形态学概念引入语言学领域，并赋予其特殊的含义。与其他学科不同，语言形态学（主要是英语形态学）又称词法学，“是研究词汇内部结构和生成变化规则，包括词的生成、屈折变化的语言科学”①。由于与语音学、语义学、语用学等相互交织渗透，形态学在语言学研究中处于非常基础和关键的位置。从微观角度讲，形态学研究主要涉及构词，屈折形式，同语义学、语用学等学科的界面关系，心理语言学等内容②。由此可见，较之于自然科学，形态学在语言学中的研究对象已演变为纯粹的抽象符号，且其侧重点更多关注研究对象即词汇的内部结构及其功能表征，而非停留于外在的现象描述，这是需要特别注意的。

从更为宏观的视角来看，语言作为一种典型的符号系统，具有传递信息和交流沟通的功能，而除了语言之外，各种艺术形式如绘画、音乐、雕塑、建筑等同样属于具有表意功能的符号范畴。因此艺术学或美学也是形态学所涉及的重要领域。正如俄国哲学家、艺术家卡冈所言，“形态学是关于结构的学说”③，艺术形态学以艺术世界的结构作为研究对象，旨在“揭示作为艺术系统形成的历史过程

---

① 宋志勤：《英语形态学》，北京：科学出版社，2010 年，第 1 页。

② 参见王文斌：《什么是形态学》，上海：上海外语教育出版社，2014 年，第 4 页。

③ ［俄］卡冈：《艺术形态学》，凌继尧、金亚娜译，上海：学林出版社，2008 年，自序 1 页。

的基础的客观规律，构筑该系统的结构模式”[①]；美学形态学则强调对美的各种形态进行分类研究，“是研究美的现象世界的内部组织规律即系统结构的学说”[②]；而设计形态学则是“基于自然事物和人为事物，就其形态的发生、发展、变化机理与规律及其认知、知觉和意义的研究；在方法上不仅是针对可视形质方面，而且针对非形质方面的原理、关系、文化、意义和方法的研究”[③]。从这些定义中可以看出，形态学研究视野宏大，所关注的领域十分广阔，既有纵向的历史梳理，也有横向的分类比较；既包含可感的具体形质，也包括抽象的观念原理，这对于思想政治教育形态研究具有重要启示。

近年来，我国哲学界在中国哲学、西方哲学、马克思主义哲学的比较研究及马克思主义哲学新形态的探索研究中推动了哲学形态学的建构与发展。所谓哲学形态学，“是以哲学形态为对象，研究哲学形态的产生、发展、结构、功能、特征和划分标准的学问”，其基本任务是“在探讨哲学形态的基本要素和构成规律、各种具体形态的划分标准、具体特征及相互间的联系的基础上，描述整个世界哲学的系统结构和发展趋势”[④]。可见，哲学形态学与其他形态学的共性有二：一是通过由表及里、从现象到本质的递进剖析，从而揭示对象的内在机理、结构要素和功能表征；二是通过历史梳理与类别比较，澄清对象本身的存在状态及规律。而哲学形态学的特殊性在于哲学及其形态本身的高度抽象性，因此在这个意义上也是最远离“形态”字面含义的形态学。

此外，形态学在社会学中也有应用。根据法国社会学家涂尔干的定义，“社会形态学主要研究社会各组成部分的数量、性质，在地球上分布的方式以及社会内部、国家之间的人口迁移、人口聚居和

① ［俄］卡冈：《艺术形态学》，凌继尧、金亚娜译，上海：学林出版社，2008 年，第 406 页。
② 柯汉琳：《美的形态学》，广州：中山大学出版社，2008 年，第 1 页。
③ 吴翔编著：《设计形态学》，重庆：重庆大学出版社，2008 年，第 3 页。
④ 郝立忠：《哲学形态学》，北京：人民出版社，2018 年，第 21 页。

居住形式等问题”[①]。这是在广义的层面进行定义的，根据这一定义，社会生活中的种种物质现象，诸如经济、政治、宗教等，都属于社会形态学的范畴。而与之相应的是狭义的社会形态学，仅将人口现象（地理分布、性别年龄构成、迁徙及繁衍等）作为严格意义上的研究对象。可以看出，不论是哪种定义，对对象结构特征的描述是社会形态学所关注的重点内容。

不仅在某一具体学科中有广泛应用，形态学也常见于各种交叉学科。如建筑形态学，作为工程学与艺术学的交叉学科，其兼具自然科学和社会科学的特征。一方面，建筑形态学中对“形态”的理解更为感性，强调建筑作用于主体的情感体验，即将形态看作是外在形象与内在情感神韵的统一，是一个复合的概念；另一方面，建筑形态学特别强调“读图”，也就是通过图纸的符号线条等要素把握建筑的结构及功能，这又需要较强的工程学知识。因此，建筑形态学是“一门研究建筑情感表征的学科”，既要研究建筑的外在形态，也要研究其内在结构及功能表征，还要“探讨人们对建筑形态的要求和感受”[②]。

通过上述列举可以看出，无论是自然科学还是社会科学，抑或各种交叉学科，形态学的研究和应用是非常普遍的。之所以有如此广泛的应用，是因为形态学从根本上讲并不是关于特定研究对象的知识和理论，而是一种可以用于分析和描述不同对象的独特方法，一种可以用于分析和描述不同对象的研究方法和关注视角。从方法论的角度对形态学加以界定，就必须关注主体与客体、内容与形式的统一性问题，也就是说，形态学是关于研究对象形态和进行形态研究的学问，这两个方法是既有所区别而又紧密联系的统一体。其中“研究对象的形态”是就客体或内容角度而言，主要有两个层面，

---

① ［法］莫里斯·哈布瓦赫：《社会形态学》，王迪译，上海：上海人民出版社，2005年，第1页。

② 陈治邦、陈宇莹：《建筑形态学》，北京：中国建筑工业出版社，2006年，第11页。

一是外在的形式和样态，既包括感官的直接把握的具体形态，也包括思维所认识和理解的抽象形态，这是最为基础和直观的；二是内在的结构和功能表征，以及这种功能和结构的历时态演进和共时态并存的多元呈现状态，这一层次可以看作是第一层次在学理上进行深化的必然结果。而“对对象进行形态研究”则强调研究的主体或形式，形态学对对象的把握和观照是一种特定的视角和方法，所谓形态是主体对客体的认识与理解，没有主体的参与，客体便无所谓“形态”与否；而同一客体基于主体不同的观察与分析视角，所呈现的形态也是各异的。因此在这个意义上，形态学旨在通过特定的视角和站位对对象进行研究，所得到的认识便是相应的形态内容，二者是内在统一的。

在此基础上将形态学理论同马克思主义关于形态的理论范例相对比，不难发现其中有很多共性因素：首先，形态的外延绝不仅仅局限于具体事物的可感形态，抽象无形的事物和存在同样有其形态，如作为符号的语言形态，作为理论的哲学形态，以及马克思文本中的意识形态、社会形态等。正因如此，以包含很大抽象因素的思想政治教育形态作为研究对象才是可能的。其次，对对象形质外形的描述是形态研究的基础，但也仅仅是基础或前提，而形态研究的重心在于通过这些形式样态所反映出的事物的内部结构、功能运作、变化规律乃至内核本质。如语言形态学对词语结构的揭示、社会形态理论对社会经济关系的表征等。再次，形态研究所涉及的领域和层次多样，需充分运用联系、发展的辩证思维及系统论观点，对对象进行分解与整合、纵向历史梳理与横向对比比较等多维透视和解读。如马克思关于社会形态的综合整体剖析及艺术形态关于宏大视野的研究要求。最后，形态研究特别强调客体的形态呈现与主体的感性理性认识相统一，正因如此，视域范畴在形态研究中的地位便尤为重要。由此可见，尽管马克思主义经典文本中并没有特意提到形态学，各门学科形态学理论也与马克思主义没有太多直接关联，但在方法的意义上二者实际上是内在统一的。也就是说，马克思主义经典文本在论述社会形态及有关内容时已不自觉地运用了形态学相关方法；而广泛运用于各门学科中的形态学也是基于辩证思维和方法的科学理论。因此，马克思主义经典文本中的形态理论和方法及各门学科中的形态学共同构成思想政治教育形态研究的理论基础和内容借鉴，为思想政治教育形态研究提供了基本的原则与遵循。

第二节 思想政治教育形态研究的出场语境与现实逻辑

如果说前面关于理论基础的阐述是从历史的角度论证了思想政治教育形态可以作为一个问题且能够依照一定的原则路径加以研究的话，那么这节关于出场语境的论述则是从现实的角度，阐明思想政治教育形态问题值得并应当研究的必要性。可以说，将形态作为一个值得系统反思的“问题”纳入研究视野，并非简单地将不同学科的理论方法进行剪裁拼接抑或出于研究兴趣使然，而是源自思想政治教育实践活动的丰富发展与理论研究及学科建设的内在要求。这一问题在学界的出场，并非“被发明”出来的，而是学科“自我发现”的产物，“是与思想政治教育实践发展、学科发展紧密相关的”①。

一、新时代思想政治教育实践丰富发展的迫切呼唤

思想政治教育作为一项社会实践活动，其基本性质、内容、程度和水平都与特定历史时期社会实践的发展紧密相关。党的十八大以来，我国进入深刻变革的历史时期，社会发展面临的机遇和挑战都是前所未有的，各种新事物、新思想、新观念层出不穷。这些变

① 杨威、陈毅：《思想政治教育形态问题初探》，《思想理论教育》，2020 年第 1 期，第 53 页。

化对思想政治教育的发展既提供了新的实现形式与技术支持，也提出了新的要求和挑战，主要表现为：其一，现代科技的发展为思想政治教育提供了新的手段和环境。新媒体、大数据、物联网等现代科技的深入发展，为思想政治教育活动提供了全新的技术手段支持，改变了传统依靠课堂教学为主的教育方式，同时也使思想政治教育沉浸在更加多元、开放、复杂的环境之中。其二，现代科技改变着人们的交往方式、生活方式与思维方式。微博、微信、抖音、快手等自媒体的发展使每个人都能成为信息发布与接收的集散中心；线上购物和消费、线上工作与学习使人们的生活逐渐由“地面”转移到“云端”；平等意识、开放意识、多元观念正成为人们特别是年轻人的主要思维方式。其三，现代交往与生活方式在为人们提供全新体验与极大便利的同时，也会引发一系列思想行为上的困惑，如信息失真、消费诱导、不当言论等。面对快速变革的社会带给人们的机遇和挑战，思想政治教育的内容、方式等也与之相应发生了不少改变，催生了许多新形态、新样态，以下为比较有代表性的三种形态。

第一，新媒体时代的“互联网＋”思想政治教育形态。其显著特征是“互联网在思想政治教育中的全过程介入”[①]，网络媒介成为教育活动开展与进行的主要途径，基于强大的数据库储存及数据分析计算机制，网络思想政治教育实现了教育内容的有机整合，建构起结构完整、层次鲜明的内容体系，同时在话语方式上进行了全新的转化，实现了兼具内涵思想深刻、外在形式活泼的教育内容。从主客体关系角度看，由于受教育者通过自媒体和互联网可以接触到海量信息和内容，且网络媒介中个体交往在形式上具有明显的平等色彩，因而较传统思想政治教育而言，教育者的主导性、权威性相对有所削弱，这是网络思想政治教育的又一突出特征。对思想政治

① 冯淑萍：《“互联网＋”时代高校思想政治教育模式创新》，《思想教育研究》，2017年第8期，第111页。

教育来说，自媒体、互联网既是工具和手段，也是背景与环境，同传统思想政治教育相比，网络思想政治教育在形式上具有鲜明的亮点与特色，而二者对受教育者思想意识、价值观念的引导却是一致的，且在目前阶段，网络思想政治教育也并不能完全替代以课堂教学、讨论谈话为基本形式的传统思想政治教育。

第二，交往思想政治教育形态。这一形态是基于主体间性理论针对以往思想政治教育过程中主客体间的关系而提出的。在以往的思想政治教育中，教育者是主体，发挥主导作用，受教育者是客体，其自身能动性往往被忽视，二者处于不平衡的地位。针对这一现状，交往思想政治教育形态认为教育者和受教育者在教育活动中构成“主导主体—主动主体”的双主体关系，既保持教育者的主导作用，也强调受教育者自身的主动性，同时彼此间是一种平等的交往关系，双主体共同作用的客体则是受教育者的思想及行为①。这种“主体—客体—主体”的交往关系成为近年来学界关注和讨论较多的思想政治教育新形态。

第三，课程思政形态及“三全育人”思政形态。“课程思政”这一概念最早是上海市在教育改革中探索出的工作理念，意为将思想政治教育的理念和精神融入其他课程之中，从而起到协同发力、潜移默化的教育效果；2017 年中共中央、国务院印发的《关于加强和改进新形势下高校思想政治工作的意见》提出了“三全育人”思想，即“坚持全员全过程全方位育人”，“形成教书育人、科研育人、实践育人、管理育人、服务育人、文化育人、组织育人长效机制”②。2019 年，习近平总书记在学校思想政治理论课教师座谈会上谈到推动思政课改革创新，要注重“挖掘其他课程和教学方式中蕴含的思

---

① 参见石书臣：《主体间性视域下思想政治教育主客体关系的新形态及其建构》，《学校党建与思想教育》，2017 年第 3 期，第 4 页。

② 《中共中央 国务院印发〈关于加强和改进新形势下高校思想政治工作的意见〉》，《人民日报》，2017 年 2 月 28 日，第 1 版。

想政治教育资源，实现全员全程全方位育人”[①]，由此在学校各项工作和各门课程中都灌注进思政课的思想与精神，形成了这一新的思想政治教育形态。

可以看出，这几种有代表性的思想政治教育新形态反映了社会发展的趋势与要求，对于解决在新环境、新形势下人们的思想困惑无疑具有重要的意义和作用。然而新事物的发展并不总是一帆风顺，总会遇到各种问题，就这些新近产生的思想政治教育形态而言也是如此，主要表现有：首先，内涵及边界认定尚未完全清晰。对于在网络、新媒体、交往对话、各门课程、管理服务等媒介和活动中进行的这些有“思想政治教育性质”的活动，其在何种意义上能够称之为思想政治教育，与传统思想政治教育的关系是什么……这些问题都有待进一步加以明晰。而在此之前必然会遇到的问题便是，思想政治教育何以能够融入并依托这些事物和活动得以开展，如果任何事物与活动都可以包含思想政治教育的因素，那思想政治教育自身的规定性又在何处？其次，强调形式、忽视内容，甚至以形式取代内容。可以看出，这些思想政治教育新形态的共性在于改变了以往强调理论、强调说教的弊端，以轻松活泼甚至是潜移默化的方式开展教育。然而，这种生动、活泼的教育形式也会对内容产生影响。以当下非常流行的“翻转课堂”为例，教师为了调动学生的主动性和参与性，精心设计了教学情境和专题，引导学生成为课堂的主人，这一模式的初心本是好的，但是这一模式在实际教学中却很容易走形：有的课堂形式过于丰富，以致学生往往只对一些案例、活动留下印象，而忽视了真正所要传递的精神内容；有的课堂则成了学生的讲堂，教师贪图省事将绝大部分时间留给学生，学生却敷衍了事，整个教育过程变成一种教师与学生相互“默契”的形式主义。最后，渗透在其他

---

① 《习近平：用新时代中国特色社会主义思想铸魂育人　贯彻党的教育方针落实立德树人根本任务》，《人民日报》，2019 年 3 月 19 日，第 1 版。

课程和系统中的过于明显的思政元素容易引发逆反与厌烦心理。在网络、新媒体中抢占阵地，将思政元素渗透到工作学习与生活当中，应当注意处理好思想政治教育与这些事物和活动间的关系，尽可能做到有机融合而非简单拼接，故需要较高的技巧与艺术。倘若处理不好，则容易给人带来思政“越位”、侵占其他领域的感觉，反而降低了思想政治教育的亲和力与实效性。

面对思想政治教育实践活动丰富发展所带来的这些问题，需要从理论上加以反思，而理论认识的一般思路是从现象到本质，特别是对新近产生的事物来说更是如此。因此在这一背景下，对这些新的思想政治教育方式样态进行形态研究，便显得紧迫和必要。此外，从这几种思想政治教育新形式和新样态来看，尽管都可以称作某种“形态”，但它们在逻辑上并不完全处于相同层次，也就是说，这些形态的分类标准和原则是不尽相同的，如“互联网+”形态主要是基于教育方式和载体而言的，交往形态则是在主客体关系的意义上来说的，而课程思政与“三全育人”形态则是从显性隐性的角度加以划分的。因此，针对这些形态在逻辑分类上的关系和层次，同样需要进行系统深入的研究。

二、思想政治教育理论研究及学科建设纵深推进的内在要求

伴随着思想政治教育实践活动的丰富开展，近年来思想政治教育理论研究与学科建设也取得了长足进步。然而在热烈的学术讨论中，一些长期困扰学界的问题并没有得到彻底解决，同时还产生了许多新问题。面对理论研究与学科建设中的这些问题，形态研究通过自身独特的视角与思路，或许能够为推动问题的解决提供有益的方法与思路。目前学界在思想政治教育理论研究和学科建设方面存在以下主要问题。

首先，在基础理论研究方面，最为明显是一些基本概念存在争议，主要包括思想政治教育本质、规律、对象及基本范畴等。这些

概念构成学科基础理论最为核心的框架与骨干，关乎学界对思想政治教育的整体认识与理解。这些概念存在争议，一方面说明学者们试图通过不同路径和视角对其作出解释，这种学术性争论无疑是有助于学科进步的；另一方面，不同的观点代表了不同的走向，如果不能够对这些观点加以有效整合，思想政治教育将面临一种被“撕裂”的危险境地。就思想政治教育概念本身来说，有学者指出存在“逻辑混同”的问题，也就是说尽管名称统一为“思想政治教育”，但不同学者“往往在不同形态的意义上言说思想政治教育，并容易将思想政治教育的‘某种形态’视为‘唯一形态’”[①]，从而削弱了概念的指向性与解释力。

其次，在学科定位和学科边界方面：一方面，目前学界更倾向于从教育学和微观的角度来理解思想政治教育，即更多地将其理解为一种教育活动，从教育原则、理念、内容、方法等操作性层面推进学科建设和发展，而相对缺少一种整体性的文化哲学视野，即在社会历史中理解思想政治教育现象的产生发展及其演变；另一方面，尽管学界普遍承认古今中外各个社会和历史时期中都存在思想政治教育现象（虽然名称不尽相同），但目前就研究视域来看却主要还是集中于我国当代现实的思想政治教育理论和实践。当然，从学科的实践属性和价值旨向来看，观照当代我国社会现实毫无疑问是必要且应当的，然而从理论建构的角度来说，“以‘中国现代实际’替代‘人类社会普遍存在’而概括提升出来的思想政治教育原理，显然会有以偏概全之嫌”[②]。

再次，学科定位的微观化与学科发展的不平衡性必然带来研究视域的窄化。就一般意义上作为文化现象的思想政治教育而言，目前的研究明显偏向于中国共产党思想政治教育史及当代中国思想政治教育理论和实践，而对中国古代、世界古代和近现代、当代国外

① 叶方兴：《论思想政治教育形态》，《学术论坛》，2019年第4期，第122页。

② 张澍军：《学科重要理论探索——我的18个思想政治教育见识见解》，北京：中国人民大学出版社，2018年，第165页。

思想政治教育的研究分量与比重明显不足。而作为具体教育活动的思想政治教育来说，视域窄化的问题同样明显，主要体现为研究成果集中于高校和大学生思想政治教育方面，而对社会其他群体如普通民众、农民、军队、党政干部等群体的研究成果少之又少，比例极不均衡。

复次，研究路径和方法相对较为单一，主要体现为从文本到问题、从理论到实践的文本方法和从问题到对策、从经验到理论的实践方法两种传统的人文学科思路，而相对缺少一些自然科学方法如量化研究、数据分析以及现代交叉科学和新兴科学方法。

最后，理论与实践脱节问题仍较为突出。从研究方法的局限性中可以看出，目前思想政治教育学科的理论研究者同实际从事思想政治工作的教育者、管理者之间存在信息交流不畅的问题，或者是专注于理论思辨，构建逻辑严密、结构繁复的理论体系，或者是沉浸于日常事务、从个别现象和日常经验中概括一般规律，彼此间缺少有效沟通与整合，犯了毛泽东早先就批判的“教条主义”与“经验主义”的错误。这种理论和实践的脱节，必然导致思想政治教育在实际工作中出现“解题低效”、难以服人的问题。

针对思想政治教育理论研究和学科建设中存在的这些问题，学者们从各个角度和方面给出了改进策略和路径，其中从形态方面进行研究是一个有着重要而独特价值且亟待加以深化的视角。首先，在深化基础理论研究方面，一则，通过对思想政治教育形态进行系统性、层次性梳理，有助于明确概念内涵，区分思想政治教育概念的能指与所指，并进一步明确在不同语境中的思想政治教育究竟是在何种意义上来言说，从而避免逻辑上的混用。二则，形态是认识本质的基本前提与重要方法。本质是通过现象表现出来的，形态则是连接现象与本质的桥梁和纽带。就事物本身而言，其运动是连贯的，但是“如果不把不间断的东西割断……那么我们就不能想象、表达、测量、描述运动”①，而将连贯的运动的事物“割断”，就是要将其抽象化为一定的形式，“认识了物质的运动形式……也就认识了物质本身”②，因为“运动着的物体的性质是从运动的形式得出结果来的”③。思想政治教育形态研究就是要从连贯、复杂的思想政治教育现象中抽象出一些共性、基本的规定，从而在多中求一，找到这些现象背后的根据，即思想政治教育的本质。其次，形态问题是思想政治教育元理论研究的重要组成。针对学科发展中基础理论方面存在的分歧与问题，许多学者呼吁要加强元理论研究。所谓思想政治教育元理论，“是指思想政治教育理论的理论”，主要研究“理论体系结构合理性、科学性问题”，以及“概念、理论的解释力、科学性问题”④。思想政治教育元理论是对思想政治教育这一事实存在本身及其理论的合理性、逻辑性反思，其主要研究内容涉及思想政治教育的源流演进、本体本质、核心理念、功能价值、运动形式、方法论原则、终极意义等⑤。形态问题作为连接思想政治教育现象与本质的纽带，通过对复杂多样的思想政治教育现象进行梳理整合，以一种“迂回”但更具有说服力与开放性的方式追问思想政治教育本质，从而实现对既有理论的反思与深化。再次，形态研究有助于深化思想政治教育史和比较思想政治教育研究。一方面，形态为历史和比较研究提供了具体抓手与分析单元，使得思想政治教育在时空上的分化整合成为可能；另一方面，形态研究涉及对作为人类社会一般文化现象的思想政治教育开展整体性、贯通性、全息式把握，这是针对目前历史和比较研究中注重断代、专题史而缺少通史通论

① 《列宁全集》第55卷，北京：人民出版社，2017年，第219页。

② 《马克思恩格斯文集》第9卷，北京：人民出版社，2009年，第482页。

③ 《马克思恩格斯文集》第9卷，北京：人民出版社，2009年，第503页。

④ 张耀灿：《思想政治教育学科建设存在的若干问题》，《思想理论教育》，2015年第5期，第51页。

⑤ 参见张澍军：《学科重要理论探索——我的18个思想政治教育见识见解》，北京：中国人民大学出版社，2018年，第2页。

的不足而言的,[①] 通过这样一种宏观整体的形态视域，在对起源、演进中的多重形态及其分化整合规律作出具有说服力的解释，思想政治教育史和比较研究将获得更为宽广的视野，从而实现历史、比较研究的进一步深化。最后，形态研究是一种跨学科的视域和方法，有助于推动学科交叉与方法融合，构建起具有开放性、交融性的思想政治教育研究路径和方法体系。特别值得注意的是，在借鉴其他学科方法时要以思想政治教育自身的问题和特征为中心，要有明确而强烈的问题意识，不能为借鉴而借鉴，也不能因借鉴而被其他学科方法所干扰，偏离思想政治教育本身的方向，而应以借鉴融合为手段，以科学自身完善和发展为归旨。就思想政治教育形态研究而言，尽管基本路向是运用形态学这一特殊理论和方法，但是作为研究对象的“形态”是思想政治教育本身而非其他事物的形态，由此尽可能地保证了在借鉴过程中思政学科自身的独立性与中心地位，从而做到以我为主、为我所用。

总而言之，思想政治教育形态问题的出场既是对思想政治教育实践活动的丰富发展及其问题的现实回应，也是对思想政治教育理论研究与学科建设中突出问题和瓶颈的突破尝试，具有强烈的现实性和重要的理论及实践价值。

三、思想政治教育形态理论研究方兴未艾

既然思想政治教育形态是一个能够且值得被研究的问题，那么就应引起学界的足够关注与重视。事实也确实如此，目前学界涉及思想政治教育形态相关的研究成果数量众多，从研究路向的角度看主要包括两类：其一，某种或某些具体思想政治教育形态、思想政治教育要素形态的描述介绍及其发展创新；其二，思想政治教育形态概念本身的理论研究。在这两类成果中，第一类成果占据绝大部

① 参见杨威、陈毅：《思想政治教育形态问题初探》，《思想理论教育》，2020 年第 1 期，第 55 页。

分比例，仅有极少数学者在第二条路径中加以探索和突破。进一步对比这两条路向不难发现，较之于后者，第一条路径的研究显得更为间接和实际，多数是基于实践活动、以解决现实问题和需要为导向，借用这个未经系统反思的“形态”概念而赋予其种种内涵。也就是说，这种研究思路是将形态作为一个现成概念取其字面含义直接拿来使用，重点并不在于“思想政治教育形态”的形式本身，而在于其内容。应当说，注重内容本身并不错，然而内容并不能离开形式而存在。通过梳理整合不难发现，在学界大量关于思想政治教育某形态的论述中，这些所谓“形态”的划定标准、适用语境、层次结构并不一致，由此便容易产生一个问题，这些形形色色的形态只是作者在其前意识中认定的“那种”形态，彼此间难免显得自说自话而缺少交流。究其原因，正是由于我们对思想政治教育形态研究的思路过于重视内容而忽略形式，这显然是不利的。事实上，第一条路向可以概括为思想政治教育形态应用研究，其研究现状已在绪论部分系统梳理。这里主要概括与本书内容体系更为接近的、更具参考价值的第二条路向，即思想政治教育形态理论本身研究的现状。

关于思想政治教育形态理论本身的研究，目前学界成果并不多见，其中最为典型的代表有二：分别是杨威、陈毅于2020年在《思想理论教育》上的文章《思想政治教育形态问题初探》以及叶方兴于2019年在《学术论坛》上的文章《论思想政治教育形态》。早在2018年，笔者就有将思想政治教育形态作为博士论文选题的计划和打算，后在研究中受到这两篇文章的启示与鼓舞，完成了论文即本书初稿的写作。现将这两篇文章主要观点[①]概括如下并作简要评述，以表谢意并就教于学界前辈。

首先，关于思想政治教育形态的内涵。几位学者都突破了单纯

① 参见杨威、陈毅：《思想政治教育形态问题初探》，《思想理论教育》，2020年第1期，第52—57页。叶方兴：《论思想政治教育形态》，《学术论坛》，2019年第4期，第122—130页。

从字面含义来理解的局限，都将其上升为标识思想政治教育存在及状态的范畴，并从思想政治教育的具体外在形式与表现样式、发展过程与演进阶段、内部结构组织与关联性的表征等方面界定了思想政治教育形态的内涵，并依据这几个方面对其何以能够成为思想政治教育存在的表征加以说明。其次，关于思想政治教育形态的特征。学者们共同认可思想政治教育形态具有现实性、多样性、变易性等特征，其中现实性指思想政治教育形态是客观存在且能够被感知和理解的；多样性指思想政治教育形态在不同情景中的表现形式和样态各有差异；变异性是指不同形态间基于内在联系能够相互贯通和转化的性质。除此之外，部分学者还进一步归纳出思想政治教育形态的模糊性、复杂性（同样是对其多样性、变异性及相互作用与关联的概括）以及依附性（不同形态依附于共同的思想政治教育本质）等特征。再次，思想政治教育形态的分类。对这一问题学者们的观点存在争议。杨威认为可以根据思想政治教育活动的主体类型、空间领域、组织水平、呈现方式等角度对其形态加以划分，按照主体类型，可分为个体、群体、阶级、国家等形态；按照空间领域，可分为日常生活、公共生活、虚拟空间等形态；按照组织化水平，可分为自发、经验、制度、科学等形态；按照呈现方式，则可分为泛在、隐性、显性等形态。叶方兴则以实践活动的方式、主体、时间、空间等基本要素为标准对思想政治教育形态加以类型化区分，从实践方式的角度，可分为学科、学术、工作三形态；从主体的角度，可分为精英与大众、干部与群众、群体与个体三组对应范畴形态；按照时间发展，主要分为传统与现代两大形态；按照空间特别是社会空间，则主要包括家庭、学校、社会等形态。最后，思想政治教育形态研究的意义和价值。以上几个方面主要是对形态本身进行的理论阐释，除此之外，学者们还介绍了思想政治教育形态研究的意义和价值，主要观点包括：为思想政治教育学科发展提供精细化、确定性的认知框架；推动学科“向内用力”，深化现象、本质、规律等基础理论研究；推动历史和比较研究，为其提供分析单元与经验支点；提升思想政治教育价值实现的有效性、为新时代思政实践发展提供理论遵循和参照等。此外，几位学者还就思想政治教育形态研究应当注意的问题和方面阐述了各自的观点。

通过梳理总结不难发现，思想政治教育形态理论基础研究目前处于方兴未艾的发展状态。一方面，几位学者具有代表性的成果已初步建构起思想政治教育形态研究的主要框架结构，为后续进一步深入和推进提供了基本的原则、方法与遵循；另一方面，目前的研究成果无论在数量还是内容上都有进一步扩展和充实的空间，对该问题的探讨仍需付出很大努力。具体来说，几位学者在思想政治教育形态的类型划分上存在一定差异，究其原因在于分类标准并不是十分明确，由此引发关于形态类别合理性的质疑，既表现为现有的类别难以涵盖所有思想政治教育形态，又表现为不同类别的区分只是基于某种语境，而在其他语境下则彼此交叉。因此，究竟以何种标准为依据，才能够建立起涵盖面广泛而又彼此具有相对稳定性和独立性的思想政治教育形态门类与谱系，便是进一步研究的重点所在。这便涉及研究方法和路径问题，只有依照科学合理的逻辑思路，从事物本身出发经过“极度而适度”的科学抽象，才能得出具有信服力的结论。因此，关于这一问题的理论探讨还远未止步。

第三章　思想政治教育形态研究的逻辑秩序与致思进路

第一节　思想政治教育形态研究的逻辑理路

所谓逻辑理路，是指在研究过程中所应遵循的逻辑秩序和思考路径。研究必须遵循一定的路径和方法。逻辑理路规定了研究的起点、方向和路径，是思想政治教育形态研究区别于其他问题的特殊规定，亦是其前提性问题。

一、“从抽象到具体”逻辑理路的基本规定

思想政治教育形态研究逻辑理路的确立应当从马克思主义经典文本中关于科学研究方法的论述中寻找依据。在分析社会经济形式时马克思指出两条道路，第一条道路是将“完整的表象蒸发为抽象的规定”，而第二条道路是反过来，使“抽象的规定在思维行程中导致具体的再现”①。在这两条道路中，后者“是科学上正确的方法”②，即“从抽象上升到具体”的方法。这一方法所蕴含的逻辑规则与秩序，为思想政治教育形态研究提供根本遵循，构成其逻辑理路。

“从抽象到具体”逻辑理路的基本规定和致思进路是，首先应当明确这条道路与第一条道路并非完全对立，而是一个完整的统一体，

---

① 《马克思恩格斯文集》第8卷，北京：人民出版社，2009年，第25页。
② 《马克思恩格斯文集》第8卷，北京：人民出版社，2009年，第25页。

并且内在地包含了前一条道路。也就是说，抽象作为逻辑的起点并不等于整个认识过程的起点，抽象只能从具体中得来，而将现实具体抽象化的过程便是第一条道路的基本要求。之所以如此，在于人们首先所面对的世界和事物是具体直观、感性混沌的，人们一开始只能接触到现象或者表象，而不能直接深入其内部；而科学研究的目的在于从思维和理性的层面把握具体的对象，因而只有首先将感性混沌的直观具体加以分解，析出其最基本的构件和要素，直至“最简单的规定”即思维抽象，才能够真正作为科学研究或者说逻辑秩序的起点。因此，“从抽象到具体”逻辑理路的前提首先是反向的“从具体到抽象”，即将模糊混沌的表象以“格”的形式在思维中加以固化和匡正，从而使之能够被把握并进一步获得思维的加工。

其次，通过这样一种“前加工”所得到的思维抽象，成为真正研究过程的逻辑起点，即作为对象“细胞”或“元素”的简单规定。一方面，逻辑起点的简单规定是构成对象复杂机体的细胞，从中能够推论出研究对象的全部概念、范畴及体系；另一方面，这一抽象的简单规定是依照事物自身发展过程而得出的，不能由外部强加而来。因此逻辑起点的确立需要运用科学的抽象，“科学抽象的结果不是远离事物，而是深入到事物的本质中去”①，从本质而非现象中析取“一般”。正是由于科学抽象要求深入到事物的内在本质，因而其并非泛泛地“取消对象的特殊规定性”，“人为地制造它们的同一性”②，而是抽象掉庞杂无关以及偏离本质的假象，保留使之能够成为、确证自身的内核与规定。因此，作为逻辑起点的抽象规定尽管是一个简单的范畴，但内在蕴含着其发展演进所有潜在的趋势与可能，能够在逻辑上融含并保证进一步分析的可能性与合理性。可见逻辑起点这一“简单”的规定实际上并不简单。

---

① 孙伯锋、侯惠勤主编：《马克思主义哲学的历史和现状》上卷，南京：南京大学出版社，2004年，第215页。

② 参见孙伯锋、侯惠勤主编：《马克思主义哲学的历史和现状》上卷，南京：南京大学出版社，2004年，第215—216页。

再次，“从抽象到具体”的逻辑行程是马克思主义历史思维和辩证思维充分彰显的过程。就历史思维而言，马克思将自己的哲学称之为“历史科学”，即“从社会历史的内在关系中获取内容并透视其社会历史规定性”[①]。历史思维要求在分析社会现象时将其置于特定的历史环境之中，在解析与社会各个系统及要素的相互关联和作用中对研究对象的性质特征作出全面客观综合的判断。就辩证思维来说，其一是历史与逻辑相统一。一方面，思想的进程应当符合历史发展的基本顺序，“历史从哪里开始，思想进程也应当从哪里开始，而思想进程的进一步发展不过是历史过程在抽象的、理论上前后一贯的形式上的反映”[②]；另一方面，思想不是对历史的复制与照搬，在逻辑加工时必须加以整合与舍弃，避免曲折和跳跃发展的历史中那些“无关紧要”的材料对思维行程产生干扰，也就是说，思想对历史的反映“是经过修正的，然而是按照现实的历史过程本身的规律修正的”[③]。而如何保证思想修正历史时取舍的合理性，恩格斯指出应当从研究对象成熟形式与整体结构出发进行倒叙反思，也就是马克思所说的“人体解剖”法。其二是分析与综合的统一，通过分析对事物的结构和进程加以分解从而抓住对象以达到抽象的同一，综合则是对事物多样性的规整以理解对象实现具体的统一。在对事物进行研究时，总体上遵循先分析后综合的思路，综合以分析为基础。康德指出认识过程有两个阶段，后者即综览作为更为晚近的阶段“就是以综合的方式返回到先前以分析的方式被给予的那些原理”[④]；而在每一个具体环节中，分析与综合同样是交织在一起的。其三是归纳与演绎相统一。归纳侧重于从经验事实出发将事物的特殊性置于普遍性之中以作出定义；演绎则在于证明定义的合理性，

① 胡刘、薛俊强、何玲玲等：《马克思主义基础理论专题研究》，北京：人民出版社，2018年，第7页。

② 《马克思恩格斯文集》第2卷，北京：人民出版社，2009年，第603页。

③ 《马克思恩格斯文集》第2卷，北京：人民出版社，2009年，第603页。

④ ［德］康德：《实践理性批判》，韩水法译，北京：商务印书馆，1999年，第8页。

即事物内部的联系及其转化的逻辑根据。二者间是相互补充不可分割的。此外，历史思维与辩证思维不是各自独立并列的思维方式，而是相互交织融合在一起的，历史思维为辩证思维提供内容与材料，辩证思维则对历史思维的秩序作出规定。

最后，“从抽象到具体”的逻辑行程具有内在的层次性，是一个逐步展开和实现的过程，在此过程中对象的规定性不断增加，从而实现由思维抽象到思维具体的跃升。“具体之所以具体，因为它是许多规定的综合”[①]，此时呈现在思维中的具体，“已不是关于整体的一个混沌的表象，而是一个具有许多规定和关系的丰富的总体了”[②]。当然，无论是从现实的混沌表象到思维的抽象规定，还是从思维抽象到思维具体的转变都不是一蹴而就的，这是由于现象与本质间的复杂关联，正是由于现象与本质往往不能直接相符，才需要我们运用逻辑的力量去进行研究。因而在这一过程中还应特别注意中介范畴的作用，通过彼此间互为中介范畴的相互作用和关联，事物内部各个要素和环节产生联系，从而使得在逻辑上把握现象与本质间的过渡和转化成为可能，由此保证了逻辑理路的必然性与合理性。

由此可见，“从抽象到具体”实际上是立足于事物发展过程中的晚近形态这一“特殊形式”而追问其“一般形式”的过程，是一种从后思索或者说倒序反思的方法。这一逻辑行程之所以可能，从对象或客体的角度说，是由于事物自身发展有一个从简单到复杂的过程，晚近形态以某种浓缩或变形的形式包含和体现着早先形态及其发展过程，从而为人们从总体上认识和把握对象提供了可能；从主体的角度说，人的认识较之于事物自身发展的历史总是处于“当下”这一瞬时态之中，对于已经发生的事实，人们无法回到过去对当时的时序规律加以考察，而只能基于当下通过逻辑来重新回顾与反思。“从抽象到具体”逻辑理路从三个方面体现出倒叙反思的性质：其

---

① 《马克思恩格斯文集》第 8 卷，北京：人民出版社，2009 年，第 25 页。
② 《马克思恩格斯文集》第 8 卷，北京：人民出版社，2009 年，第 24 页。

一，始于特殊指向一般。首先考察的晚近形态是事物发展过程中的一个特殊阶段，立足这一阶段并不等于仅仅考察其本身，而是通过利用其作为高级形态的特殊性来对其整个进程加以回顾，从而对其存在本身的整体性、一般性形态加以认识。其二，立足结果追问原因。作为逻辑起点的抽象规定是人们对晚近形态的事物加以研究所得出的认识结果，将这一结果重置于历史进程中加以检视，便是对先前结论的根据与合理性的反思和追问。其三，基于既有认识并超越既有认识。晚近形态的事物及其逻辑认识为进一步回溯历史加以反思提供了前提基础，而历史检视的结果必然是对既有认识的修正与超越，因而这实际上是一个在历史行程中对逻辑结构加以匡正和变形的过程。因此，这一反向的认识方法实际上是在对事物“发展进程的‘现实’的自我批评基础上的‘历史’批判”[①]，是使认识结论具有开放性、整体性、深刻性的重要保障，正如马克思所言，“对人类生活形式的思索，从而对这些形式的科学分析，总是采取同实际发展相反的道路。这种思索是从事后开始的，就是说，是从发展过程的完成的结果开始的”[②]。

综上所述，“从抽象到具体”的认识逻辑是“一个用揭示事物的本质来说明其现象形态的方法”[③]。明确这一逻辑理路的意义在于，为思想政治教育形态研究提供“方法论自觉”。一般而言，任何研究都是在一定的方法指导下进行的，然而方法既包括具体的操作方法，又包括抽象的思想方法，对哲学社会科学来说，多数时候是运用抽象的思想方法来认识和研究对象。然而，思想方法较之于操作方法往往存在不为研究者所自觉意识到的“前置”问题，这样一种“前置”状态容易使研究者陷入“先入为主”“理所当然”的认识局限

---

① 胡刘、薛俊强、何玲玲等：《马克思主义基础理论专题研究》，北京：人民出版社，2018 年，第 31 页。

② 《马克思恩格斯文集》第 5 卷，北京：人民出版社，2009 年，第 93 页。

③ 孙伯鍨、侯惠勤主编：《马克思主义哲学的历史和现状》上卷，南京：南京大学出版社，2004 年，第 220 页。

中。通过明确研究理路做到“方法论自觉”，有利于思想政治教育形态问题的研究者在研究中保持清醒的头脑，不被研究对象的复杂性所迷惑和牵制，从而保证研究结论的科学性与可信度。

二、“从抽象到具体”逻辑理路对思想政治教育形态研究的适用性

将“从抽象到具体”的方法作为思想政治教育形态研究的逻辑理路，不仅因其是“科学上正确的方法”[①]，更重要的在于这一方法与思想政治教育形态问题在研究对象、研究内容，以及形态学方法之间存在紧密的关联与契合性。

从该方法所应用的研究对象来看，“从抽象到具体”是马克思在《政治经济学批判（导言）》中所论述的科学研究方法，作为《资本论》的手稿，《政治经济学批判》与《资本论》的内容和主题是相同的，即“资本主义生产方式以及和它相适应的生产关系和交换关系”[②]。然而，马克思对资本主义生产方式的深刻揭示和批判并不仅仅局限于经济领域本身，而是遵循历史唯物主义原理，在揭示资本主义社会经济结构的基础上，大量阐发了与之相适应的政治法律等上层建筑及其与经济基础的相互作用关系，涉及资本主义社会“日常生活的各个方面”、资产阶级的“政治上层建筑”“自由平等之类的思想”以及“家庭关系”等等，因而使读者看到“整个资本主义社会形态是个活生生的形态”[③]。正是在此意义上，“从抽象到具体”方法所应用的研究对象是资本主义社会形态，马克思运用这一方法对资本主义社会的产生、发展、结构、运作、矛盾、消亡等问题进行了全面系统的剖析与批判。就本书的研究对象来说，思想政治教育形态与马克思在《资本论》中所研究的资本主义社会形态相比，虽然是两个不同的层次，但是其共性不仅在于二者都属于社会历史

① 《马克思恩格斯文集》第8卷，北京：人民出版社，2009年，第25页。
② 《马克思恩格斯文集》第5卷，北京：人民出版社，2009年，第8页。
③ 参见《列宁全集》第1卷，北京：人民出版社，2013年，第111页。

现象，更源于这两种社会现象其深层的存在根据都涉及个人与社会的关系和矛盾（区别在于矛盾主要集中并表现于思想层面还是经济层面）。由此可见，思想政治教育形态与资本主义社会（经济）形态在内在矛盾和存在根据方面具有相似性，因此将马克思研究后者的思路和方法迁移到前者上，便具有了可行性。

从研究内容与主旨上看，思想政治教育形态问题研究的是思想政治教育现象与思想政治教育本质间内在关联与对应关系，而现象和本质分别对应具体和抽象。具体来说，思想政治教育现象涵盖古今中外不同时期和地区具体现实的思想政治教育活动，包括教育的发起者、实施者、接受者及其彼此关系，教育的基本内容、方法与载体，教育活动的流程、环节等。这些内容是在人的实际参与和体验中实现的，具有强烈的直观性、可感性①，因而是非常具体的。然而不论这些现象多么丰富多样，其之所以能够称之为思想政治教育，必然具有共同的规定，这个隐藏在多样性现象背后的内在的共同根据，便是思想政治教育的本质，思想政治教育本质只有通过逻辑思维才能够被揭示，因而是抽象的。可见，正是由于研究内容关涉思想政治教育现象和本质的关系，因此“从抽象到具体”的研究思路与思想政治教育形态研究之间有了更为切近的关联。

然而问题在于，研究现象与本质的关系，既可以是从现象到本质这一“具体到抽象”的思路（甚至在通常的意义上讲认识的过程本应如此），也可以是从本质到现象的“抽象到具体”思路，为何不是前者而是后者？从出场语境的论述中可以看出，其一，思想政治教育形态是在其他理论基础上相对晚近产生的问题域，其最终目的在于“反思”思想政治教育为何物。“反思”不同于一般的“认识”，通常而言，“认识”是要透过表面现象来把握内部根据；而“反思”则是进一步对认识的再认识、对思想的再思想。也就是说，不同于

① 对历史上不同时期和地区曾经出现过的思想政治教育形态来说，尽管这些感性体验以口头语言、文字史料等间接经验形式呈现，但并不妨碍其直观性。

一般的理论研究所要得出一个关于思想政治教育本质的结论，思想政治教育形态研究的元理论性质决定其要在既有本质理论的基础上对其进行反思，分析其作出结论的依据、考察逻辑推理的合理性，也就是基于既有的本质理论重新回到纷繁现象中进行历史材料的选取与逻辑认识的匡正，从而将思想政治教育本质视为开放的、具有更多规定性的本质，因此其在这一意义上说较之于已有的本质是一种更为具体的本质。其二，思想政治教育形态研究不仅在于从理论上重新再认思想政治教育，而是要回归实践，在再认的基础上精准定位当下我国思想政治教育的历史方位和形态特征，从而更好地解决实践中出现的一些问题，提高思想政治教育的实效性。而实践较之于理论，显然是更为具体的。因此在理论回归实践的意义上说，思想政治教育形态研究也遵循"从抽象到具体"的路向与环节。

从研究方法来说，"从抽象到具体"也与形态学认识路径和方法大体符合。一方面，根据先前关于形态学理论和方法的介绍，形态学研究始于对象感性、具体的形态，但这仅仅是起点；形态学绝不只是描述研究对象的外形那么简单，而重点在于通过选取特定的视角和维度——如共时性的结构解析与历时性的过程归纳——分析研究对象的内在结构、功能与形式，从而对其存在状态加以整体性、宏观性的把握。由此可见，形态学方法是一种抽象、学理性的研究视角与方法。另一方面，形态学理论和方法的目的在于获得研究对象更为全面、系统、深入的认识，这显然便是规定性的增加，也就是马克思所说的"在思维中再现对象具体"，从而也就与"从抽象到具体"的逻辑理路实现了同频与共振。

综上所述，出于思想政治教育形态研究的元理论性及其与马克思主义社会形态理论范式和形态学方法的相似性和契合性，"从抽象到具体"对思想政治教育形态研究具有较强的适用性和切近性，因而构成其逻辑理路。

第二节　思想政治教育形态研究的逻辑架构

遵循“从抽象到具体”的逻辑理路，思想政治教育形态研究的逻辑规则和秩序得以确立。应用这一规则和秩序开展思考的具体过程与环节，便是研究的基本思路；而将这一过程和思路以文字形式呈现出来的，是叙述思路。研究思路与叙述思路共同构成思想政治教育形态研究的逻辑架构，是“从抽象到具体”逻辑理路的具体呈现与表达。

一、研究思路及其环节

研究思路，指对某一问题进行研究时所遵循的规则、方法以及由此呈现出的秩序及路向。研究是对对象现象和本质的认识过程，从认识论的角度讲，认识过程必然涉及对象事物与思维观念的矛盾统一关系，思维观念正是通过从抽象到具体的运动过程以实现对对象的趋近与把握。因此，从抽象到具体的逻辑理路，具体呈现为思想政治教育形态理论与思想政治教育现实存在之间的再现与指涉关系，这一过程具体包括三个环节。

第一环节是现实具体到思维抽象的凝结与概括，现实之所以具体，在于其是一个可感整体；思维之所以抽象，源于其以“格”的形式赋予现实诸种规定。正如马克思所言，这一环节作为前提包含在了整体进程之中。对思想政治教育形态研究而言，这一环节有着双重规定。一是研究对象的选取与认定，即哪些活动可以称之为思想政治教育。在人类社会中，充斥着大量具有相似性的活动，这些活动以教化的形式存在，通过作用于人们的思想认识，以维系特定阶级或集团的社会关系，我们将这些具有相似性的活动称之为思想政治教育。而一旦以命名的形式赋予这些活动以独特的规定性从而将其纳入视野中，就意味着现实具体向着思维抽象转化，也就是通过思维的规定性将对象从混杂的现实整体中剥离出来，使其进入人们的视野中成为被研究和思考的对象。二是研究对象的特殊规定，即思想政治教育的形态与其他事物或现象的形态有何不同。研究思想政治教育形态，必须遵循思想政治教育的基本理论和范式，之所以如此，在于理论是对现实的凝结和概括，思想政治教育理论是其活动本身内在规定的呈现与表达。只有基于既有的思想政治教育原理，才能够为形态研究提供基本框架和方面，否则将无从下手。可见，这一环节实质上就是从具体的现象和活动中概括出思想政治教育基本理论的过程，从而为后续的工作奠定前提和基础。对思想政治教育形态问题而言，这一环节是已然完成的，因为现有的理论足以为进一步的探究提供充足的思想材料与资源。

第二环节是思维抽象到思维具体的丰富与充盈。这是“从抽象到具体”逻辑理路的第一重含义。第一环节的实现已然为思想政治教育形态研究提供诸多原则支持，然而“原则不是研究的出发点，而是它的最终结果；这些原则不是被应用于自然界和人类历史，而是从它们中抽象出来的；不是自然界和人类去适应原则，而是原则只有在符合自然界和历史的情况下才是正确的”①。也就是说，作为思维抽象的思想政治教育原理从认识进程的角度将生动具体、有血有肉的思想政治教育活动抽象为冰冷枯燥的概念和理论，实际上不是趋近而是远离了对象本身。与此不同，思想政治教育形态研究走的是一条相反的逻辑行程，是通过描绘各种具体样态而对“思想政治教育是什么”这一根本问题作出回应，因此在运用既有的思想政治教育原理作为分析框架的同时要对其内容进行反思和审视，使之上升为更为丰富具体、更加契合现实本身的思维具体。这既是检阅和审视思想政治教育种种具体形态的过程，也是对既有思想政治教育原理批判发展的过程。从思维抽象到思维具体的实现，并非纯粹的逻辑推演与主观运作，而是在意识活动中进行的现实具体见之于

---

① 《马克思恩格斯文集》第9卷，北京：人民出版社，2009年，第38页。

思维抽象的过程，一方面是丰富多样的现实思想政治教育活动对已有原理的审视与检验，另一方面是在抽象的思想政治教育理论观照下对具体现实材料的选取与充盈。在这样一个双向的交互作用下，思维中再现的思想政治教育其规定性不断丰富，从而实现由思维抽象到思维具体的跃升。其中反复提到的现实具体，就是作为逻辑中介的各种具体的思想政治教育形态，从大类上讲包括结构形态和历史形态两种。其中前者揭示了思想政治教育的微观存在状态，即作为具体教育活动的思想政治教育的系统要素构成与相互作用，整体运作及功能实现；后者则揭示了思想政治教育的宏观存在状态，即作为人类社会一般文化现象的思想政治教育的产生、发展及其演变。这些形态作为现实具体为意识活动中再现的思想政治教育思维具体提供了丰富的材料与资源，使思维抽象到思维具体的丰富与充盈成为可能。

第三环节是思维具体向现实具体的回归。这是“从抽象到具体”逻辑理路的第二重含义。思维活动的产物（即理论认识）无论其如何准确、如何契合事物本身，但契合始终只能是“趋近”而不会完全“等同”，因此再“具体”的思维具体，较之于现实事物而言依然是相对抽象的。就一般理论研究而言，得到更为深化的理性认识即思维具体就可以视作完结了，但对思想政治教育形态研究而言却还不止于此。因为形态始终是对象的形态，关于思想政治教育形态的所有认识最终还是要回归到这个客观存在的思想政治教育现象或活动本身。从思维具体向现实具体的回归有两重含义：一是以一种新的站位和视角重新认识和理解我们所说的“思想政治教育”。在思维具体即对“思想政治教育是什么”这一问题有了新的认识的基础上，一些以往不曾提出或被认为不是问题的问题将被重新反思，如政治经济文化现象中具有宣传鼓动、思想教化性质的活动能否被称为思想政治教育？原始社会和共产主义社会是否存在思想政治教育？……对这些问题的思考将影响和改变现实中思想政治教育活动的趋势与走向，使之演化出与以往不同的发展态势和路径。二是对当下我国思想政治教育实践的作用和影响。通过对不同历史时期及不同地域思想政治教育形态的梳理，能够为当下我国思想政治教育实践所处的时空方位提供更加精准的认识，从而更好地理解一些困境和问题产生的原因，并有针对性地提供应对策略，以推动我国当代思想政治教育实践的进一步完善和发展。

二、叙述思路及其构成

以上三个环节构成思想政治教育形态问题的研究思路，即我们思考这一问题的路径和环节。当思考过程暂告一段落时，便需要将"思考"的结果——"思想"以一定的形式表达和呈现出来，这便是叙述思路。

叙述思路，是指以文字形式呈现的整合后的研究过程和结果。不同于"研究必须充分地占有材料，分析它的各种发展形式，探寻这些形式的内在联系"[①]，叙述是将"材料的生命""在观念上反映出来"，因而"呈现在我们面前的就好像是一个先验的结构了"[②]。作为一个观念上呈现的"先验结构"，叙述思路会首先阐明一个结果，然后具体演绎这个结果的推理过程；而研究思路则是从研究过程出发最终归纳出结果。因此在叙述思路中首先给出一个结论，即"什么是思想政治教育形态"，这一结论本身是从研究过程中归纳而来，但会对后续进一步阐发研究过程及思路（即介绍思想政治教育具体形态有哪些以及论证为何如此）起着形式上的规定性[③]。可见叙述思路与研究思路的关系在于研究思路是叙述思路科学性合理性的基础与保障，而叙述思路则表现整合变形后的研究思路，以使结果具有说

① 《马克思恩格斯文集》第5卷，北京：人民出版社，2009年，第21页。

② 《马克思恩格斯文集》第5卷，北京：人民出版社，2009年，第22页。

③ 作为具有元理论性质的研究，思想政治教育形态问题的结论即"思维具体"具有两重规定：一是对思想政治教育形态是什么的形式规定，二是对思想政治教育形态构成的内容说明亦即思想政治教育本身是什么的澄清。在叙述思路中一开始给出的是关于前者的界定；而后者则是在对后续研究过程的梳理阐发中最后自然地呈现出来。这里所说的对后续表达起着规范约束作用的主要是就前者而言。

服力。思想政治教育形态研究的叙述思路同样遵循从抽象到具体的逻辑理路，具体来看包括三个部分。

第一部分是概念方法总论，主要涉及本书前三章的内容。这部分是对“思想政治教育形态是什么”以及“为何、如何研究思想政治教育形态”问题的回答，具体包括作为“是什么”的思想政治教育概念及其研究整体界定，作为“为什么”的出场语境和现实逻辑，作为“怎么样”的理论基础和借鉴、逻辑理路和方法等内容。其中第一章第二、三节“思想政治教育形态/形态研究”以及本章前两节“思想政治教育形态研究的逻辑理路/逻辑架构”等内容最能够体现叙述思路“先验结构”的性质，这两节内容是对思想政治教育形态问题内涵与形式的直接规定，是具有结论性质的“思维具体”，如前文所述这些结论的依据正是在研究过程中得出的，属于研究思路第二环节的结论部分（即对思想政治教育的重新审视和看待），可见这部分内容的呈现具有鲜明的“倒叙反思”性质。此外，概念方法总论这部分中的理论基础、出场语境和逻辑起点等内容则涉及既有的思想政治教育原理，是作为“思维抽象”的“格”为研究提供基本遵循，大体相当于研究思路中的第一环节。综上，在第一部分概念方法总论中融含了研究之前的思维抽象与研究之后的思维具体两部分内容，足见其对研究思路的整合与变形。

第二部分是研究视域分论，介绍思想政治教育形态研究的两个基本视域——结构视域与历史视域，以及在此视域下的思想政治教育形态谱系构成，对应本书第四、五两章内容。这部分内容大体相当于研究思路的第二环节，即从思维抽象到思维具体，也就是通过特定的视域在逻辑中建构起的具有多重规定的思想政治教育形态门类与谱系。视域意为观察的方面和维度，正是通过“视域”实现了客体对象与主体认识的交融，使得在思维行程中再现对象成为可能，也是对研究结论的保障。其中结构视域包括思想政治教育的社会定位、要素构成、运行机理三个层次以及相应的泛在、构件、运作三种形态，遵循由外到内、由表及里的结构秩序。结构解析旨在揭示思想政治教育活动开展与实现的系统机制，“认识了物质的运动形式……也就认识了物质本身”①。历史视域则是从发展的角度介绍阶级社会中思想政治教育的演变，以及非阶级社会存在思想政治教育的推论，并概括其整体的演进规律。历史解析即恩格斯所说的“逻辑与历史”相统一，其意义在于整体把握思想政治教育的存在状态，是保证思维与现实相符合的关键一步。通过这两大视域，思想政治教育形态的整体架构得以确立，由此进一步引申思想政治教育概念本质的再认结论呼之欲出。

第三部分是理论实践结论，即通过形态视域及其确立的形态谱系基础上生发的有关思想政治教育概念、本质、存在等的理论反思，以及对当代中国思想政治教育形态定位和创新等现实问题的思考，对应本书第六、七两章。这部分内容相当于研究思路第二环节的尾声与第三环节，即“思维具体”第二重含义的最终回答与现实具体的阐发。一方面，通过第二部分研究视域的分解论述，行文重新对“什么是思想政治教育”这一形态研究根本问题进行整体性回应，由此得出的思想政治教育概念本质存在的认识同先前观点相比，融含了更多历史和现实规定及元素，因此更为具体；另一方面，作为理论观点的“思维具体”再“具体”同实践相比依然是抽象的，任何概念如果只是一般、抽象和形式上的规定，都是空洞而没有意义的。作为人类社会的文化现象，思想政治教育在一般形式规定性之内必然蕴含着特定的历史时代内涵，因此研究的最终落脚点不仅在于回答一般意义上思想政治教育是什么，更在于以此为基础更好地认识当下、现实的思想政治教育，即当代中国的思想政治教育实践。因此，在已有结论的基础上结合当代中国社会发展的时空方位与特征，从阶级形态向非阶级形态的共融叠加态、交织转化态角度界定当代中国思想政治教育的过渡形态，从而致力于实现新时代思想政治教育的守正创新。守正创新意味着扬弃，意味着继承、批判与发展，

① 《马克思恩格斯文集》第9卷，北京：人民出版社，2009年，第482页。

在描述现状、分析问题和原因的基础上，探寻改进方向、谋划策略与方式，即在形态问题的视域下探索推动新时代我国思想政治教育纵深发展的方向和路径。

由此可见，叙述思路尽管与研究思路的阐发路径存在很大区别，但其依然遵循从抽象到具体的逻辑理路，主要表现为三点：其一，首先给出的结论即“什么是思想政治教育形态”是一个抽象的规定，后续对这个结论的揭示与论证则充斥着大量具体现实的材料；其二，叙述思路第一部分中的概念方法总论是对一般思想政治教育及其形态的概念规定，叙述思路第三部分中的理论现实结论则主要对具有时代内涵的即当代中国思想政治教育的现实描绘，这是从抽象理论到具体实践的提升；其三，叙述思路是对研究思路的介绍与澄清，因而同研究思路一样遵循从抽象到具体的逻辑理路。总之，“从抽象到具体”的逻辑理路应用到思想政治教育形态研究中并通过文字呈现出来，便构成了整体的逻辑架构。

第三节　思想政治教育形态研究的逻辑起点

一、凝练而一般的抽象规定：思想政治教育概念

根据“从抽象到具体”的逻辑理路，思想政治教育形态研究的逻辑起点应当是一个抽象的规定，这一规定以理论之“格”框定现实中的种种具体实践及活动，使其能够进入人的思维而成为研究对象。作为理论凝结的思想政治教育概念，赋予了思想政治教育这一客观存在最一般的规定性，正是由于概念一般的融含性使其能够生发出具体形态中所包含的全部矛盾，因而构成思想政治教育形态研究的逻辑起点。

从创设背景与发展历程来看，“思想政治教育”是在无产阶级革命与建设过程中逐步形成的概念。早在马克思、恩格斯创立共产主

义者同盟时，就非常注重对同盟成员思想认识的教育引导工作，在其文本中多次使用“宣传工作”“宣传鼓动”“理论教育”等概念。通过宣传、鼓动和教育，目的是使工人群众了解、认可科学社会主义思想，以此武装头脑、指导革命，这些概念也由此成为思想政治教育的最初表述。列宁在《怎么办》中明确指出，“我们应当积极地对工人阶级进行政治教育，发展工人阶级的政治意识”[①]，这一论述进一步凸显了政治教育在无产阶级革命和建设事业中的重要作用。在中国共产党人中，周恩来等于1934年提出“政治工作”概念，并将其称为“红军的生命线”；陈云于1940年使用了“思想政治工作”一词；毛泽东则在长期的革命斗争中提出了政治工作、思想工作的地位、原则及方式，不仅进一步强调了这一工作的重要性，而且提出了适合我国当时实际情况的具体工作方法。新中国成立后，先后使用“思想政治教育”“政治思想教育”“思想政治工作”等概念，进一步明确了思想政治教育的基本内涵、任务和方法。改革开放后，为消除“文化大革命”中片面强调政治性的消极影响，提出思想政治教育科学化、学科化的主张，“要把思想政治工作作为一门科学，科学地做思想政治工作”[②]，并以“思想政治教育”为规范术语统一其他表述，逐步明确了我们现在所说的思想政治教育概念及其内涵。

从历史梳理中可以看出，思想政治教育概念在其形成发展过程中有着多种表述，这些表述尽管大体含义相近，但仍存在一些细微差别，因而有必要进一步加以辨别。首先是政治工作与思想工作，前者的指向性更为明确，指围绕特定政治目标和任务而开展的一系列工作和任务；后者在外延上相对更为广泛，凡是涉及人们思想认识相关的工作都可纳入其范畴。其次是政治思想工作与思想政治工作，二者的区别主要在于语词结构，“政治思想”是一个偏正短语，

① 《列宁全集》第6卷，北京：人民出版社，2013年，第54页。

② 荆惠民主编：《改革开放以来思想政治工作大事记》，北京：中国人民大学出版社，2007年，第17页。

强调的思想认识中的政治性内容，因而范围相对较窄；而“思想政治”则是一个并列短语，是思想和政治，也就是思想工作与政治工作的交叉部分，这个定位相对更为精准。再次是思想政治工作与思想政治教育，二者的区别在于“工作”和“教育”，显然，“工作”的外延明显大于“教育”，除了教育之外，组织、管理、服务、保障等都属于工作的范畴。最后是思想政治教育与德育，二者的差异主要有两个方面：一是从对象范围来看，思想政治教育的对象是一定国家、社会或政治组织的共同体成员，而德育则面向的是在校学生，因而可以认为德育是在学校进行的思想政治教育；二是从内容来看，德育可以认为是道德教育的简称，而思想政治教育不仅包括道德教育，还包括世界观教育、政治教育、法治教育、心理教育等内容，范围显然更加宽广。此外，尽管“思想政治教育”是一个在无产阶级革命和建设语境中形成的概念，但并不代表其他国家和地区不存在思想政治教育现象。在西方国家话语中，类似的活动通常以“公民教育”“道德教育”等命名，而在中国古代则多使用“教化”一词。为此有学者指出，“现实中不存在一般的‘公民教育’……由以阶级性为根本属性的、具体的历史的‘国家’开展的公民教育活动，无疑会打上深刻的意识形态的烙印”①，因此西方国家的公民教育并非价值无涉，而同样是宣传某种意识形态、建构特定社会关系的手段，因此事实上就是我们所说的“思想政治教育”。同样，道德教育、教化都有着特定历史和时代内涵，“一切以往的道德论归根到底都是当时的社会经济状况的产物”②，也就是在特定时代和地域中开展思想政治教育的相应形式。可见，“思想政治教育”概念的涵盖与指涉面是极为广泛的。

在对“思想政治教育”及其相关概念进行演进梳理和比较分析的基础上，通过整合学界已有的各种定义可以看出，从表述形式上

① 武东生：《“思想政治教育”与“公民教育”关系辨析》，《思想理论教育导刊》，2013年第4期，第108页。

② 《马克思恩格斯文集》第9卷，北京：人民出版社，2009年，第99页。

看大体都遵循“主体词＋限定词（目标、内容、方式）＋对象词＋属性词”的语义表述框架。以目前比较具有代表性的概念为例，思想政治教育是指“一定的阶级、政党、社会群体遵循人们思想品德形成发展规律，用一定的思想观念、政治观点、道德规范，对其成员施加有目的、有计划、有组织的影响，使他们形成符合一定社会、一定阶级所需要的思想品德的社会实践活动”①。在这一定义中，思想政治教育的主体是“一定阶级、政党和群体”，对象是这些主体的“成员”，目标、内容、方法分别为“形成符合主体所需要的思想品德”“思想观念、政治观点、道德规范”以及“遵循规律并施加影响”，属性词是“社会实践活动”。其他各种定义大体上也都遵循这样一种范式，所不同的是这一表述框架中关键词的选取和使用。

首先是主体词，即思想政治教育活动的发起者、组织者与受益者，涉及的表述有国家、阶级、政党、社会、组织、集团等。这些表述的差异主要有两个方面：一是主体的范围即量的差异，也就是思想政治教育在何种边界内开展的问题，主要争论的焦点在于个人或小范围群体内的相关活动，以及超越国家范围之外的相关活动能否称作思想政治教育。二是主体地位即质的区别，涉及的问题主要有：思想政治教育的主体是否必须是统治阶级或阶层？被统治者能否开展思想政治教育？无阶级社会是否存在思想政治教育？思想政治教育的运行方式是否必须是自上而下的？等等。其次是对象词，主要有集团内部和全体社会成员两种表述。这一点同样涉及思想政治教育的开展范围问题，即是在某一特定政治集团内部还是全社会进行思想政治教育。再次是限定词，其中的内容词大体上比较接近，主要是思想观念、政治观点、道德规范等，或者直接略去。存在争议的主要有两个方面，一是方式词，涉及的表述有施加、转化、引导、影响、动员、塑造、建构等。在这一点上争议颇多，但不论哪

① 张耀灿、郑永廷、吴潜涛等：《现代思想政治教育学》，北京：人民出版社，2006年，第50页。

种表述，其背后所反映出的问题在于价值取向的差异，基于社会本位取向的更多强调思想政治教育的社会价值，在方式词表述上较为强硬，如“施加”“支配”“塑造”等；而基于个体本位取向的则更注重思想政治教育对个人发展的意义，用词相对柔和，如“影响”“建构”等。二是目标词，表述差异在于是围绕特定的阶级需要、政治目标任务还是为了个体自身的素质发展诉求。与方式词的差异一样，这背后反映的同样是社会本位与个体本位的价值取向差异。最后是属性词，即将思想政治教育定位成“教育实践活动”抑或“社会实践活动”，这一点同样是关于思想政治教育边界和范围的争论，只不过争论的焦点不是“人”（教育者与受教育者范围），而是“事”（仅限于教育活动还是包括组织管理等其他工作）。

当然，除了差异，学界关于思想政治教育概念的共性也是十分明显的。除了形式上所遵循的共同语义框架外，将思想政治教育定位成“实践活动”，以及对其内容方式加以限定（表述为“一定的”）这两点也是所有界定的共同之处。这反映了思想政治教育的两大根本特征，即改变现实世界的实践性以及具有特定时代内涵的历史性。通过分析这些概念的异同，可以进一步看出更深层次的问题在于如何理解思想政治教育概念中“政治”一词的内涵。可以说，“思想政治教育”这个复合概念是偏正结构，“思想”“政治”“教育”在逻辑上并非并列关系，而是有着主次之分：从表面来看，“思想”“政治”是内容，“教育”是形式，内容决定形式，因此“教育”只是方式或手段；然而，“统治阶级的思想在每一时代都是占统治地位的思想”①，进一步思考不难发现，“思想”只能是基于某种政治的思想，脱离特定政治诉求的“思想”是空洞虚幻的。因此，在“思想政治教育”中，“政治”概念居于核心地位，“政治”决定并统摄“思想”的内容、“教育”的形式。正是基于对政治概念的不同理解，从而产生了关于思想政治教育的原始发生与时空边界、主体与对象

① 《马克思恩格斯文集》第1卷，北京：人民出版社，2009年，第550页。

的地位和范围、内容与手段的选取和认定，以及目标取向中个人与社会的统一和分野等不同认识。

关于思想政治教育中“政治”概念的含义，学界形成了狭义政治与广义政治两种相对立的观点。狭义政治派根据马克思文本中大量将政治与阶级结合起来论述的事实，认为政治就是“社会各阶级之间的斗争（即阶级政治）”①，并由此认为“思想政治教育是阶级社会特有的产物”②，同时该派以张耀灿教授“思想政治教育活动普遍存在于阶级社会发展的历史进程之中，它伴随阶级社会的演进而发展”③ 作为其观点的支持依据。与之相对应，广义政治派认为“政治起源于社会，社会利益关系是形成政治的基础，政治生活与人类社会同生共存”④，并以此为依据指出“思想政治教育与人类社会共始终”⑤。应当说，之所以会在思想政治教育概念界定中产生主体词“一定阶级、政党”“一定社会、集团、群体”，方式词“施加、支配”“建构、影响”，目标词“形成符合一定阶级所需要的”“思想品德自主建构、自主建构”等表述差异，其根源正是人们对“政治”一词含义的不同理解，因此准确辨析该词的内涵成为进一步研究的关键所在。

尽管目前学界对这一问题的认识存在较大争议且尚未达成共识，但笔者较认可广义政治观点，主要理由有：其一，从词源学角度看，“政治”一词源于希腊语 πολι，意为城邦及城邦公民的公共生活，而

① 周军虎、何祥林：《关于思想政治教育原始发生问题再思考的思考——兼与李俊奎教授商榷》，《思想教育研究》，2014 年第 12 期，第 20 页。

② 何祥林、周军虎：《关于思想政治教育原始发生问题的思考》，《思想教育研究》，2014 年第 1 期，第 6 页。

③ 张耀灿、郑永廷、吴潜涛等：《现代思想政治教育学》，北京：人民出版社，2006 年，第 52 页。

④ 刘德厚：《广义政治论：政治关系社会化分析原理》，武汉：武汉大学出版社，2004 年，第 10 页。

⑤ 张澍军：《论思想政治教育的历史定位与运行特征》，《教育研究》，2015 年第 4 期，第 45 页。

当时城邦中的奴隶并不被当作“人”来看待，因而这里的“政治”指完全将奴隶排除在外的城邦公民内部的公共行为，并不具有阶级对抗的含义①。其二，马克思文本中大量将政治与阶级结合在一起是出于特定的研究对象与革命立场（批判资本主义社会，实现无产阶级解放），但这并不能成为政治等同于阶级政治的依据，相反马克思主义经典作家还有大量有关非阶级政治的论述：如恩格斯关于国家政治统治以社会职能为基础的论述；再如毛泽东指出“将来政治这个名词还是会有的，但是内容变了……同阶级敌人作斗争，这是过去政治的基本内容……（人民政权建立后）就基本上是人民内部的关系了”②；此外，列宁指出在建立社会主义政权后政治的重心应偏向经济建设，类似观点还有邓小平“社会主义现代化建设是我们当前最大的政治”③；等等。从这些论述中可以看出，一则，政治是以人类社会的运行发展为基础的，关乎的是社会生活中最为根本、长远的事物。二则，政治是经济的集中体现，而经济现象并不仅仅存在于阶级社会中。三则，政治在不同历史时期具有不同的形态，阶级政治仅仅是阶级社会中政治的表现形态。其三，狭义政治派引用张耀灿教授的观点是不能够作为其观点支撑的，张教授只是说“思想政治教育普遍存在于阶级社会中”，但并不等于“仅仅存在于阶级社会中”，由此将其引申认为思想政治教育是阶级社会的特有现象在逻辑上是讲不通的。事实上，张耀灿教授在思想政治教育概念中所使用的“一定的阶级、政党、社会群体”“使他们符合一定社会、一定阶级所需要的”等表述，将社会群体与阶级政党相并列，恰恰是对广义政治观点的支持。

由此，基于广义政治内涵下的思想政治教育概念，构成思想政治教育形态研究的逻辑起点。一方面，思想政治教育概念的语义表

---

① 参考王哲、张澍军：《思想政治教育“原始发生”问题再认识——“思想政治教育观”创新探讨之三》，《思想教育研究》，2020 年第 3 期，第 123 页。

② 毛泽东：《毛泽东著作选读》下册，北京：人民出版社，1986 年，第 803—804 页。

③ 邓小平：《邓小平文选》第 2 卷，北京：人民出版社，1994 年，第 163 页。

述结构和既有观点结论为形态问题提供研究视域和分析框架。其一是概念表述的语义结构，这是对思想政治教育活动构成要素及其相互作用的逻辑解构，为思想政治教育形态研究提供有力抓手，遵循概念表述中要素构成—相互作用—运作实现的逻辑秩序，思想政治教育形态研究的结构视域得以确立。其二是概念中“政治”一词的内涵，从狭义政治观点出发将思想政治教育存在的基本时空场域确立为阶级社会，而对“阶级社会思想政治教育形态何以至此”的追问则进一步引发关于思想政治教育非阶级形态的推论与思考，由此向广义政治观点过渡，并在宏观整体的视域中分析思想政治教育产生发展演变的历程和规律，由此形成思想政治教育形态研究的历史视域。从根本上讲，思想政治教育形态研究就是要回答“思想政治教育是什么”这一问题，因此，研究和分析的视域和框架也就只能从思想政治教育概念中引申出来。另一方面，思想政治教育概念界定中的分歧和争议说明对这一问题的探究是开放和未竟的，作为理论认识的概念本身就是思维向事物不断趋近与符合，即思维抽象上升为思维具体的过程，这为思想政治教育形态研究提供了可能的意义空间。也就是说，如果结论是既定的，那进一步探讨也就失去了意义；而从未定的结论与问题出发，经过研究得到结论以对一些观点进行批判、对另一些观点提供支持，从而进一步发展和完善理论认识，思想政治教育形态问题由此生发出研究的意义、获得了存在的根据。

二、以思想政治教育概念为逻辑起点的依据

之所以将思想政治教育概念作为思想政治教育形态研究的逻辑起点，主要是基于以下几点考虑：

第一，思想政治教育概念是对思想政治教育现象和活动的理论归纳与凝结，是目前我们关于思想政治教育最一般的认识和理解。根据思想政治教育形态研究的逻辑理路，研究的出发点始于理论形态的思维抽象。之所以是抽象后的理论形态而不是直接现实的对象本身，从根本上讲源于人认识世界的基本方式。人们关于世界的认

识并非生来就有，而是在后天实践中逐步获得的，但人具有认识世界的能力却是先验的。也就是说，人对世界的认识结果只有通过思维和意识的工具形式才能够实现，任何事物只有首先被人的感官（当然现代科技中不乏放大和替代人的感官工具的设备和仪器）所捕获，进而进入大脑中被思维和意识加工，才能够形成关于这一事物的认识。因此，人认识和实践活动的对象并非直接作用于事物本身，而是经过大脑加工所得到的思维抽象，当然这个思维抽象可以是初级感性形式的感觉、知觉、表象，也可以是高级理性形式的概念、判断、推理。而科学研究不同于日常生活，必须遵循严谨的理性认识形式，因而研究的起点自然是理性形式中最为基础的概念。作为思想政治教育形态研究逻辑起点的概念，有两重基本规定，一是以抽象理论形式所把握的而非直接的对象本身，二是在理论形式中居于基础地位且能够生发推演出其他问题和矛盾。

第二，思想政治教育概念划定了研究对象的基本范围和边界。形态总是与具体事物相结合，没有对象的形态是不可想象的。思想政治教育形态问题也是如此，所要研究的是思想政治教育而非其他事物和现象的形态，因此研究的基本前提首先应明确“什么是思想政治教育”。只有划定了判断标准，才能够在社会生活诸多现象和活动中区分出哪些属于思想政治教育基本范畴，哪些不属于而应加以舍弃，而这一判断标准的给定，只能依靠既有的思想政治教育概念来提供。另一方面，作为具有元理论性质的课题，思想政治教育形态研究本身就是要回答“什么是思想政治教育”这一问题，因此最后的研究结果必然是对既有概念的修正与完善。由此似乎陷入一个解释学循环，研究的前提与结果是同一个范畴，但是经过研究，对于思想政治教育概念这一范畴的内涵认识却有着明显不同，也就是说表面上的解释学循环实际是螺旋式上升的过程。因此，作为研究过程逻辑起点与终点的思想政治教育概念在内涵上是不尽相同的，但从确立研究对象的角度来说，逻辑起点只能是既有的思想政治教育概念。

第三，思想政治教育概念规定了思想政治教育活动的主体客体、内容形式、手段方法、目的归宿等基本要素，勾勒出思想政治教育结构的基本框架。思想政治教育形态研究是对思想政治教育现象和活动的观察与思考，而观察的视野、顺序和角度是由对象本身所决定的。根据形态学基本理论，不同事物基于自身结构的差异，在考察和描述时也应遵循对象结构的差异而有所区别：对于简单事物可以从整体上作出评判；而复杂事物则必须首先进行分析解构，进而由表及里、由部分到整体再加以综合判断。思想政治教育作为社会生活中一项极其复杂的实践活动，既与教育活动、政治工作等范畴交织和趋近，又有自身所独有的区别于其他活动的基本规范与流程。因此，对思想政治教育进行形态学考察必须遵循其自身特殊性，从概念界定中的要素构成出发，首先将这些方面加以分解独立考察，然后再综合起来研究其相互关联，进而分析整体的运作与实现，从而深入到对其本质的理解与认识。由此可见，思想政治教育概念为思想政治教育形态研究提供了基本的分析维度与框架，是其结构论视域得以生成的基本依据。

第四，思想政治教育概念是思想政治教育发展历程中的“晚近形态”，为从整体上把握思想政治教育的演进历史提供可能。思想政治教育同其他事物和现象一样，有着自身发展演变的历史，起初是人们不自觉进行的一些零散活动，而后这些具有相似性的活动逐渐集中聚合成一种活动，成为人们有目的有意识的自觉行为。在历史发展中，这样一种活动或行为又在不同时代和地域中衍生出多样的表现形态，而将这些丰富多样的形态加以统一命名为“思想政治教育”或者其他名称并进行理论上的思考与观照又是更晚之后的事情。由此可见，从自发到自觉、从事实上进行的活动到意识中思考的理论，思想政治教育概念的出现本身就包含着对其发展历史的反思与概括。马克思指出，“人体解剖对于猴体解剖是一把钥匙”①，其意在说明，成熟或晚近形态的事物是其酝酿发展过程中内在矛盾的充分

① 《马克思恩格斯文集》第8卷，北京：人民出版社，2009年，第29页。

彰显与展开，对事物晚近形态的考察能够窥探其原生形态的踪影并由此发现其演变的规律。通过对“思想政治教育概念何以如此”的反思，能够发现其内在逻辑与根据，进而对作为人类社会一种文化现象的思想政治教育生成、发展、演变的历史与规律加以考察，从而对其进行更为深层的存在论反思，由此构成思想政治教育形态研究的历史论视域。

概括起来，思想政治教育概念之所以能够成为思想政治教育形态研究的逻辑起点，从研究过程的逻辑理路来说，概念是人理性认识的基本形式，其开放性表明对概念的认识和界定是不断深化的，而这一过程正是思维抽象上升为思维具体，从而在意识中尽可能接近和再现研究对象的过程，即马克思所讲的科学研究“从抽象到具体”的方法。从概念自身的结构和内容来说，思想政治教育概念规定了思想政治教育活动的基本要素，从微观具体、现实的思想政治教育活动角度提供了结构形态的分析维度；同时概念本身所体现的历史意蕴，又从宏观整体、作为人类社会生活一种文化现象的角度引发关于思想政治教育存在本身的历史形态思考，由此生发出思想政治教育形态研究的两个基本视域（结构视域和历史视域）。故思想政治教育形态研究的逻辑起点是凝练而抽象的思想政治教育概念。

第四章　结构视域下的思想政治教育形态

根据第一章关于形态研究视域的分析，思想政治教育以何种形态呈现很大程度上与我们观察研究它的视角和维度相关。因此，只有基于特定的视域并遵循相应的方法和思路，才能建构起完整、系统的思想政治教育形态门类和谱系。基于思想政治教育形态研究的两个基本视域，本章和下一章分别对结构视域和历史视域及其相应的形态加以阐述。相比较而言，结构视域是一种相对微观具体的研究视角，主要考察在特定时空环境下具体思想政治教育活动自身及其与周边环境的作用关系，旨在揭示思想政治教育何以运作的问题；历史视域则相对宏观和抽象，在整体发展的意义上揭示作为人类一般文化现象的思想政治教育的产生演进及其规律，重点分析其存在根据的问题。结构视域和历史视域相互补充、相互规定，从系统的角度看构成横向结构与纵向历史相互交织，从逻辑的角度看实现“怎么样”和“为什么”完整覆盖，进而形成全面系统的思想政治教育形态的基本框架。

在结构视域下，思想政治教育作为一种系统性存在，分别需要考察系统内外两个方面。系统外考察将思想政治教育笼统视为一个整体，分析其与社会政治经济文化系统的作用关系，以此形成以间接或潜隐形式渗透分布在社会生活中的泛在形态；系统内考察则对思想政治教育自身加以分解，研究静态的要素构成与动态的运作实现，并对应相应的构件形态和运作形态。

第一节 思想政治教育的社会定位与泛在形态

一、作为思想上层建筑的社会定位

根据唯物史观基本原理，社会是一个由不同要素构成、要素间相互关联作用的具有层次性的复杂系统。马克思在《德意志意识形态》中指出，人类历史的"第一个前提"是人们必须"能够生活"，为此人要从事物质生活资料的生产和再生产以及人本身的生产，在这一过程中涉及人与自然与他人（社会）的双重关系，在生产劳动以及与他人的交往过程中人产生了意识，最初"只是对直接的可感知的环境的一种意识"①，后来随着社会分工的发展，意识获得了某种形式上的独立性，能够"不用想象某种现实的东西就能现实地想象某种东西"②，世界实现了主观世界与客观世界的二重分化。在这段论述中，马克思从发生学的角度揭示了人类社会的基本结构及其相互关系，即在物质生产活动中结成的生产关系，以生产关系为基础的其他社会关系，以及对这些现实关系的主观反映和反作用的思想关系。而后在《〈政治经济学批判〉序言》中马克思指出："人们在自己生活的社会生产中发生一定的、必然的、不以他们的意志为转移的关系，即同他们的物质生产力的一定发展阶段相适合的生产关系。这些生产关系的总和构成社会的经济结构，即有法律的和政治的上层建筑竖立其上并有一定的社会意识形式与之相适应的现实基础。"③ 由此进一步揭示了人类社会的基本要素及其结构：与一定生产力相适应的生产关系总和的经济基础，由一定经济基础所决定、反映并反作用于一定经济基础的上层建筑，包括政治上层建筑和思

---

① 《马克思恩格斯文集》第1卷，北京：人民出版社，2009年，第533—534页。
② 《马克思恩格斯文集》第1卷，北京：人民出版社，2009年，第534页。
③ 《马克思恩格斯文集》第2卷，北京：人民出版社，2009年，第591页。

想上层建筑两方面。在社会这个复杂系统中，思想政治教育通过作用于人们的思想认识来维系一定的社会秩序和关系，属于思想上层建筑范畴。从作用形式上看，思想政治教育显然是一种文化现象；从目标内容看，思想政治教育则具有强烈的政治性。而不论是文化属性还是政治内核，作为上层建筑都不可避免地与经济基础发生关联。由此决定了在分析社会生活中的思想政治教育时三个具有层次性的基本关系：思想政治教育与经济基础，思想政治教育与政治上层建筑，思想政治教育与其他思想上层建筑。

思想政治教育与社会经济基础的关系。根据唯物史观基本原理，社会经济基础决定上层建筑，这种决定性体现在其产生、发展与性质等方面。因此任何一个社会中的思想政治教育，其性质状况归根到底都是由这个社会的经济结构与水平所决定的。一方面，社会经济状况为思想政治教育活动开展提供了物质基础，这一点在思想政治教育的形式与载体方面体现得尤为明显。在革命战争年代，思想政治教育的主要载体是书籍报纸等纸质媒介；而在信息技术快速发展的当代，网络已经成为思想政治教育的重要媒介与基本形式。另一方面，社会经济状况也决定着思想政治教育活动参与者的思想认识水平。恩格斯在《反杜林论》中指出道德观念的社会历史性，在任何存在私有制的社会中，“切勿偷盗”是一条共同的戒律；但“在偷盗动机已被消除的社会里，如果一个道德说教者想庄严地宣布一条永恒真理：切勿偷盗，那他将会遭到什么样的嘲笑啊”[①]！可见，社会经济状况决定了人们的思想认识，也决定了思想政治教育的相应内容与形式。与此同时，作为上层建筑的思想政治教育也会对社会经济基础产生反作用。通过教育提高劳动者的思想认识，激发其精神动力，协调好劳动过程中人与人之间的关系，从而提高劳动效率，间接地促进社会经济发展。

思想政治教育与政治上层建筑的关系。政治是经济的集中体现。

① 《马克思恩格斯文集》第9卷，北京：人民出版社，2009年，第99页。

一定的政治制度是以规范的形式调节某种利益关系，从而维护相应的经济秩序和结构，因此较之于经济基础，政治结构对思想政治教育的决定意义更具切近性和直接性。一是特定的政治结构是决定了思想政治教育的根本性质和目标，也就是“为谁服务”的立场、原则和方向。任何一个具体的思想政治教育活动，其中的“政治”概念都是特指，都具有具体明确的内涵，这便是特定阶级、集团的诉求与主张。二是特定的政治结构是决定了思想政治教育的基本内容。中国封建社会思想政治教育所宣扬的是维护封建统治的“三纲五常”；资本主义社会思想政治教育的基本内容则是资产阶级的“自由、平等、人权”等理念；而当代中国思想政治教育的重要内容是社会主义核心价值观。这些不同的教育内容显然是由特定时期的社会政治状况所决定的。相应，思想政治教育对政治结构的反作用也是明显的。从个体的角度来说，思想政治教育塑造了个体的政治认知、政治态度、政治行为，从而实现对特定政治秩序的理解与认同；对于不同属性的政治群体来说，思想政治教育的反作用可以表现为维护、对抗、瓦解等不同方向；从社会整体的角度讲，思想政治教育引导民众形成一定的政治共识，协调彼此间的政治关系，在中和团结与分裂的两极对立中对政治上层建筑产生或积极或消极的直接影响。

思想政治教育与其他思想上层建筑的关系。尽管思想政治教育具有强烈的政治属性，但归根结底属于思想上层建筑范畴，是一种文化现象。总体来看，思想政治教育与社会文化间是一种双向影响与建构的关系。一方面，社会文化环境作为背景场域介入思想政治教育全程，教育者与受教育者间的互动、思想的传递与沟通都以双方共同置身其中的、彼此都认可与理解的思维方式、逻辑规则、风俗习惯、价值理念等“意义场”为前提，这些“意义场”实质就是每个人都潜移默化接受塑造和影响的社会文化环境与氛围。另一方面，思想政治教育也在不断传递和强化主流文化，并在对话中创生新的文化，实现社会思想文化的传承与创新。具体而言，这种相互的作用鲜明地表现在思想政治教育与其他思想上层建筑的交融关系中。其一是道德，道德观念与要求构成了思想政治教育内容的重要组成部分，无论是促进个人身心素质的全面发展还是保证社会运行的稳定有序，思想政治教育和道德伦理规范都具有“促进剂”和“软约束”的重要意义与作用。其二是艺术，艺术作品绝不只是满足于感官享受与消遣，而是通过美的形式传递具有一定倾向性的思想观念和价值主张；同时艺术作品对人情感的触动感化机制，又为思想政治教育效果的提升提供了有力支持。因此在这个意义上，艺术是思想政治教育的生动载体，而思想观念则是艺术作品的灵魂。其三是宗教，就对人们思想观念的影响而言，宗教与思想政治教育的作用更为相似。当然，这种作用的性质是不尽相同的。历史上宗教在很长时期内都扮演着思想政治教育的角色，即使在当代许多西方国家宗教仍是进行思想政治教育的工具；在以马克思主义为指导的社会主义国家，作为科学世界观的马克思主义消除了宗教中的神秘主义和非科学因素，通过思想政治教育实现对人们思想观念的引导，起到稳定社会的积极作用。可见，思想政治教育与其他思想上层建筑间具有极为密切的作用关系，在相互交织与借鉴中，思想政治教育起到了意识形态教化的功能，实现了与社会文化的共在和互构。

由此可见，作为思想上层建筑，思想政治教育与社会经济、政治、文化结构间的相互渗透密切交融关系是极其明显的。思想政治教育与政治上层建筑的交织关系表现在两个方面：其一是在共同作用于经济基础上的交互性。一方面，无论是思想还是政治，二者共同作为上层建筑，必然会对经济基础产生影响，区别在于影响方式的不同。列宁指出：“所有一切压迫阶级，为了维护自己的统治，都需要两种社会职能：一种是刽子手的职能，另一种是牧师的职能。”①可见，在维护特定的经济地位和秩序方面，政治制度与思想政治教育分别通过“硬”和“软”两种相互依赖的方式来实现，即列宁所

① 《列宁全集》第26卷，北京：人民出版社，2017年，第248页。

说的“刽子手”与“牧师”，但不论方式如何，这二者最终的目的是相同的。另一方面，在逻辑秩序上，思想政治教育对社会经济基础的反作用是通过政治上层建筑而间接实现的。人们的思想认识只有通过实践才具有现实性，思想政治教育对社会经济基础的确证与维护作用，也只有在人们遵守一定秩序和规范的行动中才能够实现，而人们所要遵守的规范与秩序正是一种政治，也正是在这个意义上许多学者将政治性作为思想政治教育的本质属性。其二，思想政治教育是国家职能的一种实现方式。马克思、恩格斯指出，“一个阶级是社会上占统治地位的物质力量，同时也是社会上占统治地位的精神力量”①，无论是进行阶级统治还是社会管理，国家职能的实现都离不开另一项潜隐职能即价值主张职能的支持。这种价值主张即马克思所说的“精神统治力量”，也就是意识形态。意识形态的建构和教化需要通过思想政治教育来实现，尽管思想政治教育本身不属于政治上层建筑范畴，但在国家治理中却是事实在场的。

思想政治教育与其他思想上层建筑的交融渗透同样表现在两个方面。其一是作为社会意识对社会存在的反映和反作用上，艺术、道德、宗教、哲学等中蕴含的思想认识和价值观念在本质上并无区别，都是人们对现实生活中各种物质实体和社会关系（包括经济关系、政治关系）等社会存在的主观印象和呈现，同时这些主观印象也都会通过实践对客观存在产生反作用。就这点而言，思想政治教育与其他思想上层建筑并无差别。其二是在形成、发展规律和对社会存在的作用方式上，思想政治教育与其他思想上层建筑具有同构性。无论是何种思想上层建筑，其形成发展都遵循一定规律，如受制于特定时代环境和条件、具有特定时代内涵的历史性，反映人的能动性和超越性、表达人对美好事物的向往和追求、以人的自由全面发展为归旨等，这些性质和规律是共同的。而在对社会存在的作用方式上，思想政治教育与其他思想上层建筑都是通过传递某种社

① 《马克思恩格斯文集》第1卷，北京：人民出版社，2009年，第550页。

会意识形态而实现的，就所体现的意识形态内涵而言，艺术、道德以一种极为巧妙的形式，将意识形态层层包裹，使人在不知不觉中潜移默化地受到其影响；而宗教、哲学以及思想政治教育的意识形态性相对更为直白和明显，但即使如此，意识形态本身便具有形式上的潜隐性，“意识形态观点的精髓就是，除非我们的政治素养得到了极大的发展，否则我们很难意识到它们的存在”①。就各种思想上层建筑所传递意识形态的方式和特点而言，彼此间也是非常相似的。此外，对于思想政治教育的一些内容而言，其本身就兼具多重内涵，如社会主义核心价值观，就公民层面来说更多是强调道德，而就国家和社会层面而言则具有明显的政治色彩。所以不加区分笼统将其归为某一类中是不现实的，由此也进一步突出了思想政治教育与社会政治、文化各方面的紧密交融。

综上所述，思想政治教育与社会经济基础和上层建筑各个方面具有极为密切的相互交织和作用关系，在社会有机体中扮演着不可替代的协调社会各要素的“润滑油”“耦合剂”角色，由此决定了在社会经济、政治、文化现象中渗透了大量的思想政治教育色彩和因素，即思想政治教育的泛在形态。

二、渗透在社会生活中的思想政治教育泛在形态

所谓泛在形态，是指区别于集中、显在的教育形式，大量以隐形和间接形式渗透在社会生活中的思想政治教育，或者带有思想政治教育性质的活动。泛在形态的思想政治教育可以分为两类：一类是有主观意愿的，且特意通过一些不易察觉的方式来进行的隐性思想政治教育；另一类则并没有主观意愿，但在其他活动或工作的开展中客观上起到了思想政治教育效果的活动②。由于思想政治教育与社会经济、

① ［英］阿兰·德波顿：《身份的焦虑》，陈广兴、南治国译，上海：上海译文出版社，2018年，第232页。

② 在本节语境中使用的“思想政治教育”表述，同时包含这两层含义，并未进行刻意区分。

政治和文化的密切关系，因而在社会生活的方方面面渗透着大量泛在形态的思想政治教育，从社会结构的角度来划分主要包括四个方面。

第一，经济活动中的思想政治教育。经济是社会生活的基础，各个时期和社会的基本价值观中都包含发展经济的相关思想，因此一方面某些看似是发展生产、经济动员的口号，其背后所反映的是一定群体的意志和愿望，带有明显的宣传与鼓动色彩；另一方面，“‘思想’一旦离开‘利益’，就一定会使自己出丑”[①]，思想问题往往只有通过解决实际问题才能得到解决，因此思想政治教育也常常会在解决具体的物质利益关系时粉墨登场。具体来看，在某些历史时期，经济活动中的思想政治教育色彩相对更为明显：其一，传统农业社会。由于生产力水平相对较低，在传统社会中农业是支柱性主导产业，其重要性体现在直接关涉人们能否吃饱饭这样性命攸关的问题。中国古代历代王朝都奉行“重农抑商”的政策，鼓励人民群众劝课农桑，如朱熹将农业生产作为民生大计，认为“惟民生之本在食，足食之本在农，此自然之理也”[②]。从表面看，重视农业生产似乎是一个纯粹的经济问题，然而在当时的历史环境下，发展农业是关涉民生大计、社会稳定的“中心任务”，甚至思想家们上升到“天理”的角度对其重要性展开了论述，因此对民众生产的教化显然属于思想政治教育的范畴。其二，当社会处于变革时期，或者在一个新的社会形态或制度确立之初，出于社会稳定与制度巩固的需要，常常将工作重点放在经济生产方面，然而此时的生产显然不同于旧社会的生产，其性质与发展方向反映的是新阶级或集团的主张，因此这一时期关于生产活动的策略带有明显的方向性与引导性。历史上资本主义在产生初期通过变革生产关系，有力地传递了自由、平等、竞争等资产阶级意识形态与思想观念。中国共产党在新民主主义革命与社会主义建设中，也十分注重通过物质利益原则团结、教

① 《马克思恩格斯文集》第1卷，北京：人民出版社，2009年，第286页。

② ［宋］朱熹：《晦庵先生朱文公文集》卷第九十九，朱杰人、严佐之、刘永翔主编，上海：上海古籍出版社，2022年，第4588页。

育民众。在土地革命时期，实行“耕者有其田”的制度，保障了农民的利益，调动了其革命热情与积极性；在抗日战争时期，实行减租减息政策，提高了农民地位，巩固了统一战线；在大跃进与人民公社化运动中，提出了一些如“人有多大胆，地有多大产”等口号激发人民群众的生产热情，抛开其违背客观规律这一点不谈，这些口号在客观上无疑起到了唤醒民众意识、激发强大干劲的作用。可见，在社会经济生活中，许多政策、口号表面上仅仅是为了激励生产或者变革生产关系，但其背后真正反映的是一定阶级或集团的思想诉求和价值观念，具有强烈的导向性，因而实际上是渗透在经济活动中的思想政治教育。

第二，政治活动中的思想政治教育。“政治”是思想政治教育概念的核心，因而从广义的角度说，思想政治教育本身就带有一定的政治属性，或者说是政治活动与教育活动的交集，因此辨别政治活动中潜隐的思想政治教育，关键在于这些活动并不直接以教化的方式进行，而是通过命令或强制力等单纯政治方式来实现，但间接起到了思想引导与控制的效果。在中国古代，历朝皇帝都会颁布一些诏令以管理民众，这些诏令从表面上看是赏罚规定，并不包含教育意味，但在实际中通过对人们行为的约束间接改变了其思想观念，从而起到了教化效果。通过政治手段进行思想教化的潜隐形态，无论是对思想政治教育本身还是政治生活，都可能产生正反两方面的影响。举例来说，正向方面，党的十八大以来中国共产党高度重视自身建设，将党建作为一项伟大工程持续深入推进，党的政治、组织、纪律、队伍等各方面面貌都焕然一新，为思想政治教育在新时代的发展提供了有力保障，同时也改善了人民群众对于共产党在以往工作中出现的一些问题的负面认识，起到了良好的思想教育与观念引导效果；另一个例子是，中共十九届四中全会强调“坚持和完善中国特色社会主义制度、推进国家治理体系和治理能力现代化”[①]，制度建

---

① 《中共十九届四中全会在京举行》，《人民日报》，2019 年 11 月 1 日，第 1 版。

设和国家治理毫无疑问属于政治活动，但无论是制度建设所提供的制度性保障，还是国家治理所实现的社会面貌的改善，都会对思想政治教育的实施与实效产生积极影响，从而以“无声胜有声”“事实胜于雄辩”的方式间接起到了思想政治教育的效果。反向方面，历史上中国共产党在处理政治和思想的关系时也曾出现过失误。

第三，文化活动中的思想政治教育。由于思想政治教育与其他思想上层建筑存在紧密关联，因而在宗教、艺术等文化活动中也大量渗透着思想政治教育的因素。在这方面的典型代表有：其一，欧洲中世纪宗教神学中的思想政治教育。欧洲中世纪是一个教权高于世俗王权、宗教统揽社会生活方方面面的时代，这一时期的教育完全由宗教势力所垄断，实行宗教神学教育。主要的教育形式是教会学校，教育内容包括神学、修辞、辩证法、算数、天文、几何、音乐等内容，其中神学居于核心地位，其他学科则分别从不同方面为神学提供支撑与服务。① 在这种模式中，无论教育的内容还是形式都具有强烈的宗教色彩，但实际起到的是控制民众思想、协调社会关系这样的思想政治教育的效果。其二，中国共产党在文艺工作中的思想政治教育。早在新中国成立之初，毛泽东就对知识分子和文艺工作者提出“百花齐放，百家争鸣”的工作方针，为学术争鸣与文艺创作提供了基本遵循；在20世纪90年代召开的全国宣传思想工作会议上，江泽民提出“以科学的理论武装人，以正确的舆论引导人，以高尚的精神塑造人，以优秀的作品鼓舞人”②，为文艺和宣传工作注入了思想性内涵；2018年，习近平总书记在全国宣传思想工作会议上指出，“要引导广大文化文艺工作者深入生活、扎根人民……树立正确的历史观、民族观、国家观、文化观”，“用心用情用功抒写伟大时代，不断推出讴歌党、讴歌祖国、讴歌人民、讴歌英雄的

---

① 参见高峰编著：《西方思想政治教育史》，北京：首都师范大学出版社，2015年，第78页。

② 中共中央文献研究室编：《十四大以来重要文献选编》上册，北京：人民出版社，1996年，第647页。

精品力作”[①]，指明了新时代文艺工作者的使命担当与文艺创作的根本要求。这些渗透在文化现象和活动中的思想观念，或者通过神圣、信仰的力量以强烈的仪式感直指人心，或者借助于感性、生动的艺术作品潜移默化地影响受众，最终达到教化民族、启发心智的思想政治教育效果。

第四，社会生活[②]及其他学科中的思想政治教育。关于社会生活中潜隐的思想政治教育，有两个典型代表，一是中国古代民风民俗、礼仪规范中的思想政治教育。在西周时期，礼乐教育是一种重要的思想政治教育形式，其特点是通过具有生动性、仪式感的“乐”来传递各种维护封建等级关系的伦理规范即“礼”，在日常生活的礼乐仪式中养成人们“亲亲”“尊尊”的伦理观念[③]。而在魏晋和宋元时期的家教教训，唐代的祭祀活动，以及宋元时期的乡规民约等形式，同样是在民众日常生活习惯中灌注和培养封建等级观念的典型事例。二是西方近现代注重微观操作、关注日常生活的隐形思想政治教育。如品格教育流派，主张通过校园环境和活动在日常生活中培养道德习惯和情感；再如通过营造一定场景在游戏中传递思想价值观念的“严肃游戏”方法；此外，体谅关心、角色扮演等模式，也都是在日常生活中通过情感关照、场景体验等形式来进行的隐形思想政治教育。关于渗透在其他学科中的思想政治教育，历史上比较有代表性的是古希腊体育、美育中的德育[④]。柏拉图认为受教育者应当德智体全面和谐发展；亚里士多德则主张对人进行体育、德育、智育三种教育，并且特别注重美育、体育对德育的积极影响。在雅典城邦，

---

① 《习近平：举旗帜聚民心育新人兴文化展形象　更好完成新形势下宣传思想工作使命任务》，《人民日报》，2018 年 8 月 23 日，第 1 版。

② 指狭义的社会生活，即包含在广义社会生活中与政治、经济、文化等相对应的系统。

③ 参见武东升等编著：《中国古代思想政治教育史》，天津：南开大学出版社，2013 年，第 49—51 页。

④ 参见高峰编著：《西方思想政治教育史》，北京：首都师范大学出版社，2015 年，第 18—21、34 页。

特别强调通过音乐教育陶冶情操、净化心灵，同时也注重体育训练，培养坚毅、勇敢等品格；而在尚武的斯巴达城邦，则更加强调严酷的军事训练以培养英雄主义情感。近年来，我国主张“思政课程”向“课程思政”的转化，同样是为了挖掘并彰显各门学科中的思政元素，将以往的生硬说教转化为春风化雨，产生潜移默化的影响。

由此可见，渗透在其他社会要素中的思想政治教育泛在形态的主要特征有：其一，隐蔽性。即通过不同于常规思想政治教育的途径和方式，在各种具体事务与活动中传递思想观念，使之在不被察觉的过程中起到教育效果；甚至并不是为了进行思想政治教育来开展各种活动，而是在活动或事件进行中客观上产生的对人们思想认识的影响与改变。其二，广泛性。由于社会生活本身是复杂多样的，因而渗透其中的思想政治教育也可以通过各种载体或形式，在不同时空场合中来呈现，由此决定了泛在形态的思想政治教育虽然是一个统一的称谓，但其外延则非常广泛，具体构成也是形形色色，是一个庞杂的集合体。其三，模糊性。正是由于隐蔽和渗透的基本特征，思想政治教育泛在形态进入其他事物和活动中时往往与其交织融合，甚至转化为其他新的事件，因而彼此间并不存在明显界限，在辨别和认定时也存在一定的主观性和不确定性。但是无论其如何隐蔽、模糊，应当说这样一种融合、多元的思想政治教育泛在形态是客观存在的。

第二节　思想政治教育的构成要素与构件形态

在以笼统整体的形式进行系统外考察的基础上，对思想政治教育系统自身的解构与剖析是结构视域更为重要和切近的任务，主要包括静态的要素构成与动态的运行机理两部分。遵循由浅入深、由表及里的研究顺序，作为一项具体的教育实践活动，首先应思考这样几个问题：教什么？怎么教？谁来教？教给谁？其中前两方面涉及的是教育内容与方法，后两方面涉及的是教育者与受教育者，这四个方面是思想政治教育活动的基本要素，也是对思想政治教育系统自身进行结构分析的基础性工作，与之相应可以区分出不同的思想政治教育构件形态。

一、思想政治教育活动的基本要素构成

总体而言，思想政治教育活动的基本要素包括教育者和受教育者、教育内容与教育方法等方面。其中教育内容和教育方法属于思想政治教育活动中的工具性要素，即相对于教育者和受教育者作为人具有能动性来说要支配和使用的要素。也就是说，思想政治教育是一种有目的有计划的教育活动，体现着人的目的和意愿，为了实现这些目的，就需要运用一定的手段和方式，其中教育内容和方法就是作为工具和手段被教育者和受教育者所运用的那部分要素。

具体来看，教育内容即思想政治教育活动所要传递的基本信息和观念，是系统化呈现的反映教育主体意志的思想观念、政治观点、道德规范等理论体系。思想政治教育内容划定了思想政治教育的基本边界，是思想政治教育目标任务转化为实际效果的桥梁与中介，在思想政治教育基本要素中居于十分重要的地位。思想政治教育内容的建构应当遵循三个基本要求：一是导向性与适应性相结合，既要体现教育主体的意志，落实国家、社会对个人的规范与要求，又要结合受教育者的实际情况，满足其基本需要，做到有的放矢；二是价值性与科学性相统一，在满足社会与个人发展需要方面，思想政治教育内容显然具有价值性，但价值性的实现需要以科学性为保障，也就是说思想政治教育内容只有符合科学、符合规律，才能够产生积极的效用；三是全面性与层次性相协调，从横向上讲思想政治教育内容应当全面，涵盖各年龄段、各阶层人群，同时注重内容间的相互协调，从纵向上说不同层次的内容应有递进性，对不同人群的内容设置也应有所区分、有所侧重。关于思想政治教育内容的具体构成，尽管存在一些争议和表述差异，但学界大体上认可将政

治教育、思想教育、道德教育、法治教育、心理教育五部分作为思想政治教育的基本内容。从内在逻辑关系看，这五部分涵盖了人们品德素质的基本方面，其中既包含体现统治集团或社会意志的导向性内容，也包括反映一般社会关系的基础性内容以及具体生活中思想行为问题的一般性内容，是一个相互协调支撑的整体系统。

近年来随着研究的深入，有学者指出传统的思想政治教育内容体系更多是“从社会需要角度进行划分的，因而容易导致在实际的思想政治教育中一些关乎教育对象个体需要和个性特征的内容被淡化、忽视或遗落”，为此提出从社会规范与价值、教育对象问题和需要四个角度构建思想政治教育的内容体系①。也有学者从人的发展角度出发，遵循“个体需要—主体意识—全面发展—终极关怀”的内在逻辑，提出了幸福教育、交往教育、生命教育等新的思想政治教育内容形态。② 这些观点进一步充实了思想政治教育内容的构成，体现出学界在研究范式和价值取向上的发展变化，也从一个侧面揭示出学界对思想政治教育内核与本质问题认识的不断深化。

思想政治教育方法，是指为了实现教育目标、传递教育内容，“教育者对受教育者所采取的思想方法和工作方法”③。关于思想政治教育方法，有两点基本认识：其一，马克思主义研究坚持立场、观点、方法的有机统一，因此思想政治教育方法与思想政治教育内容是相互作用且不可分割的，方法是内容的呈现形式，内容是方法的取舍根据；其二，从广义的角度说，思想政治教育艺术属于思想政治教育方法的范畴，是为了更好地实现教育效果而采取的富有技巧性和感染力的特殊方法。学界关于思想政治教育方法的研究，大体

① 参见郑敬斌、王立仁：《论思想政治教育内容体系的系统构建》，《东北师大学报（哲学社会科学版）》，2012 年第 2 期，第 15 页。

② 参见闫艳、王秀阁：《现代思想政治教育内容新探》，《思想教育研究》，2008 年第 4 期，第 14 页。

③ 张耀灿、郑永廷、吴潜涛等：《现代思想政治教育学》，北京：人民出版社，2006 年，第 362 页。

经历了从具体方法探讨到形成方法论体系，从基于过程论、认识论到模块论、系统论的方法论研究路向[①]。从这一研究过程中可以看出，事实或经验层面的思想政治教育方法、工作方法与学理或认识层面的思想政治教育研究方法，它们的区别主要在于研究对象与反思层次的差异。早期的具体方法与过程论角度建构的方法多数属于事实层面的教育工作方法，其研究对象是具体、现实的思想政治教育活动，是对思想政治教育活动的初级认识与反思；而后期的认识论、模块论、系统论等角度建构起的方法论则属于学理层面的研究方法，是对思想政治教育进行学科式的系统认识，是对已有方法及其认识过程的再认识，属于元理论的层次。此外，经验事实层面的思想政治教育方法也是一个复杂的体系，就具体的教育过程而言，包括基本方法、一般方法、具体方法三个不同层次，而从广义的思想政治工作全程来看，则还应包含信息获取与分析方法、决策方法、评价反馈方法、组织管理方法等方法论体系。在这样一个复杂的方法论系统中，随着社会历史的发展呈现出若干有代表性的典型方法。一是灌输法。马克思主义经典作家向来注重对工人群众灌输先进思想理论，列宁指出，“工人本来也不可能有社会民主主义的意识。这种意识只能从外面灌输进去”[②]，也就是说，灌输法是指注重对人民群众进行先进思想理论的教育与引导，而不是不考虑受教育者实际情况的“填鸭”“灌注”。因此在这个意义上，灌输法与思想政治教育本身具有相似的含义。二是说理教育法，即毛泽东所说的处理人民内部思想矛盾的方法，是“民主的方法……讨论的方法、批评的方法、说服教育的方法……具体化为一个公式，叫做‘团结——批评——团结’”[③]。三是心理疏导法，是针对受教育者的心理困惑和

---

① 邹绍清：《思想政治教育方法论体系建构研究——以复杂系统论为视角》，《思想理论教育》，2016年第1期，第50—51页。

② 《列宁选集》第1卷，北京：人民出版社，2012年，第317页。

③ 中共中央文献研究室编：《毛泽东文集》第7卷，北京：人民出版社，1999年，第209—210页。

矛盾进行有针对性的疏通引导方法。这一方法体现了思想政治教育更加关注受教育者的实际情况与借鉴其他学科理论的发展特征，与传统强调教育者主观意志的方法体系相比有了较为明显的差异。四是面向复杂系统的方法，即将思想政治教育活动看作一个复杂的系统，根据具体的事件、活动、对象、场景、虚拟现实等不同情境采取有针对性的全方位动态化的方法体系。在某种程度上，该方法反映了思想政治教育的未来发展方向。

教育者与受教育者是思想政治教育活动中具有能动性的人的要素，虽然二者都是积极能动的主体，但在教育活动中他们的地位职责却明显不同，进而形成了复杂的相互作用关系，对此学界采用主客体概念加以区分和描述。主体与客体是思想政治教育学借鉴哲学术语用以描述教育者和受教育者及其与思想政治教育活动间相互作用关系的一对范畴。从哲学的角度讲，主客体间的关系涉及认识关系、实践关系、价值关系等不同方面，而思想政治教育学中所说的主客体关系则主要指在具体的教育过程和活动中教育者与受教育者之间的实践关系。在这一问题上，学界的认识并不一致，主要包括以下几种观点。其一，单主体说。即将教育者或受教育者作为教育活动中的单一主体。其二，双主体说。这一观点又有两种表述，一种是基于二者都具有主观能动性，即将教育者与受教育者都作为主体；另一种是将教育活动区分为不同阶段，在教的过程中以教育者为主体，而在学或者内化和外化的阶段则以受教育者为主体。其三，主体间性说。这是近年来学者们借鉴西方交往行为理论而提出的新观点，认为在思想政治教育活动中教育者与受教育者基于平等交往关系而形成双主体，二者作为复数主体与教育资料形成主客体关系[①]。其四，不使用主客体概念。如有学者指出思想政治教育活动中的所谓主客体是“教育源发者、教育实施者与教育受益者之间的三者关系”[②]；

① 张耀灿等：《思想政治教育学前沿》，北京：人民出版社，2006 年，第 359 页。

② 张澍军：《论思想政治教育的历史定位与运行特征》，《教育研究》，2015 年第 4 期，第 45 页。

还有学者直言不讳地指出，“思想政治教育的实践活动不能简单套用哲学上的主客体范式”，这样做“只会使清晰的关系变混乱了”①。

针对各种观点，学界展开了长期深入的讨论，充分阐发了这些观点各自的合理性与局限性。笔者认为，从形态研究的角度出发，问题的重点并不在于对这些观点进行孰优孰劣的比较，而是回到这一问题本身，探讨主客体理论对于分析教育者与受教育者间关系的意义进而为区分不同的思想教育具体形态提供帮助。基于此有以下三点认识。其一，在思想政治教育形态问题上是否需要引入主客体概念，就思想政治教育作为一项复杂的对象性活动而言，这是必要的。但问题的关键在于何种意义上使用这对范畴。总体而言，思想政治教育的教育者和受教育者各自的地位和职责是确定的，但在具体教育活动中，二者间的相互关系却复杂多样且不断转化，从主客体的角度加以研究，正是为了将这种复杂关系进一步细化，从而区分出不同情境和环节中思想政治教育的多重形态。其二，“将思想政治教育教学过程中的主客体关系问题等同于思想政治教育主客体关系问题显然是不合理的”②，也就是说，目前学界关于主客体问题的认识主要是针对教育活动或教学过程而言，但这只是作为一个方面并不能够涵盖思想政治教育本身，将主客体问题延伸到具体教学活动之外的宏观领域如社会教化、阶级统治、文化传递与精神生产等方面，对于全面考察思想政治教育的种种形态无疑是必要的。其三，主客体问题争论的实质在于“在思想政治教育基本理论中确认和安顿受教育者的能动性”③，正是由于教育者与受教育者

---

① 顾钰民：《思想政治教育主客体关系研究扫描和思考》，《思想政治教育研究》，2015年第4期，第12页。

② 项久雨：《论多重视角下的思想政治教育主客体关系》，《教学与研究》，2014年第9期，第97页。

③ 刘建军：《思想政治教育主客体难题的哲学求解》，《教学与研究》，2016年第2期，第23页。

都具有主观能动性，才使得在既有确定的地位和角色的基础上[①]形成了复杂的相互关系与作用方式，从而呈现出纷繁多样的思想政治教育形态。

结合学界已有观点，根据马克思主义关于主体与客体的论述以及思想政治教育活动的特征，可以对思想政治教育主客体及其作用关系进行界定：首先，从哲学最一般的角度讲，主体是人，是“从事实际活动的”“现实的个人”，而人的活动是对象性活动，是作用于一定对象并对其加以改造的活动，在此过程中主体是能动的一方，具有主动性；从存在方式来看，“人不是抽象的蛰居于世界之外的存在物。人就是人的世界，就是国家，社会”[②]，在社会关系中，从事实践活动的人可以有个体、组织、民族、国家等不同形态。因此思想政治教育主体是思想政治教育活动的发起者、组织者与实施者，其中既包含直接参与和实施教育活动的教育者，也包含教育活动背后的设计者与掌控者，即国家、政党、社会集团等这些源发者。其次，客体是主体所直接作用的对象，较之于主体而言，受动性是客体的基本特征；客体的形态“既可能是物质的东西，也可能是精神的东西”[③]。就思想政治教育活动来说，客体是主体所要“塑造”“影响”“改造”的对象，因此主体间性理论中的教育资料并不是教育客体，而只能是作用于主客体间作为桥梁或工具的中介要素；同时客体也不是受教育者本身，因为思想政治教育活动所要塑造和改变的是人的思想与认识，而无法对其他方面产生直接影响（如生理素质），所以思想政治教育的客体是人的精神世界[④]，正是在此意义上，教育者先受教育，其思想认识同样也是思想政治教育的客体。最后，

---

① 就教育者与受教育者分别处于教育传递思想观念、吸收内化思想观念的地位以及“教”和“学”的角色而言，是清晰明确且不可混淆的。

② 《马克思恩格斯文集》第1卷，北京：人民出版社，2009年，第3页。

③ 齐振海、袁贵仁主编：《哲学中的主体和客体问题》，北京：中国人民大学出版社，1992年，第117页。

④ 参见赵野田、张艳红：《思想政治教育客体》，《东北师大学报（哲学社会科学版）》，2017年第1期，第156—157页。

基于此般界定，思想政治教育主客体间的作用关系可划分为三个层次：其一，直接教育活动中教育者对受教育者思想行为的教育改造关系；其二，学校教育活动之外国家、政党或集团对其成员社会层面思想认识的塑造规范关系；其三，从更为宏观的角度抽象掉具体的教育内容，仅就形式而言，思想政治教育是人类对自身精神世界的自我塑造与提升，是一种普遍意义上的“自我教育”，其主体是全人类，客体是人的思想认识与精神世界。值得注意的是，自我教育作为一种特殊的主客体关系，在这三个层次中均有体现，无论是受教育者对自身思想行为的约束与规范、还是教育者在教育活动之前对作为教育内容的国家意志和观念的认同与接受，以及抽象意义上作为人类自我发展、自我完善手段的思想政治教育，其主体和客体都具有复合性与同一性。与客体能动性问题一道，主客体间相互作用的层次性问题共同构成思想政治教育形态研究的两个重要方面。

二、基于要素的思想政治教育构件形态

教育内容、教育方法、教育者、受教育者等组成了思想政治教育最为基础的构成要素，是对思想政治教育活动进行分解所得到的基本构件。基于对这些要素性质、数量、组合方式等的研究，可得到关于思想政治教育构件形态的基本认识。

首先需要澄明对这些要素进行形态考察的要点。其一，关于思想政治教育内容和方法，应当重点关注的是在具体教育过程中某一或某些内容和方法的使用倾向，即出现的频率、所占的分量比重等。可以说，任何一项思想政治教育活动所传递的内容和使用的方法都是综合多样的，不同内容与方法只有通过彼此间的相互作用与配合才能够彼此发挥作用，起到共同的教育效果。但是在不同社会环境和历史时期下的思想政治教育活动对不同内容的重视程度、对不同方法的使用倾向是有所差异的，由此使得各自的思想政治教育看起来呈现出明显差异，形成了多样的形态。其二，关于思想政治教育方法，在形态考察中还有两点特别说明：一则，形态研究所关注的

方法主要是指教育过程中实际使用的方法而非对思想政治教育进行学理反思时的研究方法。这一点是显而易见的，因而构件形态所关注的就是具体在场的思想政治教育活动，而不是教育活动退场后人们对其的反思与认识。尽管从研究的角度说，事实层面的方法总会以理论的形式呈现，但并不妨碍将重心聚焦于这些方法本身而非思考和研究的路向，即“方法的方法”。二则，思想政治教育方法是教育者与受教育者间相互作用的方式，因而在对其进行形态考察时与“人”的因素结合起来，即关注不同方法中教育者与受教育者之间的彼此地位与交互关系，是不可避免的。其三，关于思想政治教育者与受教育者，上一目中也有提到，从主客体关系的角度看主要考察两个方面：一是主客体的能动性问题，不论是教育者还是受教育者其能动性的施展程度对思想政治教育的效果会产生直接的影响；同时受教育者能动性发挥范围与程度的不同也导致主客体间作用关系的差异，而这又是与教育方法的选定紧密关联的。二是主客体相互作用的层次性问题，也就是从教育活动参与者数量范围的角度进行考察，区分出微观的个体或群体教育、宏观的社会教育等不同形态。

从思想政治教育活动的能动性要素即人的角度来看，可以从两方面对构件形态加以划分。其一是受教育者的范围与数量，可分为群体、个体、类三种形态。通常意义上的思想政治教育受教育者是一些群体，这些群体的划分可以基于一定的时空界限，从微观角度看最常见的是学校班级，从宏观角度看则是国家的公民或者阶级成员；也可以是根据一定的身份、职业特征而对受教育群体进行划分，如学生、干部、军人、农民等。个体形态则是针对不同受教育者的个体差异和个性特征进行有针对性的、定向的教育，具有强烈的人文关怀特征，是现代思想政治教育的一个发展走向。但是由于个体教育相对费时费力，因而只能作为群体教育形态的补充而存在。类形态则是整个人类社会将自身作为一个整体来进行的自我教育，这一形态在阶级社会中不具备存在的基础，因而只有在原始社会和共产主义社会中才具有可能性[①]，在原始社会中，每一个氏族或公社就是其成员所能够接触到的交往边界，也就是对他们而言的“类”，而原始人群只具有自然的生理差别，尚不足以发展形成个性差异，因而其作为一个整体来进行自我教育是可能的；共产主义社会整个人类形成普遍交往与密切联系，在个体个性充分发展的基础上，身份、地位、职业等标签不复存在，因此也能够以类的方式进行自我思想教育。其二是教育者与受教育者的态度与能动性，可以分为两种状态，一种是双方积极主动参与，教育成效明显。如中国共产党在民主革命和社会主义建设时期的思想政治教育，教育者根据不同时期的中心任务与不同对象的特征，采取多种形式开展宣传教育，而受教育者最初为了自身利益而参与其中，而后逐步被感化形成了强烈的阶级情感和意识，积极配合教育者的工作形成良性互动，起到了良好的效果。另一种情况是双方均敷衍了事，教育活动流于形式。[②]从宏观的角度看，一个国家、民族的思想政治教育整体上不会出现这种情况，否则将面临危险的处境；但在具体、个别的教育活动中，这种情况也并不少见。如前些年我国思想政治教育中就存在这样的问题，教育者照本宣科，例行公事，成为一架“没有感情的教育机器”，而受教育者也随意处之，将思想政治教育看成可有可无的宣言口号。在这种主客体关系下，教育活动成为空洞的说教，所要传递的思想观念自然难以服人，无法真正改变受教育者的思想认识。

从教育内容层面来看，根据对不同内容重视和强调程度的差异，可以划分为政治主导、伦理主导、“三观”主导等三种形态[③]。

---

① 下一章将重点探讨非阶级社会思想政治教育形态的可能性与现实性，这里仅简要提及。

② 教育者与受教育者二者态度不一致的情况也十分普遍，最常见的是教育者积极付出，但受教育者冷漠回应。而从较长时间的交往互动来看，二者的态度往往在相互影响中趋于一致，一方积极而另一方冷淡的情况并不会一直持续。

③ 就这三者关系本身而言并不在同一层次（“三观”作为“观”必然会对政治性和伦理性内容产生影响）；但这里将三者并列是在探讨其作为思想政治教育内容的主要方面各自所占分量和比重的意义上进行的，在于强调三者与思想政治教育的关系，而不涉及他们之间彼此的相互关系。

第一是政治主导形态，即将政治观点、政治规范作为主要教育内容加以强调，典型代表是民主革命和社会主义建设时期的中国共产党思想政治教育。主要表现有，其一，紧紧围绕不同时期党和国家的中心任务开展教育宣传，起到了强有力的团结、动员作用，成为“经济工作和其他一切工作的生命线”[①]；其二，将阶级观教育作为重点内容，注重培养无产阶级的阶级观念和阶级意识，同时针对不同阶级采取灵活多样的教育手段，尽可能促进阶级巩固与团结；其三，将思想政治教育作为主流意识形态宣传的重要手段，对各种消极、反动观念进行及时有力的批判；其四，注重制度和组织建设，为思想政治教育提供强有力保障。

第二是伦理主导形态，典型代表是中国古代思想政治教育。如孔子认为后天习惯对人的道德品行具有重要影响，主张将“仁”和“礼”作为思想政治教育的主要内容；董仲舒则强调“三纲五常”，以此维系封建统治关系和社会秩序；再如王阳明将《大学》中的“三纲八目”归结为“致良知”，即明明德，通过“修身”以达“至善”。总体来看，中国古代的思想政治教育是一种政治伦理化与伦理政治化的双向同构过程，通过“内圣外王”的主张将个人伦理修养与国家社会发展紧密结合起来，构筑起“家国一体”格局。此外，中国古代思想政治教育还注重对伦理观念进行形而上学论证，如董仲舒的“天人感应”、朱熹的“天理人欲”等，从而为其合理性提供支持与保证。

第三是“三观”主导形态，也就是强调对受教育者世界观、人生观、价值观的引导与塑造。从哲学上来看，世界观、人生观是人们对人与世界、人与自身（人生目的、人生态度）的总体看法和根本认识，在此基础上形成的价值观则是对人生在世与为人处世根本原则和立场的认识，由此可见“三观”对于人的认知与行为具有根

---

① 中共中央文献研究室编：《关于建国以来党的若干历史问题的决议注释本（修订）》，北京：人民出版社，1985 年，第 53 页。

本的统摄性作用，因此“三观”主导是思想政治教育内容形态的又一重要构成。在历史上，通过“三观”影响人们政治认同与伦理规范的典型是中世纪的宗教教育，如阿奎那的思想体系中首先预设并证明上帝的存在，以此为前提解释人与上帝的关系，主张人的德性修养最终目的在于实现至善至福，以此来统摄人们的生活与言行。近年来，我国注重培育和践行社会主义核心价值观是该形态的又一体现，把社会主义核心价值观融入社会发展各方面，转化为人们的情感认同和行为习惯，集中体现了“三观”在思想政治教育内容中的分量和地位。

从教育方法以及教育者和受教育者的关系层面来看，可分为放任沉默①、权威灌输、民主对话、自我实现等形态。首先是放任沉默形态，有两层含义，其一是指教育者在教育活动中缺位，没有尽到应有的职责，这种情况出现在个别的教育活动中，是一种失败的思想政治教育；其二是过于强调受教育者的主体性，教育者缺少应有的管理与引导，如 20 世纪六七十年代欧美兴起的若干反对灌输的德育理论和模式，强调学生的自由与个性独立，反对教师权威与说教，结果陷入道德相对主义与情感主义的困境，是一种低效的思想政治教育。其次是权威灌输形态，这一形态也包含正反两种含义，从正面的含义看，是指出于身份、地位、视野的差异而造成的教育者与受教育者的不对等，且通过这样一种带有强制色彩的外部灌输，对于提高受教育者的思想认识、保证教育活动的顺利进行是必要的。如列宁在《怎么办》中所论述的灌输理论以及中国共产党在新民主主义革命时期对农民阶级的教育等，都属于此类。不难看出，这种教育形态有其特殊的适用范围，在这一范围之内是必要且正面的。从负面的含义看，一方面是指教育者与受教育者在人格地位上的不平等，如中国古代思想政治教育中教师对学生的绝对权威地位，学生行“叩拜”之礼以及主张教师对学生的严厉惩罚；另一方面指完

---

① 是指思想政治教育活动在发生时出现的一种实然状态。

全忽视受教育者的主体性、单向命令式的教育方法，这二者都是不可取的。再次是民主对话形态，这是现代思想政治教育的基本要求，主张教育者与受教育者在人格尊严方面是平等的，尊重受教育者的实际情况与意愿主张，强调在双向的交流互动中实现思想观念的引导与传递。最后是自我教育、自我实现形态，这是思想政治教育发展的未来趋势与形态，是指人们不再把思想政治教育看作是外在的限制和约束，而是自身成长发展、自我实现的内在需要，是一种在自主意识和能力充分发展基础上的自我教育。在这种形态中，教育者与受教育者统一于高度自觉的同一个体。

总而言之，构件形态并不是某一种思想政治教育形态，而是在对教育者与受教育者、教育内容与方法等基本要素进行分析基础上而区分出的一系列形态的统称，因而是一个形态群。实际上，构件形态所体现的是对思想政治教育进行微观结构考察的一种视角，而当以其他视角进行考察时，同样的要素其形态名称会随之转化，而彼此间并不冲突，是融会贯通的。

第三节　思想政治教育的运行机理与运作形态

上一节论述了思想政治教育的要素结构与构件形态，这是从静态角度对思想政治教育进行分解所得到的初步认识；然而这些要素之间绝非彼此孤立隔绝，而是相互作用、紧密关联的，在有序运作中构成现实的思想政治教育活动。本节考察的要点便是动态的思想政治教育运行与实现，以及相应贯穿在这些环节中的运作形态。运作形态与构件形态一道，共同构成描述思想政治教育“何以实现”即由“潜在”转化为“现实”的基本维度和方面。

一、思想政治教育活动的运行和实现

所谓运行，即运作、行程，是一个连续发展的动态过程。思想

政治教育运行是指思想政治教育的作用机理与整体实现，包括思想政治教育要素间的相互作用关系及其在时空中的展开两个方面。前者是后者的前提与依据，后者是前者的结果和呈现。微观层面要素间的作用和关系构成思想政治教育的矛盾和规律，而由基本矛盾所决定、遵循一定规律并在时空环境中所呈现出的便是宏观层面的思想政治教育过程与环节，这二者共同构成“运行”的基本内涵。

思想政治教育运行的第一重含义是微观层面思想政治教育要素间内在关系和作用机理，这些关系遵循特定规则和秩序，构成思想政治教育的矛盾和规律，从而决定整体的发展与走向。这里有两个前提性问题需要澄清：其一，矛盾和规律这两个范畴在思想政治教育的结构形态分析中处于中间地位，它们既是思想政治教育要素关系的凝结与概括，又是思想政治教育活动实现的遵循与依据。之所以将其纳入后者之中，既缘于“关系”本身就是一个动态的过程，更在于凝结为矛盾和规律的关系对于运行的决定意义，因此二者在逻辑上更为贴近。其二，一些学者区分了思想政治教育的矛盾和规律以及思想政治教育过程的矛盾和规律。本书认为，思想政治教育本身就是一个动态过程，既不能将过程狭义地理解为教育过程，也不可脱离物质基础抽象地谈论过程，而思想政治教育的基本要素（物与人）是思想政治教育过程的物质基础，因此思想政治教育的矛盾和规律（要素关系的凝结）在时空中呈现出的就是思想政治教育过程的矛盾和规律，行文没有刻意区分。在此基础上，可从以下几个层面论述作为运行依据的思想政治教育内在机理。

第一，运行的前提——完整要件。除了上一节提到的思想政治教育人的要素（教育者和受教育者）与物的要素（作为教育资料的内容、方法、载体等），从运行的角度来看还离不开两方面的构成：一是教育环境。就环境与运行的关系来看，环境本身是思想政治教育之外的要素，却也是其运行的时空场域，思想政治教育活动只有依托于一定的背景环境才能得以进行。从这个意义看，教育环境是思想政治教育运行系统之外的必备要素。思想政治教育环境既包括本章第一节中提到的广义的社会政治经济文化等环境，也包括本节所要论述的狭义具体的空间场所环境（思想政治教育空间）。具体而言，一定的思想政治教育活动总是在特定的物理空间内展开的，思想政治教育空间是指思想政治教育活动开展所依托的具体的背景和场域。几种常见的思想政治教育空间包括最为普遍、正式的学校空间，具有原初和渗透性、潜移默化且影响持久的家庭空间，相对松散疏离的企业和社区空间，以及虚拟多向的网络空间等。空间环境对于思想政治教育运行的影响主要包括教育活动参与者的身份地位与作用关系（如是否在场、平等还是不平等），特定内容方法选取、运行的效率以及和谐程度等。二是教育目标，即“一定社会对教育所要造就的社会个体在思想政治品德方面的质量和规格的总的设想”①。目标设定对于思想政治教育活动的开展和运行具有重要意义，作为活动开展前的结果预设，目标规定了运行的基本走向和发展态势，贯穿活动始终，可以说思想政治教育运行的全部过程就是其目标由潜在到现实的转化过程。对不同时期和地区的思想政治教育活动而言，各自目标是不尽相同的，如中国共产党思想政治教育的目标就随着党的中心任务的发展而大体经历了动员群众参与和支持革命运动——调动群众参与社会主义建设——培养“四有新人”“时代新人”的演变过程，再如当代各个国家思想政治教育的目标也都体现了各自的国情与主张。不论具体目标有何差异，不同时期和地区思想政治教育在培养认同自身社会与文化、符合一定思想行为规范的社会成员这点上是一致的。由此可见，教育目标在思想政治教育活动开展和运行中有几个问题应当关注：体现国家、集团主张的政治性与促进个体发展的人本性之间的对立与统一关系；教育过程中教育目标由应然性向实然性的转化关系；以及目标中个人与社会主张的倾向性和预期结果转化的阶段所引发的层次性问题等。可以说，

① 《思想政治教育学原理》编写组：《思想政治教育学原理》，北京：高等教育出版社，2016 年，第 173 页。

关于教育目标的这些问题在具体教育过程中的体现是划分不同思想政治教育运作形态的重要依据。

第二，运行的根据和动力：矛盾。思想政治教育是一个系统有机体，各构成要素间相互依存相互作用，遵循一定秩序、组成特定结构、形成系统合力，使思想政治教育活动得以有效有序进行。这是一个矛盾发生与解决的循环过程，要素基于自身在系统中的位置、彼此发生关联而形成矛盾关系，在相互作用中形成的秩序和结构及其变化则意味着旧矛盾的解决与新矛盾的发生。正是矛盾的不断发生与化解，思想政治教育才能够作为一个过程而存在；正是矛盾表现形式与解决方式的多样，思想政治教育的运作才呈现出纷繁的形态。学界关于思想政治教育及其过程矛盾的研究分为基本矛盾、具体矛盾两个层次，其中基本矛盾主要有教育者与受教育者、社会要求与受教育者实际情况、施教与受教等不同观点，对此有学者指出，尽管存在差异，这些观点“都突出了社会要求与受教育者的思想政治道德状况，但也强调了教育者的中介主导作用”①，由此澄清了基本矛盾的主要方面及其作用关系。而具体矛盾则是基本矛盾实现方式和过程的进一步展开与细化，横向上看包括教育者、受教育者、教育内容、方法、环境等方面的相互作用，纵向上看则体现在教育者的意识活动（前期准备）与实践活动（施教）、受教育者的意识活动（受教与认知）和实践活动（内化与外化）这样一个连续的过程中。②

第三，运行的稳定态势和趋向：规律。规律是指“事物发展中本身所固有的本质的、必然的、稳定的联系”③，思想政治教育规律

① 张毅翔、彭庆红：《思想政治教育过程及其规律研究回顾与展望》，《思想教育研究》，2014年第11期，第10页。

② 参见沈壮海：《论思想政治教育过程的内在构成》，《中国青年政治学院学报》，2001年第1期，第42页。

③ 李秀林、王于、李淮春等主编：《辩证唯物主义和历史唯物主义原理（第五版）》，北京：中国人民大学出版社，2004年，第163页。

是思想政治教育要素在相互作用中形成的稳定关系，因而对规律的研究应当从矛盾中寻找依据。一方面，由于思想政治教育的基本矛盾是社会主张与受教育者思想与行为实际状况间的矛盾，由此决定了思想政治教育的基本规律是“适应超越率”，“适应”意味着符合受教育者的实际情况与发展需要，“超越”意味着经由教育过程而实现的受教育者思想行为状况的提升以及朝向社会主张和要求的趋近。这一点学界已基本达成共识。另一方面，思想政治教育具体矛盾的复杂性也决定了思想政治教育规律的系统性和层次性。思想政治教育基本规律的展开与实现构成了具体规律，学界的主要观点有双向互动律、内化外化律、协调控制律、知行统一律等。对此有学者借鉴具体矛盾的划分层次，从横向要素关联与纵向运作实现两方面对这些观点进行重组整合，使之呈现为一个有层次的规律体系。① 在思想政治教育的规律体系中，应当特别关注的是人的思想品德形成发展规律，其中提到人的思想品德是其内在思想矛盾转化的结果，是认知、情感、意志、信念、行为等要素相互作用相互协调的产物，其中认识是前提，情感与意志起到调节与催化作用，意志则是促使认知转向行为的中介，行为是结果。在思想政治教育的运行过程中，对这一规律不同要素强调和偏重程度的差异，会导致呈现出不同的运作形态。

第四，运行的复杂性及其凝结呈现：机制。思想政治教育要素间的相互作用关系构成其内在矛盾与规律，矛盾成为运行的推动力量并决定其方向，规律反映本质关系并通过机制表现出来。“所谓思想政治教育机制，是指思想政治教育系统各构成要素在遵循一定机理的基础上相互作用所形成的比较稳定的关系及其内在运行过程和方式。”② 从这一定义中可以看出，思想政治教育机制是对思想政治教育系统

① 参见韦冬雪：《思想政治教育过程规律体系探微》，《学术论坛》，2008 年第 8 期，第 20 页。

② 陈淑丽、罗洪铁：《思想政治教育机制及相关概念辨析》，《思想理论教育导刊》，2012 年第 2 期，第 80 页。

内部要素运作方式的揭示和概括，是从学理上厘清思想政治教育运行机理的重要范畴。在这个意义上，本节关于思想政治教育微观层面的运行解析所遵循的就是一种机制范式。另一方面，机制概念旨在揭示复杂运动中的稳定性联系，这对于在整体上把握思想政治教育运行的复杂性具有重要意义。基于要素构成的多样性、作用关系的交织性、外部环境的繁复性，思想政治教育在运行中整体上必然表现为涌现性、非线性、非平衡性等特征①，这些特征共同构成了思想政治教育运行的复杂性。为此在研究时需要确立一个有力抓手，即使不深入内部进行结构解析，也可从外部整体把握抓住要害。由此，思想政治教育机制这一研究范式，对于解读思想政治教育运行的第二重含义同样具有重要意义。

思想政治教育运行的第二重含义是宏观层面的思想政治教育过程或环节，也就是各要素作用关系在物理时空中的展开。继续前面关于思想政治教育机制的思路，由于内部结构和要素关系的复杂性，其外在呈现形式必然也是纷繁多样的；但复杂不等于无序，思想政治教育活动从发生、进行到结束必然遵循一定的流程和顺序，否则便无法进行，这是由客观规律决定的。这些相对确定的流程与顺序，便构成思想政治教育运行的过程与环节。关于这方面的研究，学界主要持两种观点：其一是具体的教育活动过程，主要包括内化、外化、反馈调节与重新教育三阶段②，教育者的意识活动与实践活动、受教育者的意识活动与实践活动四阶段③，以及问题、准备、沟通、启发、转化、提高、解决、评价八阶段④等观点；其二是更为宽泛的

① 参见李东坡：《思想政治教育复杂性及其创新发展》，《教学与研究》，2018 年第 2 期，第 35—36 页。

② 参见邱伟光、张耀灿主编：《思想政治教育学原理》，北京：高等教育出版社，1999 年，第 101 页。

③ 参见沈壮海：《思想政治教育有效性研究》，武汉：武汉大学出版社，2008 年，第 102—103 页。

④ 参见李玉春：《思想政治教育过程的阶段分析》，《思想教育研究》，1997 年第 3 期，第9 页。

包含教育活动前后的准备工作与反思研究的整体环节，学界大体认可确定目标与方案制订、方案实施、反馈评估三阶段①的观点。对此，尽管学界有时使用过程或环节等不同表述加以区分，但作为一个统一的整体事实上是可以合并的，也就是说，具体的教育活动是前后相继的整体过程的一个环节和阶段，没有前期的认识与准备工作，教育活动是无法开展的；而对教育过程的反思和评价，则是后续优化与完善的必要基础。由此，可从整体上将思想政治教育过程或环节整合概括为三个阶段：一是准备阶段，包括形势分析与调查研判（社会发展宏观背景、教育活动参与者的思想认识与能力素质等实际情况）、明确价值取向（教育主张所体现的利益主体及其关系）、确定教育目标（教育对象素质的发展维度和向度、对社会或集团的意义）、制订方案计划（具体教育流程、实施细则、各类情况处置等）等环节；二是施教与受教阶段，包括教育者学习并内化教育主张、教育者传递并引导受教育者接受教育内容、受教育者内化并外化教育内容与主张（理论认知、情感接受、行为表现、习惯养成）等环节；三是价值实现与反馈调整阶段，包括教育目标实现（个体思想认识提升与行为约束规范、社会风气改善与和谐有序发展）、反思运行全程（目标设定与实现、内容方式选取、教育者与受教育者的互动关系、实效性与和谐性等）、修改完善计划并进入下一个教育过程等环节。这些关于思想政治教育过程阶段的概括构成其运作形态划分的又一依据。

二、贯穿于整体环节的思想政治教育运作形态

基于对思想政治教育运行机理和环节的分析，便可得到关于思想政治教育运作形态的认识。运作形态与构件形态的区别和联系在于：后者是在一个特定时间点上直接区别要素构成而得到的共时性

---

① 参见张耀灿、郑永廷、吴潜涛等：《现代思想政治教育学》，北京：人民出版社，2006年，第338页。

直观影像，前者则是在一个时空序列中进一步研究内在运行机理而得到的历时性整合影像①。二者间存在一定交叉重叠，是对思想政治教育的结构进行不同视角观察而得到的不同形态，同时也构成相互衔接深化的关联序列。与思想政治教育运行的两重含义相对应，运作形态的划分也主要有两个依据：一是思想政治教育构成要素间的内在作用机理，从场域与环境的角度可以区分不同的空间形态；从目标设定的角度既可根据个体、集团或社会的价值倾向差异，也可依据对个人素质方面的培养侧重而加以区分；还可依据要素间作用方式的状态对运行的和谐性有序性进行梳理。二是思想政治教育运行的过程或阶段，即依据整体运作中的不同环节而概括为相应的形态。

根据思想政治教育运行的空间场域，可以分为学校、家庭、社会、网络等不同形态。时间空间是物质运动的存在形式，思想政治教育只有在一定的时空环境中才能够开展和实现，从运行的角度来看，这里所说的空间主要是具体的思想政治教育活动运作与实现直接依托的微观空间，而非作为社会背景的政治经济文化等宏观环境和空间。具体来看，首先最为普遍、一般的思想政治教育运作空间是学校。学校是对学生的思想认识进行系统性理论性指导与训练的场所，从横向看包括官学与私学、普通学校与特殊学校，以及各类专业学校等不同方面；从纵向看涵盖幼儿园、小学、中学、大学等不同层次。就思想政治教育来说，官学由国家权力机构控制，是传递国家意志最为集中、主要的途径；而私学中对学生道德品行、行为习惯的教育和培养，也是思想政治教育的重要方面。其次是家庭。从人的发展角度看，幼年时期家庭环境和教育对一个人的成长起着潜移默化的基础性塑造作用，是非正式教育最主要的空间。这一点在中国古代思想政治教育中体现得尤为明显。从内容上看，家庭思想政治教育以人伦规范为主要内容，采取家规、家训等方式进行。

① 这里的历时性是相对于构件形态而言的。作为微观结构形态之下的一种亚形态，运作形态是在一定的时空环境中进行的，是历史过程的一个瞬间，因而相对于下一章的宏观历史形态而言这里的历时性又仅仅是一个共时性节点。

历史上许多名人都撰写诫子书以教化后人，魏晋时期教育家颜之推的《颜氏家训》更是典型范例。再次是社会，社会是人实践、交往的主要场所，在社会中人将思想认识付诸实践，同时结成各种人际关系，因而是开展思想政治教育的重要场所。一方面，社会是学校思想政治教育的必要延伸与补充，是对除学生外其他民众进行思想引导与行为规范的基本空间，如中国共产党对工人、农民、工商业者等各阶层民众的思想政治教育主要就是通过社会教育来实现的，再如中国古代注重通过乡规民约、风俗教化对人的思想和行为进行塑造与影响。另一方面，在引导受教育者将思想认识付诸行动的意义上，社会也是思想政治教育实现的必要环节，如 20 世纪 70 年代美国学者提出的社会行动德育模式，其最大特点是“将道德教育与市民参与社会变革联系起来”[①]，强调在社会中将思想付诸行动。最后是网络，是一种伴随现代科技而兴起的虚拟空间，在此空间中思想政治教育的参与者不必在场，却能够正常开展教育活动，这极大地扩展了思想政治教育的时空边界，但同时也会带来教育内容多向无序、教育者权威性降低等问题。

根据思想政治教育不同的目标设定，决定了在运作与实现过程中的方向和倾向差异，由此产生形态上的区别。就个体素质而言，思想政治教育同其他教育活动相比最大的区别在于培养维度的多样性，不仅仅局限于认知，还包括情感、态度、行为等多个方面，因而不同的目标设定决定了主要训练和养成的方面，影响思想政治教育运作中的倾向和走向。首先是认知导向形态，强调系统性、全面性的理论知识，注重培养受教育者的理性思维能力。如西方现当代思想政治教育中的价值澄清模式，注重培养学生的理性能力以及批判思维；价值冲突模式重在培养学生的理性判断与选择能力；逻辑推理价值观教育则是一种基于逻辑知识而提高道德判断能力的教育

① 钟启泉、黄志成编著：《西方德育原理》，西安：陕西人民教育出版社，1998 年，第 260 页。

方法。再如我国传统学校教育中强调知识框架、原理体系等，同样也是一种认识导向的教育形态。其次是情感导向形态，主张激发受教育者的情绪情感，形成积极的态度与坚定的信念。典型代表有古希腊的艺术教育，在美的情境与对美的体验中激发受教育者的情感共鸣，从而发自内心地认同和巩固其中蕴含的思想观念；欧洲中世纪的宗教教育则通过无所不在的宗教仪式和宗教情景，使人们产生强烈的宗教情感，以此实现对教育内容及理念的无条件认同与接受；当代西方的体谅关心德育模式主张“道德情感的培养是德育的首要的和中心的问题……德育的目的就是增强学生给爱和接受爱的能力”①；社群主义则主张德性教育的目的在于“提高公民的社会公德意识和爱国热情”②。最后是行为导向形态，将教育重点落实到受教育者品格习惯的养成与践行中。如西方近代实用主义德育模式，强调习惯和经验对人行为的持续性影响；改造主义主张德育的目的在于在改造社会的同时改造人的心灵；自由主义和共和主义公民教育观都注重培养受教育者的公民实践能力；品格教育流派、社会行动模式等也都注重品德习惯培养与践行。近年来，我国思想政治教育逐步从认识导向形态向行为导向形态转变，评价方式也逐步从知识、结果评价向品行、过程评价转变。除了个体素质培养的不同倾向性，思想政治教育的目标设定从宏观看还体现为个人、集团、社会国家的价值取向差异，由此同样可产生不同的形态划分。③

根据对思想政治教育过程与环节的不同理解，导致有关思想政治教育“完成”“实现”衡量评判标准的差异，由此产生了不同的运作形态。首先是教学形态，即通常含义上理解的思想政治教育。以

---

① 范树成、李海：《当代西方国家德育模式与方法的人本化趋势》，《外国教育研究》，2006 年第 10 期，第 67 页。

② 张鲁宁：《西方公民德性教育思想的历史演变》，《思想理论教育》，2008 年第 11 期，第 24 页。

③ 思想政治教育在促进个人、社会、国家发展的价值取向上的不同倾向，体现了思想政治教育更为深层的内在矛盾即个人与社会的思想关系，这一关系在不同时代和地域中的表现形式各不相同，故这部分内容放在下一章中加以论述。

受教育者形成一定的思想观念、养成一定的行为习惯，并通过一些考核形式加以检验为标志，构成一个教学周期。对教育者而言，完成一个教学周期意味着其教学任务的基本实现，而后便进入下一个教学周期的循环之中。不可否认，思想政治教育教学会随着技术和时代的发展而不断改进，但对教师来说教学的基本要求是完成既定的任务，因而后续的教学周期在内容、方式、程序等方面基本上是与先前接近的，即教学形态大体是在一个相对固定的框架内进行的重复性“简单再生产”活动。其次是研究形态，是对思想政治教育这一教学活动和文化现象进行系统性、理论性反思，在对其现象与本质、存在与规律等理论问题进行不断深化追问的基础上回应实践中遇到的现实问题，故其实现的标志是得出符合其本真面目与发展趋势的创新性结论，以推动思想政治教育理论研究和教学实践的发展。在这个意义上，研究形态具有推动思想政治教育实现上升运动的属性，是一种“扩大再生产”活动。再次是管理形态，包括两层含义，一是国家或集团的权力机关通过一定的政策举措及法律规范对思想政治教育活动开展加以约束和规范，起到定性、定向的作用，从而保证其意志主张得以实现；二是一些社会系统为思想政治教育的有序运作和实现提供人力、物力等支持与保障。管理形态与研究形态一样，都是在宏观整体的意义上理解思想政治教育的运行全程，而不仅仅将其视为一种直接的教育教学活动。最后是制度形态，是将思想政治教育的运作实现流程以规范和文件等形式呈现出来，是一种易于辨识、理解、执行的固化了的运作形态。

根据思想政治教育的实现结果与运行状态，又可分为高效、低效、无效、负效以及和谐、冲突等形态。如中国共产党在新民主主义革命时期对社会不同阶级和阶层的思想政治教育，起到了很好的凝聚团结作用，就是一种高效和谐的运作形态；而“文化大革命”期间的思想政治教育，通过采取偏激的手段过分夸大政治，其结果反而破坏了自身的形象，显然是一种冲突负效的运作形态。当然，对运行状态与结果的评价是一项复杂的工作，跳脱出事件本身而置于宏大的历史发展中去思考，又会形成不同的形态层次。如就某一具体教育活动而言，达到了预期目的取得了明显效果，但这一活动本身对于阶级或国家意志的执行与维系或许并不会产生直接的影响，如对个人心理问题而进行有针对性的疏导与关怀，其成效主要是在个体意义上，很难直接上升到国家的政治高度；再如某一阶级或国家进行了很有成效的思想政治教育，充分表达了其意志主张，巩固了相应的社会关系，但从历史发展的角度来看却并未起到很好的推进作用甚至会起到阻碍作用，如欧洲中世纪的宗教教育。因此，关于运作形态中的效能结果评价应当特别注意这一层次性问题，避免简单地作出结论。

现将结构视域下的思想政治教育形态谱系略作小结：其一，从整体性概括思想政治教育在社会生活各领域各方面的分布与渗透，由此构成包括经济、政治、文化、社会等方面的泛在形态；其二，考察思想政治教育活动本身梳理其要素构成，主要涉及教育者与受教育者、教育内容与教育方法四个基本方面，具体包括个体、群体、类等对象范围形态，积极主动、敷衍了事等主客体态度形态，政治主导、伦理主导、“三观”主导等内容形态，放任沉默、权威灌输、民主对话、自我实现等方法形态及主客体关系形态等类别；其三，研究要素间的相互关联与作用关系，进而考察思想政治教育的运行机理与实现环节，涉及空间、目标、矛盾、规律、机制以及过程、环节等内容，相应包含学校、家庭、社会、网络等空间形态，认知导向、情感导向、行为导向等目标形态，教学、研究、管理、制度等过程形态，高效、低效、无效、负效等效能形态，等等。以上几个方面大体上能够对思想政治教育的系统结构加以概括和说明。

第五章　历史视域下的思想政治教育形态

上一章对结构视域下的思想政治教育的活动进行了解构与剖析，其中思想政治教育以一种“现成”“既有”的形态出场。然而从事物存在论的角度分析，任何“既有”的事物都必然经历一个产生、发展、演化的过程，在某一时刻其之所以“如此这般”，是由相对于“此刻”的过去时间演变而来的。因此，考察历时态的发展演变是本章的基本内容，是思想政治教育形态研究另一个不可或缺的重要视域。本章的历史考察基于逻辑顺序，以“倒叙反思”的方式从当下晚近的思想政治教育阶级形态出发，追问其“从何而来”的发生逻辑与“走向何处”的演进逻辑，提出原始社会“原发—形成中”形态与共产主义社会“自觉—本真”两种形态推论，最终在整体的历史形态序列中归纳思想政治教育的演变规律。

第一节　阶级社会基本场域与思想政治教育阶级形态

一、阶级社会是思想政治教育存在的基本时空场域

在马克思主义经典文本中，阶级不是从来就有的，而是一个历史概念。在原始社会末期，随着生产力的发展，人们的劳动产品超过了其维系生存所需要的最低限度，剩余产品的出现标志着分工与私有制的产生。这一时期的分工并不同于原始社会基于生理差异的性分工或者天赋能力的自然分工，而是“物质劳动和精神劳动

分离的”[①] 社会性分工。劳动过程中的分工势必带来的是劳动结果分配上的私有制，私有制的出现打破了原始社会氏族中的财产共有，使得劳动产品集中在一部分人手中，伴随财产归属所引发的贫富分化，阶级产生了，“社会分为享有特权的和受歧视的阶级，剥削的和被剥削的阶级，统治的和被统治的阶级”[②]。列宁指出：“所谓阶级，就是这样一些集团，由于它们在一定社会经济结构中所处的地位不同，其中一个集团能够占有另一个集团的劳动。”[③] 从中可以看出，阶级就本质而言是一定历史时期生产关系的政治表现，这种关系基于不平等的占有与奴役，占据了迄今为止人类有文字记载的历史的大部分时期。

正是由于阶级关系是一种不平等的社会关系，因而在阶级社会中统治阶级统治地位的合法性问题始终至关重要，统治者只有通过一定的手段确证、维系既有的统治关系，才能保障社会的平稳有序运行；而这种秩序一旦遭到破坏，便会产生阶级冲突与斗争，导致社会动荡。在阶级社会中，阶级斗争从来都不是什么稀奇的现象，马克思指出，“至今一切社会的历史都是阶级斗争的历史”[④]，尽管阶级社会中的阶级斗争只是改变了不同阶级间的地位和关系，并没有从根本上消灭阶级本身这一不平等的社会关系，却有力地推动了历史的前进与发展。因此，在阶级社会中，阶级关系是最为鲜明的社会关系，人类社会正是在阶级统治与阶级斗争的不断交替中演进发展的。无论是阶级统治还是阶级斗争，阶级关系的维系主要有两种方式，一是军队、法律、监狱等国家暴力机器这样一种政治性的“硬”规范，另一种则是风俗、习惯、道德等伦理性的“软”约束，

---

① 《马克思恩格斯文集》第 1 卷，北京：人民出版社，2009 年，第 534 页。

② 《马克思恩格斯文集》第 9 卷，北京：人民出版社，2009 年，第 155 页。

③ 《列宁专题文集　论社会主义》，北京：人民出版社，2009 年，第 145 页。

④ 《马克思恩格斯文集》第 2 卷，北京：人民出版社，2009 年，第 31 页。马克思晚年在对原始社会进行研究的基础上修正了这一论断，恩格斯在《共产党宣言》1888 年英文版序言中解释为“有文字记载的全部历史”。

而思想政治教育正是通过教化的形式向社会成员传递并引导其认同一定的政治观念与伦理规范，从而起到维系阶级关系的重要作用。可见，对思想政治教育而言，阶级社会是其存在的基本时空场域；而对阶级社会来说，思想政治教育则是其不可或缺的重要构成。

要完整、准确地认识阶级社会中的思想政治教育，前提是厘清阶级、政治、意识形态等概念与思想政治教育间的内在关系。首先，阶级性是阶级社会中政治关系的基本内核。基于前文对思想政治教育中广义“政治”概念的内涵界定，可以认为政治现象并不仅仅局限于阶级社会，但在阶级社会中阶级性无疑是政治关系的显著特征与集中表现。有学者指出，阶级社会中的政治被赋予了阶级对抗、阶级统治、阶级斗争三重内涵①，政治关系主要以阶级关系的形式呈现出来，不可避免地沾染了浓重的阶级色彩。其次，意识形态是包括以阶级关系为核心的政治关系及其他社会关系在思想文化上的反映。所谓意识形态，是指“适合一定的经济基础以及竖立在这一基础之上的法律的和政治的上层建筑而形成起来的，代表统治阶级根本利益的情感、表象和观念的总和”②。也就是说，意识形态属于社会意识范畴，是对社会存在的思想观念性认识与反映。一方面，阶级关系是意识形态的最主要内容。在阶级社会中，“统治阶级的思想在每一时代都是占统治地位的思想。这就是说，一个阶级是社会上占统治地位的物质力量，同时也是社会上占统治地位的精神力量。支配着物质生产资料的阶级，同时也支配着精神生产资料”③，意识形态所反映的阶级地位是由其在社会生活中的经济关系所决定的，任何统治阶级都需要通过意识形态使民众在思想认识上认可并确证其统治地位。另一方面，意识形态又不只是对阶级关系的反映和体

---

① 张澍军：《论“政治”在思想政治教育中的规范规约作用——“思想政治教育观”创新探讨之二》，《东北师大学报（哲学社会科学版）》，2015年第1期，第2—3页。

② 俞吾金：《意识形态论》，上海：上海人民出版社，1993年，第129页。

③ 《马克思恩格斯选集》第1卷，北京：人民出版社，2012年，第178页。

现。从涵盖领域看，意识形态有关内容涉及社会生活的方方面面，不仅体现在阶级政治领域，也体现在诸如风俗伦理等社会生活领域，当然后者不可避免地会受到前者影响，并以之为前提；从历史发展看，意识形态也可能包含一些超阶级的主张，恩格斯指出，“对同样的或差不多同样的经济发展阶段来说，道德论必然是或多或少地互相一致的”①。可见，由于经济环境所具有的共同背景，一定的意识形态观念也会为不同的阶级所共有。需要指出的是，意识形态中的非阶级性成分是在特定的阶级关系观照下存在的，只具有相对的意义，纯粹的超阶级抽象观念是不存在的。最后，思想政治教育属于思想上层建筑的范畴，是对以阶级关系为主的政治关系及其他社会关系的思想观念的反映、建构和维系，因而其本质属性是意识形态性。其中的要点在于，其一，思想政治教育的内容既包含直接的阶级性主张，也包含一定非阶级和超阶级的成分；其二，思想政治教育对人的影响是通过思想意识而非强制控制实现的，因而不等于政治制度与规范本身。从这两方面看，思想政治教育都更加符合意识形态的内涵与特征。

具体而言，思想政治教育与意识形态是手段与目的、载体与内容的关系。一方面，思想政治教育的目标和内容都以一定的意识形态为基本主张和根据，否则便是空洞盲目的说教；另一方面，一定的意识形态只有通过思想政治教育的方式，才能够更好地被人们所认可与接收。因此可以说，“思想政治教育实际上是意识形态教育”②。在思想政治教育与意识形态的相互作用中，阶级性体现在两个方面：其一，具有特定阶级内涵的意识形态对思想政治教育的影响主要体现在决定思想政治教育社会主张与个人需求这一基本矛盾、明确服务于特定阶级利益的基本立场和方向、选择特定的教育内容、

---

① 《马克思恩格斯文集》第 9 卷，北京：人民出版社，2009 年，第 99 页。

② 郑永廷：《论社会意识形态与思想政治教育的内在联系》，《中国高校社会科学》，2015 年第 6 期，第 19 页。

贯穿其发展始终并制约发展路径和方向、塑造教育者和受教育者主体性等方面，正如毛泽东所言，“在阶级社会中，每一个人都在一定的阶级地位中生活，各种思想无不打上阶级的烙印”①。其二，思想政治教育所传播的主流意识形态为一定阶级关系的合法性提供了维护与证明。从历史看，无论是西欧中世纪的神学思想政治教育、西方近现代的资本精神思想政治教育，还是中国古代的儒家思想政治教育与中国民主革命时期的中国共产党思想政治教育，都有力地证明了这一点；从政治哲学的角度看，思想政治教育传播主流意识形态，通过辩护、规约与激励等手段引导民众对统治阶级的思想观念加以认同，是实现其政治合法性的基本途径，正如福柯所言，这是一种微观的权力技术，民众“被一种权力局势（power situation）所制约，而他们本身就是这种权力局势的载体”②。

进一步深入理解阶级社会中的思想政治教育，还需要探讨两个问题。其一是阶级社会虚假意识形态问题。在马克思主义经典文本中，意识形态这一概念在很多时候是在消极意义上使用的，在《德意志意识形态》一书中，很大一部分是在批判资产阶级的各种意识形态，马克思指出，资产阶级为了维护自身统治地位，“赋予自己的思想以普遍性的形式，把它们描绘成唯一合乎理性的、有普遍意义的思想”③，而这样的意识形态，不过是掩盖资产阶级利益的资产阶级的偏见④。如果不加区分而片面地赋予这种负面评价以普遍意义，将会产生巨大的理论困境。作为意识形态教育的思想政治教育，如果所宣传的内容都是“虚假的”，那么其存在的合法性根基将受到挑战。为此需要仔细辨别马克思主义经典文本中的“虚假意识形态”，

---

① 毛泽东：《毛泽东选集》第1卷，北京：人民出版社，1991年，第283页。

② ［法］福柯：《规训与惩罚：监狱的诞生》，刘北城、杨远婴译，北京：生活·读书·新知三联书店，1999年，第226页。

③ 《马克思恩格斯选集》第1卷，北京：人民出版社，2012年，第180页。

④ 参见《马克思恩格斯选集》第1卷，北京：人民出版社，2012年，第411页。

究竟在何种语境下使用。阿尔都塞指出，“意识形态以同一个名称起着两个不同的作用，它一方面是个哲学范畴（幻觉、谬误），另方面又是个科学概念（上层建筑的一个领域）”[①]。这一观点很有见地，国内有学者受此启发区分了“能指的意识形态”与“所指的意识形态”，指出马克思主义经典文本中所谓“虚假的意识形态”是在所指的意义上使用的，而能指的意识形态相当于阿尔都塞所说的“科学概念”，作为一种观念上层建筑，“能指的意识形态始终具有合法性，而意识形态的合法性是思想政治教育的合法性之前提”[②]。从中外学者的论述中不难看出，意识形态概念本身是含混的，具有内容与形式不完全一致的双重性。从内容看，意识形态具有历史层次性，特定的意识形态观念由相应的社会经济基础所决定，因而大体历史上晚近出现的意识形态同其相应经济基础一道较之于早先出现的而言具有先进性。马克思站在无产阶级的立场上批判资产阶级意识形态，自然充斥着“虚假”“虚伪”等负面字眼。从形式来看，作为思想上层建筑的意识形态就其反映并反作用于特定的社会经济基础而言，则是客观的，在任何时期都是如此。因此，理解阶级社会中作为意识形态教育的思想政治教育的真实性问题，应当从内容与形式两方面加以区分，从内容看，对资产阶级意识形态虚假性的批判恰恰体现的是马克思主义的阶级性，而资产阶级对封建社会意识形态的否定同样也是如此；从形式看，通过思想政治教育宣传具有特定阶级内涵的意识形态对于任何阶级来说都是必要的。

另一个需要深入思考的问题是，如何理解思想政治教育中的非阶级性成分。前文已经指出，统治阶级为了使自身的意识形态得到社会多数民众的认同，必然会赋予意识形态以普遍的意义，不论是

① ［法］阿尔都塞：《保卫马克思》，顾良译，杜章智校，北京：商务印书馆，1984年，第230页。

② 文学平、陈应琴：《意识形态与思想政治教育——思想政治教育合法性证明》，《探索》，2004年第5期，第90页。

在形式还是某些内容方面都超出其阶级自身的边界而具有社会性意蕴；此外，作为思想上层建筑的意识形态，所反映的是社会生活方方面面，因而本身也包含有非阶级性的成分。因此作为意识形态教育的思想政治教育，其具有阶级性之外的其他属性也不足为奇。具体来看主要体现为：首先，目标宗旨方面，致力于人本身的发展，以提高受教育者的思想认识水平与能力、提高其精神境界、实现全面发展为宗旨，从而最终指向人的解放与终极关怀，而不单单是为了维护阶级关系与秩序。其次，教育内容方面，道德伦理教育所指向的更多是一般社会生活层面，心理疏导与人文关怀等内容针对的是个体受教育者本身，这些内容同世界观教育、政治观教育、法治教育等内容相比较，其阶级色彩显然要弱化得多。再次，教育方法与研究方法层面，作为同内容相对应的范畴，方法层面主要考量的是如何使得教育内容更好地传递并影响受教育者，而不会去过多关涉这些内容本身的阶级性质。最后，作用机理方面，思想政治教育效果的实现需要经过内化外化等多个环节，而内化环节是受教育者知、情、意、信多个要素综合作用的有机过程，其中的情感认同具有至关重要的作用，不经过这一环节，教育内容便始终是外在于受教育者；而情感认同的关键在于教育内容向日常生活世界的回归，从受教育者的现实情况与实际需要出发，通过其乐于接受的方式传递教育主张。在这一过程中，阶级性的内容披上了非阶级性的外衣，目的是提高教育效果的接受度与实效性。可见，思想政治教育尽管在不同方面存在诸多非阶级性成分，但这些非阶级性的成分是在受控于既有的阶级关系前提下存在的，或者说，阶级关系在这里采取了一种变相或隐匿的形式存在，无论表面形式如何，在归根到底的意义上，起支配作用的依然是基于特定经济地位的阶级关系。正如恩格斯所言，在阶级社会中“道德始终是阶级的道德……只有在不仅消灭了阶级对立，而且在实际生活中也忘却了这种对立的社会发展阶段上，超越阶级对立和超越对这种对立的回忆的、真正人的道德才成为可能”[①]。

综上，阶级社会是思想政治教育存在的基本时空场域。一则，在阶级社会中，思想政治教育的存在不仅可能，而且必要。二则，目前我们所触碰到的绝大多数思想政治教育活动及其历史资料的边界，都是在阶级社会之中；但这并不意味着这个边界是封闭的。三则，阶级社会是一个宏观的概念，其发展演进经历了不同的阶段，相应地，阶级社会不同历史时期的思想政治教育也呈现出多样的形态。

二、思想政治教育阶级形态的历史呈现

阶级社会是思想政治教育现象存在的基本时空场域，意识形态性是思想政治教育的本质属性。在阶级社会不同历史时期，出于不同的社会经济发展水平、不同的阶级关系以及各异的文化特征及氛围，思想政治教育在传递特定意识形态的内容方式、运作特征等也各不相同，由此产生了以历史时期和地域国别为划分标准的不同形态。大体上按照由远到近、由彼及此的顺序，可将阶级社会中的思想政治教育概括为五大形态。

第一，西方古代思想政治教育，特别是古希腊时期的思想政治教育。古希腊存在于公元前 8 世纪至公元 2 世纪间，属于欧洲奴隶社会时期。奴隶制伴随原始社会末期生产力发展所带来的剩余产品与分工的产生而出现，是人类历史上最早的剥削制度。在奴隶社会中，奴隶主在经济、政治以及文化方面占据绝对的统治地位，可以任意占有和支配自己的奴隶，奴隶本身完全没有主体性，是“属于个别的特殊的所有者，是这种所有者的工作机……是属于他人的物”[②]。因此，古希腊时期的思想政治教育，实际上是奴隶主阶级内部的活动，而奴隶是没有资格和机会接受教育的。从教育理念和目的来看，其根本上在于论证奴隶制的合理性，为城邦政治培养合格

① 《马克思恩格斯文集》第 9 卷，北京：人民出版社，2009 年，第 100 页。
② 《马克思恩格斯全集》第 30 卷，北京：人民出版社，1995 年，第 457 页。

人才。苏格拉底认为，教育的目的在于培养治国人才；柏拉图在《理想国》中认为人们由于体内先天含有不同特质的元素，故后天应从事与之相对应的生产者、保卫者、统治者三种职业，而正义城邦的关键就在于保障每个人都各司其职、各谋其事；亚里士多德则认为人天生是政治动物，应当过城邦生活。因此，思想政治教育在传递和落实这些理念主张的过程中发挥着重要作用，苏格拉底主张德性是可以教授的，认为“美德即知识”，强调思想品德对人成长的重要意义；柏拉图提出了以“理念”为核心、以“和谐”为宗旨的德育思想，强调了认知（理念）对于德性养成的重要意义；亚里士多德则主张“中庸美德”，并论述了认识、德性与德行间的关系。就具体教育特征和方式而言，强调面向生活实际，注重习惯养成，将德育渗透到体育和美育之中（如斯巴达城邦的军事训练与雅典城邦的音乐教育），同时根据受教育者成长的不同阶段有针对性地突出不同内容，最终培养出全面发展的个人以成为城邦的合格公民。可见，古希腊的思想政治教育体现了政治、伦理、教育的高度统一，通过个人品行的塑造实现了城邦的政治主张，德育潜在渗透却又统摄各科教育，从而实现了维护奴隶主统治的阶级意志和主张。

第二，欧洲中世纪思想政治教育。中世纪欧洲处于封建社会，这一时期的突出特征是基督教神学在社会生活各个领域居于绝对神圣和统治地位，恩格斯指出，“中世纪的历史只知道一种形式的意识形态，即宗教和神学”①。在神学观念的主导下，上帝存在、天国至上，君权神授、教权高于王权，形成了神权政治。这一时期著名思想家阿奎那提出五条理由证明上帝的存在；在此基础上论证上帝与人的关系，指出人是由上帝创造的，人应当过宗教生活，在虔诚与忏悔中得到救赎；而人的赎罪与拯救必须服从于教会，“教皇的权力在世俗问题和宗教问题上都是至高无上的”②。这些观点构成了这一

---

① 《马克思恩格斯选集》第4卷，北京：人民出版社，2012年，第242页。

② ［意］阿奎那：《阿奎那政治著作选》，马清槐译，北京：商务印书馆，1982年，第153页。

时期思想政治教育的主要理论基础。教育内容方面，最为根本和重要的是宗教神学教义，包括上帝造人、圣父圣子圣灵三位一体、生而原罪与忏悔救赎、末日审判与上帝之城等；在神学教义的统摄下，政治观上强调等级意识，主张君权神授、教权至上，以此协调教权与王权的关系；在道德观上要求民众遵守戒律、谦卑博爱，以此控制思想约束行为进而稳定社会。教育方法和途径方面，最主要的场所是教会学校，由僧侣担任教职人员，灌输以神学为核心其他学科为辅助的内容体系，并通过严格的纪律和惩罚加以约束；此外，通过无处不在的宗教情景和宗教仪式将思想观念渗透到民众的日常生活中，从而实现思想政治教育的目的。

第三，中国古代思想政治教育。中国古代是一个较为宏观的整体概念，涵盖从夏朝到清朝四千多年的历史，包括奴隶社会和封建社会两个时期，在经济上注重农业耕作和生产、在政治上强调君王统治与家国一统是其基本特征。中国古代的思想政治教育思想最早可追溯到西周时期“敬德保民”的观念与维系宗法等级关系的礼乐制度。春秋末期，孔子提出“仁”“义”“忠”“恕”“礼”等思想，注重人的品德修养和践行，主张约束自己关爱他人，以孔子为创始人的儒家思想经过后世发展成为中国封建社会的主流意识形态。在战国时期，中国社会出现了百家争鸣的思想盛况，同为儒家的孟子主张人性本善，强调精神修养与“浩然之气”，而荀子则认为人性本恶，故需要通过道德教化使之加以约束和节制。道家认为人应当顺应自然、清心寡欲，无为而有为；墨家主张兼爱，以此调和个人与社会的关系；法家则强调通过规范和惩戒对人的行为加以约束。西汉时期，董仲舒确立了思想政治教育的基本内容即“三纲五常”，以“性三品”明确了教育对象主要为需要教育且能够教育的“中民”，同时通过“天人感应”学说对人们必须遵循的伦理规范进行了神秘主义形而上学论证。宋明时期以朱熹为代表的理学进一步将纲常伦理上升为“天理”，主张“存天理，灭人欲”，通过“格物”理性认识与“用敬”精神专注来修炼品行，最终实现天人合一。可见，中国古代这些思想家的观点都为思想政治教育提供了重要的理论资源。总体而言，中国古代的思想政治教育同时强调个人修行与社会理想两大目标，内容上主要包括伦理道德、圣人君子、理想人格、社会稳定与国家兴旺等，形式主要有学校教育、家庭教育、社会教育等。从运行来看，修德与立业成为贯通个人和社会的主要渠道，正如《大学》所言，“大学之道，在明明德，在亲民，在止于至善”，“物格而后知至，知至而后意诚，意诚而后心正，心正而后身修，身修而后家齐，家齐而后国治，国治而后天下平”。正是在这样一种“内圣外王”的修炼过程中，思想政治教育巧妙地将个人与社会、家与国、伦理与政治有机融合起来，起到了强有力的效果，成为协调社会关系、维护社会秩序的重要方式。

第四，西方近现代思想政治教育。西方近现代主要指文艺复兴以来的资本主义社会历史时期，随着生产力的发展，社会进入快速变革的时代，人与人之间的交往关系得到极大拓展，资本主义民主政治得以确立并不断发展，思想文化方面文艺复兴和宗教改革将人从神的光芒笼罩下凸显出来，启蒙运动彰显了人的理性，“人本主义和理性主义构成自启蒙以来以人的自由为内核的现代西方文化的两翼”①，主体性成为这一时期最为显著的时代主题。肯定人的尊严价值、强调自由平等和民主、对人主体性的宣扬一方面促进了资本主义发展，另一方面也导致人与人之间隔阂疏离，个体和社会间分裂对立，因此西方近代思想政治教育的核心与主题就在于宣传资产阶级意识形态的同时弥合这种疏离与分裂。具体来看，主要包括三方面内容：其一，道德教育。在很长一段时间，西方社会道德教育受中世纪神学的影响而依附于宗教教育，直到 19 世纪中叶后世俗道德的兴起促使道德教育逐渐开始祛魅，但这一时期的道德教育依然保

---

① 郭凤志、张澍军：《现代文化精神观照下的西方德育模式探析》，《社会科学战线》，2008 年第 9 期，第 213 页。

留了许多传统的痕迹，如强调认识、注重灌输，以涂尔干为代表的“道德教育模式主要是一种强制或灌输的模式”①；进入20世纪，以杜威为代表的教育家对传统道德教育理论进行了批判，提出了以探究和讨论为主的“民主方法”，同时出现了基于心理学研究的道德教育理论；20世纪60年代后，针对社会道德问题加重的现实，涌现出一大批道德教育理论和方法，如强调个体批判和选择能力的价值澄清学派，注重人际交互的道德讨论与团体公正法，以及重视实践的社会行动模式等；20世纪80年代后兴起的新品格教育则关注受教育者的整体素质，通过道德习惯与道德情感的塑造养成使之在多元价值观念中作出合理的判断与选择②。其二，公民教育。公民教育早在古希腊罗马时期就已出现，其要义在于使受教育者明确自身作为共同体成员所具有的权利和义务。传统的公民教育倾向于以集体和公共领域为首位价值，文艺复兴时期马基雅维利则对此表达了悲观态度，认为只有通过法律的强制力才可以使公民将自身利益让渡于公共利益；17世纪末，强调个体的公民权利概念出现，这一时期的公民教育主张便在强调个人利益与献身共同体生活的二元选择中摇摆；现代意义上的公民教育思想以19世纪的托克维尔为代表，他对公民德性养成的界定由先前的目的降为手段，主张个人利益先于公共利益，公民只有首先认识自身的利益才能够通过政治生活养成德性，实现个体利益与社会利益的统一；20世纪后期，西方公民教育思想仍然在个人与共同体之间摇摆，形成了自由主义、共和主义、社群主义等不同倾向和主张③。其三，价值观教育。如果说道德教育侧重于微观层面培养个体的品德行为，公民教育侧重于宏观层面协调个

① 戚万学：《冲突与整合——20世纪西方道德教育理论》，济南：山东教育出版社，1995年，第111页。

② 参见侯丹娟：《论当代西方道德教育方法发展的三个阶段》，《思想理论教育》，2010年第7期，第37—41页。

③ 参见张鲁宁：《西方公民德性教育思想的历史演变》，《思想理论教育》，2008年第11期，第21—25页。

人与社会的关系的话，那么价值观教育则是从更为基础和根本的角度对二者进行“统摄”，无论是个体的道德选择与行为，还是个体对自身与社会关系的认识和判断，都是在一定价值观基础上作出的，因此价值观教育并不是一个完全独立的构成分支，而是作为基础性前提性内容渗透在道德教育和公民教育之中。在历史上，宗教教育长期扮演了价值观教育的角色，而价值观教育作为一个相对独立的领域出现则是在20世纪60年代之后。通过这样一种以价值观引导素质为基础、以个体道德品行和公民权利义务为两翼的内容体系，西方近现代思想政治教育在宣扬主体性的同时又在一定程度上弥合了个人主体性过度膨胀所带来的社会撕裂，从而传递了资产阶级的意识形态，保证了社会秩序的相对稳定与协调。

第五，民主革命时期以及新中国成立初期中国共产党思想政治教育。首先应当明确，这里所论述的并非完全意义上的中国共产党思想政治教育，而是特指从建党以来到社会主义制度确立前的这一时期。因为严格地说，社会主义制度确立后中国社会已不再是传统意义上的阶级社会，故思想政治教育的性质也相应发生了改变[①]。从中国共产党成立到社会主义制度确立这30多年间，中国社会经历了跌宕起伏，发生了翻天覆地的变化，其中思想政治教育发挥了不可替代的重要作用。就教育目标而言，总体上思想政治教育致力于引导人民群众为实现民族独立与国家富强而奋斗，在不同时期和阶段又根据社会主要矛盾和党的中心任务的不同而有所区别。具体来说，民主革命时期的主要目标是根据阶级矛盾与民族矛盾的地位性质的变化，培养无产阶级阶级意识，同时争取团结不同阶级阶层参与和支持革命，从而促使新民主主义革命走向胜利；新中国成立之后则根据主要矛盾转变为人民内部矛盾的判断将目标确立为调动人民群众的生产积极性，为确立社会主义制度奠定坚实的物质基础。从教

---

① 关于社会主义制度确立后中国共产党思想政治教育的性质与形态特征，详见第七章第二节。

育内容来看，马克思主义世界观教育是贯穿始终的主线，当然这里所说的马克思主义并不是纯粹的本本主义，而是与中国革命建设实际紧密相结合的马克思主义。阶级观教育则在不同时期有着不同的内涵，国民革命与土地革命时期侧重于加强党对军队的领导，同时提高农民的阶级意识和素质，动员其参与革命斗争；解放战争时期集中于联合各民主党派反对国民党的专制统治；新中国成立之初，为巩固政权，动员群众开展了镇压反革命的运动。民族观教育主要体现在抗日战争时期团结一切可以团结的力量共同反抗日本侵略者，以及抗美援朝时期开展的爱国主义、国际主义、英雄主义教育。道德观教育主要体现为民主革命时期对农民阶级小农意识的改造，以及新中国成立后社会主义观念的宣传等方面。教育方法方面，主要包括理论灌输（通过各夜校、冬学等形式举办讲习所，宣传革命理论和思想）、实践养成（动员民众参与革命和建设活动，开展评比和竞赛等）、物质利益（将土地分给农民，切实解决其生活关切问题）、舆论宣传（广播、报纸、书籍等不同形式）、典型人物与榜样示范等。总体而言，这一时期中国共产党思想政治教育的特征和优势体现为：首先，紧密围绕社会主要矛盾和党的中心任务开展工作，发挥“生命线”作用；其次，注重教育对象的层次性和差异性，开展有针对性的教育引导；再次，正确处理思想政治工作与其他工作的关系，在经济工作上充分体现物质利益原则以调动人民群众积极性，从而为经济建设提供强大动力，在政治工作方面成为宣传主流意识形态与加强组织建设的重要抓手，在文化工作方面充分利用多种形式的宣传文艺工作开展思想政治教育；最后，突出党的领导与制度组织建设，为宣传思想工作提供强有力保障。正是凭借这些突出优势和特征，中国共产党思想政治教育为新民主主义革命的胜利和社会主义制度的确立作出了不可磨灭的重要贡献，成为历史上一个典型的成功案例。

综上所述，在阶级社会不同时期和不同地域的思想政治教育中，意识形态性是贯穿始终的主线，表现为通过对人们思想认识的引导和约束以建构和维系特定的社会关系。而意识形态是一个历史性概念，随着时代的发展而具有不同的内涵，因此不同历史环境中思想政治教育的具体目标、内容、方式手段等又各不相同，呈现出多样的形态。从发展的角度看，阶级社会思想政治教育的演进大体呈现出以下特征：一则，教育对象的边界和范围不断扩大，这与共同体发展的一般规律相符合，最初只是面向本集团或阶层阶级内的成员进行宣传，后期便会逐渐冲破阶级阶层的界限，在更大范围内、面向广泛的对象开展协调、凝聚性教育。由此可以推论，当世界历史发展到全人类普遍联系和密切交往之时，类形态的思想政治教育便有可能成为现实。二则，教育内容在继承中超越和发展。纵观阶级社会中各种思想政治教育形态，不难看出其各自面临和要解决的问题存在很大共性：如思想与行为，个人与社会，引导与约束等，不论是先前还是晚近形态都是在对这些问题的回应与解答中确证其存在的意义，但总体上晚近形态是在继承已有思想财富的基础上结合新的时代特征加以深化和发展，因而其较之于早先形态在教育内容上内涵更为广阔、认识更加深刻。三则，教育形式和方法从单一走向多样。在早先时期，由于生产水平与学科技术的限制，思想政治教育往往采取示范、宣讲、谈话等简单方式进行，随后伴随生产力的不断发展，思想政治教育的学科理论基础不断深化、形式手段更加多元，技术性、生活化特征日益凸显。当然，不论是教育内容还是方法，在个别时期内存在反复和倒退也是存在的，这并不违背历史规律，也不妨碍思想政治教育阶级形态在总体上的前进与上升。

三、思想政治教育阶级形态的逻辑整合

上一目介绍了阶级社会中几种典型的思想政治教育形态，这些形态大体上是按照时间和地域的角度加以划分的。从思想政治教育

史和比较思想政治教育研究的角度看，这种划分提供了一个现成有效的分析框架，进一步的对照和比较分析便可在此框架下有序进行；而从思想政治教育形态研究的角度看，基于典型时代和地域的形态划分虽然同样可以提供分析框架，但这个框架却显得有些生硬和外围，因其划分的标准是外在的社会环境，而非思想政治教育自身内在的根据。因此，形态研究还需要进一步对这些阶级形态加以逻辑秩序上的梳理与整合，按照思想政治教育自身内在的标准与依据重新划分，建构一套更切近本体的形态谱系。

按照思想政治教育阶级形态自身的逻辑重构形态类别，首要的前提便是分类原则与标准的认定。前文已述，阶级社会中思想政治教育实际上是一种意识形态教化，通过传递某些观念和主张以维系特定的阶级关系，这些观念和主张代表的是统治阶级的意志，通过作用于受教育者使之对特定社会关系和秩序加以认可并遵循。不难看出，思想政治教育正是通过思想引导与教化的方式作用于受教育者进而协调其与各种社会集团的关系，因此，个人与社会的思想关系便是思想政治教育最为内在和一般的矛盾，也是其阶级形态进行逻辑整合的依据所在。

具体而言，思想政治教育介入不同时期和地域社会思想关系的建构和维系时既有量的差别，也有质的规定，前者反映了思想政治教育施展和影响的广度，后者表明了思想政治教育作用方向和性质的效度：其一，量的方面，思想政治教育协调个人与社会关系的边界和范围不同。毫无疑问，社会是由个人构成的，但个人并不是直接联合而形成社会（至少在阶级社会中如此），而是通过一些集团来组成社会。集团可以是不同的民族、阶级、阶层，或者是理念或利益共同体，集团的存在意味着社会并不是一个统一整体，而是在一定范围内有分裂与对抗，正是由此，思想政治教育才具有存在的必要。就成员数量而言，集团有大有小，思想政治教育既可以在大小不同的集团内部进行，也可以在不同集团间进行，因此不同形态的思想政治教育其范围可大可小，受众可多可少。其二，质的方面，思想政治教育协调个人与社会关系的取向、性质和方式各异。社会之所以会产生不同的集团，是由于个体间身份地位、利益诉求存在分化所导致的。而思想政治教育既可以在同一集团内部或者主张相近的集团联盟内进行，也可以在诉求取向存在一定差异甚至是对立的集团间进行，由此必然导致不同形态的思想政治教育在价值主张、策略方式上存在差异。其三，思想政治教育在协调个人和社会关系的范围与性质这两个方面存在一定对应关系。对同一集团内部或相似集团而言，由于其成员本身在身份地位、思想观念[①]上较为接近，因而思想政治教育的作用主要以强化共识、凝聚动员为主，在这种情况下更容易形成整体主义的价值倾向；对不同集团间来说，各自成员在身份地位、思想观念上存在较大差别甚至冲突对立，因此思想政治教育的作用则主要是化解争端、协调矛盾、实现稳定，因此从出发点来说相对侧重于个体本位，而运作中更强调协调与整合。在此基础上，可对思想政治教育的阶级形态作如下划分。

“内生—整体”形态。从字面意思来看，内生是从生发与边界的角度对思想政治教育进行形式规定，整体则从价值取向的角度对其性质加以阐述，用连字符连接起来则是为了显示二者间的内部关联。因而“内生—整体”形态是指生发于并在同一集团内部或性质、倾向较为接近的集团联盟进行的强调整体意识和观念的思想政治教育。这一形态的典型代表有两个，其一是民主革命时期的中国共产党思想政治教育。在这一时期，中国社会面临阶级矛盾与民族矛盾交织的复杂局面，就阶级矛盾而言，思想政治教育主要在农民阶级内进行，教育农民认清自身地位，理解其遭受苦难的原因，进而凝聚并形成团结反抗的阶级意识；就民族矛盾而言，中国共产党主要对工人、农民、手工业者等受压迫和处于弱势地位的阶级或阶层开展思

---

① 这里的思想观念是指世界观、人生观、价值观、政治观等根本性、宏观性的思想认识，而不包含日常生活和事务中的种种具体认识和观念。

想政治教育，尽可能地争取团结，共同反抗帝国主义侵略。无论是阶级意识教育还是民族团结教育，其共同之处都在于强调整体，强调国家、民族、阶级高于个人，没有国家和民族的独立与振兴，没有自觉团结的阶级意识，就不会有个人的生存与发展。其二是古希腊时期的公民思想政治教育，其基本主张是城邦生活与公共生活相统一，个人只有在参与城邦政治生活中才能实现自身的德行完善[①]。亚里士多德指出，“城邦（虽在发生程序上后于个人和家庭），在本性上则先于个人和家庭……每一个隔离的个人都不足以自给其生活，必须共同集合于城邦这个整体”[②]，可见其在价值取向上显然是强调集体本位的。当然，古希腊时期的思想政治教育是在奴隶主和自由民内部进行的，而不被当作人看待的奴隶显然是排除在外的。可见，“内生—整体”形态思想政治教育的特征主要有：边界范围相对较小，在特定集团内部或集团间而非全社会开展；强调向内用力，价值取向相对一致，主张集体高于个人；生发于特定阶级或集团发展的早期，手段与形式相对较为简单。

“个体—关联”形态。这里的个体是就思想政治教育的出发点而言，关联则从范围和属性两方面强调了思想政治教育的实施空间和落脚点。与前一形态相对应，所谓“个体—关联”形态，是指在全社会不同阶级和集团间进行的，以个人修养和关怀为出发点并最终强调协调和团结的思想政治教育。该形态的典型代表同样有两个，其一是中国古代思想政治教育。总体而言，中国古代封建社会由封建统治者、官员、普通民众等阶层构成，然而不论是君王还是百姓，所接受的教育大体上都主张从自身德性修为开始，在不断自我完善以致“内圣”的基础上实现“外王”。尽管这一路径具有强烈的递进

---

① 参见刘铁芳：《公共生活与公民教育：学校公民教育的内涵与目标》，《河南大学学报（社会科学版）》，2014 年第 3 期，第 123 页。

② ［古希腊］亚里士多德：《政治学》，吴寿彭译，北京：商务印书馆，1965 年，第 8—9 页。

性，以致并不是所有人都能够实现最终的成就，但将个人修养与国家治理、个体价值与社会价值紧密结合起来，同时打通了阶层或集团间的上升通道，对于缓和社会矛盾、稳定社会秩序、维护封建统治发挥着重要作用。其二是西方近现代思想政治教育，其实施范围也是在全社会不同的利益诉求中甚至是在对立的阶级或集团间进行。为了协调彼此间矛盾，西方近现代思想政治教育更倾向于微观性、生活化和实用性，将严肃的政治话题转化为对个人生活、思想和行为困惑的释疑与关照，通过精妙、严密的技术路线传递教育理念，使受教育者在潜移默化中受到特定价值观念的熏陶与引导，从而做出符合社会整体运行要求的行为与规范。可见，“个体—关联”形态思想政治教育的基本特征是：边界范围相对更为广泛，在全社会不同阶级阶层或集团间进行；主张向外发力，协调多元差异的价值理念；以个人品行为出发点，看似凸显个体，实则巧妙将其熔铸于社会整体意志当中；手段形式复杂多样，较之于前一种形态更为成熟，属于后发晚近形态。

虚幻形态。从思想政治教育对社会和历史的实际作用来看，以上两种形态总体上是积极正向的；但在思想政治教育发展过程中也不乏负面的例子，构成了思想政治教育的虚幻形态。其含义有二：一是理论主张的非规律性，毋庸置疑，思想政治教育具有强烈的合目的性，但合目的性必须以合规律性为前提，如果忽视、违背客观规律，那么无论是就其理论主张的内容而言还是最后的结果来看，必然是虚无缥缈的；二是价值取向的混乱性，不符合客观规律的另一个表现就是夸大或歪曲人的意志和能动性，主要体现为立场不清、混淆敌我，或者人为构造虚幻存在，而人本身却被异化。在历史上虚幻形态的典型代表之一：中世纪欧洲的思想政治教育，或者更准确地讲是宗教教育。在当时神学这一“普照的光”掩盖下，包括思想教育在内的社会生活方方面面都披上了“神圣”的外衣，从培养合格子民的教育目标，到宗教教义的教育内容，再到宗教仪式的教育途径，无一不指向一个虚幻的存在——上帝。这样一种特殊的思想政治教育，所要传达的不是某个现实集团的诉求和主张，而是人们意识中构造的所谓上帝的意志。总体而言，尽管对思想政治教育设计初衷与实际效能的评价是极其复杂的，但是虚幻形态的思想政治教育大体上都违背和偏离了其最初意愿，因此虚幻形态可以认为是以上两种形态发生退变异化的结果，是一种次生形态，就其作用的时空范围而言并没有规定性，但就性质来说是消极的，对社会和历史起到了负面作用，表明思想政治教育在介入个人与社会关系中的偏向和失败。

第二节　人类历史视域下思想政治教育形态的逻辑论证

一、思想政治教育阶级形态的前提追问与时空扩展

在阶级社会范围内考察思想政治教育现象，隐含着一个内在前提，即我们关于思想政治教育概念（内涵和外延）的既有认识和理解。这种认识为我们提供一个判断的标准，符合标准的事物便被纳入研究视野，从而使思想政治教育作为一个“既有、现成”的现象出现在我们面前。本书第四章和本章第一节的内容都是在此前提下遵循这一思路来展开论述的，也在此意义上讲述思想政治教育概念是其形态研究的逻辑起点。就一般理论研究来说，这种思路合理且必要，因为只有明确了研究对象，才能够开展后续工作。然而从哲学或元理论的角度来看，这还不够充分，因为作为前认知的概念实际上已经规定并影响了后续的思路与结论，但这个前提本身的合理性是值得存疑的。“世界不是既成事物的集合体，而是过程的集合体”①，从过程的角度看，任何事物或现象都不是既定和一成不变的，

① 《马克思恩格斯文集》第4卷，北京：人民出版社，2009年，第298页。

而是处在不断变化和发展的过程中。因此，当我们在已有认识的基础上继续追问为何阶级社会是思想政治教育存在的基本时空场域，以及阶级社会中的思想政治教育形态何以如此、其缘由根据与发展走向的时候，实际上就已经进入前提批判的认识阶段，而在这个阶段，应当遵循和秉持的是一种哲学的本体论思维。

要理解这种前提性的哲学本体论思维，首先应当理解什么是本体论①。本体论是哲学的基本概念，在哲学史上最早由德国哲学家郭克兰纽提出，意为研究“存在的存在”的科学。大体而言本体论有广义和狭义之分，狭义的本体论研究宇宙的起源、结构与本性，在这个意义上又可称作宇宙论；广义的本体论则研究一切存在的最终本性，而作为结论的最终本性（本体论）是通过人的认识来实现的，因此本体论是不能够离开认识论而单独存在的，否则便是独断论。在此基础上来看本体论思维，就字面含义而言是一种本体论式的思维方式或思维模型，即不断追问事物最终本性和依据的态度和方法。然而，“思维的至上性是在一系列非常不至上地思维着的人们中实现的”②，也就是说，我们坚持可知论，承认本体论之可能是以世代更迭的人类社会绵延发展为前提的；而就单个人的思维和认识能力来看，却是极其有限的。因此，就认识结果来说，每个个体都不可能获得宇宙一切事物和存在最终本性和根据的本体论结论，但这并不妨碍其在自身能力范围内进行不断批判和超越的认识过程，即秉持一种本体论思维。由此可以得出结论，本体论思维“归根到底体现为一种人类的过程性的、终极性的、趋势性的追问、追寻和价值关怀，体现为一种宏大的思辨的世界观和方法论意境”③。从这个意义上来说，本体论思维为从过程性角度理解事物的存在和发展提供了

① 关于本体论的观点参见冯契主编：《外国哲学大辞典》，上海：上海辞书出版社，2008年，第20页。

② 《马克思恩格斯全集》第20卷，北京：人民出版社，1971年，第94—95页。

③ 张澍军：《德育哲学引论》，北京：人民出版社，2002年，第88页。

某种前提性承诺与哲学观根据。

作为一种研究态度和方法，本体论思维可以以不同的哲学观为理论基础，而我们所要秉持的是以马克思主义为遵循的本体论思维，以此为根据研究思想政治教育存在及其历史形态。这种本体论思维从根本上说体现为一种历史哲学。这一论断的逻辑理路是，本体论所指向的是哲学的基本问题即思维和存在的关系问题，马克思主义在实践观点的基础上对这一问题作出了唯物辩证的回答，实现了哲学史上的深刻变革。而实践归根结底是人的实践，实践是人的存在方式，社会生活本质上是实践的，故实践观背后所蕴含的是更为深层的历史观和价值观问题。因此，以马克思主义实践观对事物进行过程性终极性的追问便体现为一种历史哲学。这里所说的历史哲学其内涵由两个相互解释的方面构成，一是以哲学的方式审视历史，对人类历史中的事物和现象不断进行前提批判与反思，追问其存在的终极根据；二是以历史的丰富内涵充实哲学的思辨形式，在社会关系中审视事物和现象的历史规定性，确证其存在的终极根据。思想政治教育作为一种社会现象，是人类实践的产物，只有将其置于社会历史的整体视域中才能得以阐释，因此要以马克思主义历史哲学为遵循对其进行更为深刻的反思与批判。

运用这种本体论思维对思想政治教育进行历史性、过程性考察，可将其阶级形态加以进一步的时空扩展。其一，从教育主体或者意志主张的发起者来看，阶级社会中思想政治教育的主体多数是占统治地位或在革命中居于领导地位的阶级和阶层，而这实质上是反映特定经济关系和利益的社会集团；而从历史整体的角度看阶级只是人类社会集团的一种组织形式，在非阶级社会中与公有经济相适应的是公社或联合体这种形式。但不论哪种形式，只要人类历史存在和发展，就必然会以某种方式传递和实现特定的价值主张，就主体存在的意义而言，人的生存和发展需要思想政治教育与人类社会共始终。当然这一点对于论证思想政治教育存在非阶级形态而言只是一种可能性，还不具有必然性。其二，从更具实质性意义的教育内容来看，可从政治观、伦理观、世界观三方面进行论证。在政治观上，一方面根据历史唯物主义基本原理，政治是经济的集中表现，物质生产是人类社会得以存在的前提，因此政治伴随经济贯穿人类社会始终；另一方面政治存在的根本意义在于构建和维系特定的社会关系，以处理关乎人类社会存在发展的根本性、长远性、全局性问题，这在任何历史时期都是必要的。① 就伦理规范而言，道德同政治一样是在生产劳动和社会关系中形成的反映和调节经济利益关系的方式与手段，因此同样伴随人类社会始终，所不同的只是与特定时期相适应的具体内容。而从世界观、人生观、价值观的角度来看，这三者则更具普遍性，只要人生在世，就会形成关于世界、人、人与世界关系的根本性看法和观点，即世界观，以及在世界观基础上的关于人生目的、人生态度、人生意义的人生观和价值观，可以说"三观"人人皆有，所不同的在于自觉、系统、科学与否，因此从维系人类生存实现更好发展的角度来看，作为思想政治教育核心内容的"三观"教育在任何社会中都具有存在的必要性。其三，从形式上看，教育是人类文明的传承方式，是人不同于其他物种所独有的文化遗传方式，无论是原始社会自发盲目的言传身教，还是共产主义社会高度自觉的自我教育，对人类确证并发展自身的主体性而言都是不可或缺的。由此可以得出结论，思想政治教育的存在边界并不仅仅局限于阶级社会，还应当有阶级社会之外的思想政治教育非阶级形态。当然需要澄清的是，这一结论仅是运用本体论思维进行逻辑推演的结果，其客观性需要回归到历史（关于原始社会的史实）和现实（在客观规律基础上对共产主义社会的趋势预测）并在社会生活的整体性中加以进一步论证。

---

① 参见张澍军：《学科重要理论探索——我的18个思想政治教育见识见解》，北京：中国人民大学出版社，2018年，第20页。

二、原始社会思想政治教育形态

（一）原始社会历史分期与形态特征

探讨原始社会的思想政治教育[①]首先要对原始社会基本特征和历史分期进行细致考察。作为人类历史的第一个时期，原始社会以“人”这一物种的产生和出现为前提，但是从猿到人的转变是一个漫长的历史过程，根据考古学成果，距今约1500万年前出现了目前所知最早的原始“形成中人”腊玛古猿，因而原始社会的上限也可以追溯到这个时期。大体说来，原始社会可分为原始群和原始公社两个阶段，原始群是古猿在劳动中逐步向人过渡的“形成中”时期，而原始公社则是已经“形成了”的人类社会群体。[②] 从时间跨度看，原始群经历了大约1200万年，也就是说原始公社的出现是距今约300万年前。原始公社可进一步划分为前氏族公社和氏族公社两个时期。前氏族公社又称为血缘家庭公社，是突破了原始杂乱性关系而发展来的“第一个‘有组织的社会形式’”[③]，这一时期又经历了约290万年；氏族公社出现在距今约10万年前，依据性别地位划分为母系氏族公社和父系氏族公社两个时期。在父系氏族公社时期，生产力的发展产生了剩余产品，出现了分工和私有制，进而出现了阶级与国家，原始社会被奴隶社会所取代。

从这样一个大体演进脉络的梳理中不难发现，首先，原始社会

---

① 为论述方便，本节内容暂且将原始社会一些与我们当下语境中严格意义上的思想政治教育相关或接近的活动同样称之为“原始社会思想政治教育”。至于原始社会思想政治教育的形态特征及其称谓的合理性，正是本部分将要论述的内容。本节内容部分观点参考王哲，张澍军：《思想政治教育“原始发生”问题再认识——“思想政治教育观”创新探讨之三》，《思想教育研究》，2020年第3期，第120—125页。

② 对此学界存在争议。一种观点认为原始群并不包含“形成中人”，因此在时间跨度上存在分歧。本书认为，基于对人类发生的完整考察，原始社会的原始群时期应该包含这个“形成中”的阶段。

③ 《马克思恩格斯全集》第45卷，北京：人民出版社，1985年，第348页。

经历了极其漫长的时间跨度，与原始社会一千多万年的历程相比，人类进入阶级社会只有数千年的时间，这不过是沧海一粟，因此在研究时更多应抱一种敬畏和探讨的态度。其次，在如此漫长的时间跨度中，原始社会并非一个纯粹同质的社会形态①，根据生产方式、家庭关系等标准呈现出明显的阶段性特征，因此在研究时也应注意区分不同时期和阶段，把握不同时期和阶段各自的特征及其发展演进的内在逻辑。最后，人类对于原始社会的研究受制于史料的匮乏，目前也仅限于末期的氏族公社特别是父系氏族阶段，而在此之前的绝大多数时期则处于空白状态，至多是一些理论上的猜测，因此在作出判断和结论时更应谨慎。对此恩格斯的研究态度堪称典范。同样是关于原始社会家庭及生产关系的考察，美国人类学家摩尔根将自己的研究成果命名为《古代社会》，其涵盖面之广显而易见；而恩格斯则将自己的成果命名为《家庭、私有制和国家的起源》，其不仅限定和明确了研究对象，而且指出其研究边界限定于原始社会末向奴隶社会过渡的时期，足以见得其严谨态度。因此，关于原始社会及其思想政治教育的考察，首先应秉持敬畏和严谨的态度，在进一步细分不同阶段的基础上谨慎地作出判断。而在研究的具体抓手方面，恩格斯的书名同样给我们以启示：一是家庭关系，这一点不用多解释；二是私有制，是物质劳动关系的一种制度形式。关于这两个方面，恩格斯指出，“一定历史时代和一定地区内的人们生活于其下的社会制度，受着两种生产的制约：一方面受劳动的发展阶段的制约，另一方面受家庭的发展阶段的制约。劳动越不发展，劳动产品的数量，从而社会的财富越受限制，社会制度就越在较大程度上受血族关系的支配”②。由此，原始社会思想政治教育现象的研究方法与路向得以确立：以唯物史观为根本遵循，在进一步明确阶段分

---

① 之所以将这样一个漫长且并不同质的历史时期统称为原始社会，是相对于阶级社会和文明社会而言来划分的。而要研究原始社会本身的特征与发展，显然应进一步作更为细致的阶段划分。

② 《马克思恩格斯文集》第4卷，北京：人民出版社，2009年，第16页。

期的基础上通过最基本的社会关系探寻思想文化现象的根据，而这基本的社会关系的两个方面正是研究的重点所在，一是家庭血缘关系，一是生产劳动关系。对于原始社会来说，前者具有更为重要的意义。

关于原始社会中的家庭婚姻关系，恩格斯指出人自身的生产以及血缘关系在物质生产水平低下的原始社会起着更为基础和决定性的作用。原始社会中的家庭婚姻关系大体经历了一个这样演进过程：刚刚脱胎于动物的原始人群，“过着杂交的原始群的生活”[①]，“没有婚姻和家庭”[②]，也没有任何伦理关系可言。进入原始公社的前氏族公社时期，发展形成了按辈分组织婚姻关系的血缘家庭，突破了原始群中的杂乱性交状态，形成了最早的可以称之为人的社会关系。在氏族公社时期，血缘家庭发展为普纳路亚家庭，这种家庭形式进一步排除了同辈兄弟姐妹间的婚姻关系，为了避免近亲繁殖，同一集团内部的男女只能同其他集团的异性集体通婚，由此这样一种禁止内部成员通婚的集团便是氏族，而互相通婚的氏族形成部落。这可以看作是原始人类伦理关系的巨大进步，一方面，婚姻在这个阶段不再是纯粹的生物行为，而具有了规范约束的社会性内涵；另一方面，“氏族，实行外婚制。这有利于强健人们的体质；部落内部，实行内婚制。这有利于巩固部落内部的团结”[③]。此后，婚姻制度由群婚发展为对偶婚制，即由一个男子和一个女子结合形成家庭，进一步使家庭成员间的血缘关系变得明确。应当说，从普纳路亚家庭到对偶婚制，氏族成为这一时期基本的社会组织形式。最后，在父系氏族公社时期，婚姻制度演变为专偶婚制，在专偶婚制下家庭的地位不断上升并逐步取代氏族，私有制和阶级相应产生，原始社会逐步过渡进入奴隶社会。从这样一个家庭婚姻关系的演进中不难看

① 《马克思恩格斯全集》第 45 卷，北京：人民出版社，1985 年，第 337 页。

② 《马克思恩格斯全集》第 45 卷，北京：人民出版社，1985 年，第 207 页。

③ 沙健孙：《马克思恩格斯关于原始社会历史的理论及其启示》，《思想理论教育导刊》，2016 年第 7 期，第 8 页。

出，原始人类的自然属性逐步让位并受制于社会属性的控制之下，“自然选择已经通过日益缩小婚姻共同体的范围而完成了自己的使命”[①]，随之而发展建构起的是人自身的伦理道德规范。对原始人来说，这种伦理道德规范是对其自然属性的约束和限制，因而建立和维系的过程必然十分漫长且艰难。对此我们有理由相信，在这一过程中，思想政治教育，至少其某些方面或某种形式是客观存在的，且对原始人类血缘伦理关系的建构和维系发挥了不可替代的重要作用。关于原始社会中的生产劳动关系及其组织形式，主要从如下两个方面来论述。

第一，生产劳动方式与生产资料的演变。马克思指出：“劳动资料不仅是人类劳动力发展的测量器，而且是劳动借以进行的社会关系的指示器。”[②] 因此，考察生产工具的发展以及相应生产劳动形式的演进，对于认识原始社会的经济形态具有重要的意义。对此恩格斯概括指出：“蒙昧时代是以获取现成的天然产物为主的时期……野蛮时代是学会畜牧和农耕的时期，是学会靠人的活动来增加天然产物生产的方法的时期。文明时代是学会对天然产物进一步加工的时期，是真正的工业和艺术的时期。”[③] 其中蒙昧时代和野蛮时代的劳动方式是原始社会的基本物质生产形式。从生产工具的角度看，原始社会主要包括旧石器时代和新石器时代两个阶段，二者的区别主要在于对石器的加工方式是相对粗糙的打制还是相对精细的磨制。其中旧石器时代大体存在于前氏族公社到母系氏族公社早中期之间，占据原始社会原始公社阶段的绝大部分时间，这一时期原始人主要利用相对简单的工具从事自然物的采集和狩猎活动；而新石器时代则大体存在于母系氏族公社末期和父系氏族公社早期，此时原始人已经开始运用较为精细的工具从事农业和畜牧业，学会通过人工劳作增加产物并逐渐定居。

---

① 《马克思恩格斯文集》第 4 卷，北京：人民出版社，2009 年，第 64—65 页。
② 《马克思恩格斯文集》第 5 卷，北京：人民出版社，2009 年，第 210 页。
③ 《马克思恩格斯文集》第 4 卷，北京：人民出版社，2009 年，第 38 页。

第二，生产组织形式的发展与演变。随着生产资料的发展，基于一定血缘、地缘关系并从事共同生产生活的原始人群组成了一个原始共同体——公社。“公社是一个微型的、浓缩的原始社会，是原始社会的细胞形态”①，是原始人基本的社会关系。在原始社会漫长的发展历程中，公社也经历了两个主要阶段。早期的公社又称作原生公社、氏族公社或前农业公社，主要存在于母系氏族公社及父系氏族公社初期，是以土地公有为基本特征的原始土地制度，实行生产资料公有制，公社成员集体劳动、平均分配，彼此间是互助平等关系，公社事务管理实行原始民主制，“没有士兵、宪兵和警察，没有贵族、国王、总督、地方官和法官，没有监狱，没有诉讼，而一切都是有条有理的”②。这种原始民主制度特别值得关注，不依靠于强制和暴力，却能维系社会的有序运行，其背后所付诸的道德、习惯的力量何以能够发挥作用，自然会引发存在思想政治教育，或者严格地说是思想道德教育并影响、规范原始人思想意识行为的合理推测。后期的公社则称为农业公社、农村公社或派生公社，主要存在于父系氏族公社中后期，是父权制氏族趋于解体时产生的具有过渡性质的生产组织形式。在农业公社中，成员间并没有直接的血缘关系，生产资料也出现了私人占有的情况，家长制家族逐渐取代氏族成为基本的经济单位。马克思起初将这种生产组织形式称为“部落所有制”，并指出其生产落后、分工简单的基本特征，并特别强调部落所有制是“非常原始和隐蔽的奴隶制，是最初的所有制”③；马克思在《〈政治经济学批判〉序言》中又将其表述为“亚细亚生产方式”，指出这种生产方式以家庭为单位从事生产，出现了私有财产的苗头，兼具公私二重性，是一种过渡性的生产方式。可见，无论是

① 林锋：《再论马克思“柯瓦列夫斯基笔记”的主题》，《东南学术》，2014 年第 5 期，第 12 页。

② 《马克思恩格斯文集》第 4 卷，北京：人民出版社，2009 年，第 111 页。

③ 《马克思恩格斯文集》第 1 卷，北京：人民出版社，2009 年，第 536 页。

部落所有制还是亚细亚生产方式，这种后期的派生公社显然已经从公有制的母体中酝酿出私有制的成分，如果说在早期公社中维系社会秩序的“思想政治教育”至多具有道德教育的意蕴的话，那么在这一时期，如果存在通过思想引导规范约束人们行为的教化活动，那么其必然是符合阶级政治内涵的“思想政治教育”。

（二）原始社会思想政治教育“原发—形成中”形态

基于“两种生产理论”，在对原始社会家庭婚姻关系和劳动生产关系的论述中已经隐约可以见到些许思想政治教育的痕迹。概括起来，原始社会的思想政治教育可以说是一种“原发—形成中”形态，其形态特征的论述逻辑是：其一，作为前提需要澄清的是原始社会的思想政治教育形态是在何种意义上来说的。概念是人们理性认识的产物，当人们通过概念来指称某事物的时候，意味着对这个事物已经有了理性的认识。“思想政治教育”这一概念同样如此，是人们对一些具有共同特征的活动的理论概括，这一概念的出现便意味着理论形态的思想政治教育得以产生。然而，正如人们在发明出“地球”这个概念之前地球就已然存在一样，作为理论形态的思想政治教育概念产生之前，并不意味着作为活动形态的思想政治教育事实没有发生。在原始社会，人们的思维、意识尚未能够上升到理性的高度，故不可能从概念的角度认识某种现象或活动。但出于维系生存的自然本能，人们需要通过一定的教育教化活动来确证某种秩序，这种秩序显然具有我们所说的广义政治的含义。正是在这样的意义上，构成思想政治教育的主要元素已基本具备，思想政治教育实践已经发生[①]，因此，原始社会的思想政治教育是一种经验自发、事实存在的形态，与我们通常所说的在理性思维观照下、符合概念内涵外延的思想政治教育并不相同。其二，既然这样一种事实发生的

① 参见张澍军：《论思想政治教育的历史定位与运行特征》，《教育研究》，2015 年第 4 期，第 45 页。

“活动”不能用我们当下的概念去衡量，那又何以能够称之为“思想政治教育”呢？之所以认为原始社会的这类活动是思想政治教育，除了缘于其形成了教育者与受教育者的关系、传递具有特定政治意蕴的教育内容外，更在于其符合思想政治教育的两个基本职能。

第一种职能是作为社会调节机制的思想道德教育。原始人类为了维系生存，就必然要处理自身与自然界以及其他人的关系，而在处理这些关系时没有一定秩序的话是不可想象的，因此，旨在维系原始人类生存秩序的原始道德有其存在的必然性；而对特定道德规范的认可不能是自然实现的，因此必然要通过一些形式使人们接受，这样，思想道德教育便通过宗教仪式、图腾禁忌、原始艺术、道德伦理等方式来进行特定价值观念的教化。而这样一种教化活动，从实际作用来看，是作为社会调节机制以维系一定的关系和秩序，是原始人生存的自然需要；从形式看，则完全是自然无意识的，是原始人生物本能的社会性体现。因此，原始社会思想政治教育形态的首要特征是“原发”。

第二种职能是体现阶级性或意识形态性的思想政治教育。如果前文分析能够成立的话，那也只能说明原始社会存在“思想道德教育”，而要想说明这种教化活动是“思想政治教育”，便还是要回到对其“政治性”的说明上来。本书第三章已经论述了“政治”概念的双重内涵，基于广义政治的观点来看，原始社会生产力极度低下，社会结构尚未分化，宗教、伦理、艺术等现象相互交融，其边界极其模糊，同一活动往往具有多重意蕴，但是这些活动背后所共同指向的是某种秩序和规范，旨在建构和维系特定的社会关系，因此这些活动实际上便都具有了政治的意味，以一种混沌整体的形式存在。可以说，原始社会的政治，就是为了维护氏族的秩序、保障全体成员的生存。因此，原始社会的思想道德教育以混沌的形式融含了政治的成分。而基于狭义政治的观点，原始社会末期的思想政治教育已经体现出鲜明的阶级性或意识形态性。马克思在分析父系氏族公社末期的家庭关系时指出，所谓家庭（familia），是指“从事劳动以维持家庭并处于家庭之父（pater familias）的权力支配下的奴隶和仆役的团体”[①]，而这样一种被称为“家庭”的奴役团体，实际上便是人与人之间的一种支配关系，这种关系“以缩影的形式包含了一切后来在社会及其国家中广泛发展起来的对抗”[②]。可以说，这便是阶级关系的最初萌芽，其具备了阶级性的基本内核——不平等与压迫，只不过尚未充分展现开来。因此，原始社会末期以维护这种家庭关系的教育活动，正是符合狭义政治内涵的思想政治教育。当然，由于这一时期的阶级关系尚在形成中，因此相应的思想政治教育也是一种未竟的“形成中”形态。

综上，梳理以上分析可以得到关于原始社会思想政治教育的几点认识：其一，在占据原始社会绝大部分时期的原始群、前氏族公社，乃至母系氏族公社初期，出于年代过于久远，相关资料与研究极其匮乏，对我们而言总体上是一个未知的领域，因此对于这样一个未知空间是否存在思想政治教育，我们尚无法证伪，不能盲目作出判断。其二，在氏族公社时期，氏族的产生意味着原始社会基本社会关系的确立，在这一时期存在以维系氏族成员生存为目的融于宗教艺术活动中的作为社会调节机制的思想道德教育，这种教育活动是自然而原发的。其三，在父系氏族公社中后期（我们所能够接触的包括马克思恩格斯经典文本在内的资料多数以这一时期的社会关系为研究对象），无论是家庭关系还是物质生产关系都产生了私有制的萌芽，旨在维系这一时期社会关系的思想政治教育已经具有阶级意蕴并随着阶级关系的发展而发展，呈现出朝向维护特定阶级利益而发展的状态。这便是原始社会思想政治教育“原发—形成中”形态的基本特征。

三、共产主义社会思想政治教育形态

基于广义政治的观点，政治包含但不只限于阶级政治，故不仅

① 《马克思恩格斯全集》第45卷，北京：人民出版社，1985年，第366页。
② 《马克思恩格斯全集》第45卷，北京：人民出版社，1985年，第366页。

原始社会存在思想政治教育，未来的共产主义社会同样如此。探究共产主义社会的思想政治教育形态[①]，从广义政治观点出发进行演绎推理固然是一个思路，但不免有结论包含在前提中的循环论证之嫌。因此根据唯物史观基本原理，从现实的社会生产生活出发，在充分归纳共产主义社会状况以及人之生存境遇的基础上，概括出相应的思想道德状况从而得出共产主义社会存在思想政治教育这一相同的结论并对其形态特征加以描述，是本目内容的基本思路。

（一）共产主义社会基本内涵及其形态特征

共产主义这一概念，最初源于19世纪30年代巴黎工人革命团体，是指经济上的财产公有与政治上的基层自治组织，其基本内涵是“公共、公有、共同体”等[②]。从基本内涵来看，共产主义首先是马克思恩格斯描述人类社会未来发展趋势和状态的理论体系，是一个基于生产力与生产关系的矛盾运动、以人的自由全面发展为归宿、描绘了人类历史美好前景的科学理论。而就这一理论的内容方面和精神实质而言，共产主义则是理想境界、社会制度与形态、现实运动的有机统一。首先，共产主义是人类社会未来的理想境界，是全人类以最符合自身需要和特质的方式而实现自由全面发展的理想社会；其次，共产主义是未来的实际制度和社会形态，以生产力的高度发展、私有制的彻底废除为根本特征；最后，共产主义是一个现实的革命运动，是无产阶级不断消灭旧世界、建立新世界的过程。

进而言之，共产主义社会的基本状况主要可以从两个方面加以描述。其一是社会经济状况。马克思恩格斯明确指出，共产主义社会绝不是基于某种政治理念、道德伦理观念或宗教意识的抽象共同体，而是在社会物质生产基础上的现实共同体，具有鲜明的经济意蕴。“法的关系正像国家的形式一样，既不能从它们本身来理解，也

① 为论述方便，这里将共产主义社会中具有符合思想政治教育性质和特征的活动称之为“共产主义社会思想政治教育”。

② 参见徐成芳、张艳宏：《近年来国内马克思共产主义思想研究述评》，《当代世界与社会主义》，2018年第5期，第199—200页。

不能从所谓人类精神的一般发展来理解，相反，它们根源于物质的生活关系”[①]，也就是从“市民社会”中去理解。当然，一方面共产主义源于市民社会，源于资本主义生产方式所创造的巨大物质财富以及由此形成的人与人之间广泛的交往关系；另一方面共产主义又超越市民社会，超越那种自私、狭隘、畸形的阻碍生产力发展的生产关系[②]。

具体来说，第一，共产主义社会生产力高度发展并形成了普遍交往的世界历史。马克思指出，共产主义“是以生产力的普遍发展和与此相联系的世界交往为前提的”[③]，从逻辑上讲，共产主义以实现全人类解放为标志，而全人类的彻底解放需要坚实的物质基础和充分的交往关系，因此作为社会形态的共产主义必然具备这两方面特征，是一个世界性范畴。其次，生产关系方面，马克思主义经典作家随着研究的不断深入而在表述上略有不同。在《1844 年经济学哲学手稿》中，马克思指出共产主义就是对私有财产的积极扬弃。私有财产最初源于背离人本身的异化劳动，而私有财产一旦出现便成了加剧异化劳动的手段和缘由，因此，共产主义要实现对人的本质的复归，就要扬弃异化劳动与私有财产。这是一种人本主义的伦理经济学分析路径。在《德意志意识形态》中，马克思恩格斯从唯物史观基本原理出发，将分工与私有制结合起来，指出二者是“相等的表达方式，对同一件事情，一个是就活动而言，另一个是就活动的产品而言”[④]，因此共产主义要废除不合理的劳动分工，实际上就是彻底消灭私有制。这样便从抽象的思辨逻辑转向了现实的实践逻辑，从道义人本批判转向了科学政治经济学批判。在《资本论》中，共产主义社会的所有制形式被概括为“重建个人所有制”，“是

① 《马克思恩格斯文集》第 2 卷，北京：人民出版社，2009 年，第 591 页。

② 参见曲轩、林进平：《马克思视野中的共产主义是什么样的共同体?》，《中国人民大学学报》，2019 年第 1 期，第 48 页。

③ 《马克思恩格斯文集》第 1 卷，北京：人民出版社，2009 年，第 539 页。

④ 《马克思恩格斯文集》第 1 卷，北京：人民出版社，2009 年，第 536 页。

在资本主义时代的成就的基础上，也就是说，在协作和对土地及靠劳动本身生产的生产资料的共同占有的基础上，重新建立个人所有制”[①]。这段论述的要点在于，其一，共产主义社会的所有制形式以生产力的高度发展和生产资料的共同占有为基础；其二，重新建立的是个人所有制，意味着个人通过自身劳动得到个人财产，而非支配他人劳动的私有财产，废除财产的非正义属性不等于废除财产本身；其三，重建的个人所有制就性质而言是公有，是个人自由个体与社会总的劳动产品间的作用关系，是人与人之间的联合交往形式。从这些略有差异的表述中可以概括出共产主义社会的基本经济特征是，生产力的高度发展以及在此基础上平等和谐、协作互助、广泛充分的生产关系和交往关系。因此最后，与之相应在政治关系上，在共产主义社会中阶级和国家将不复存在，全人类在每个人自由全面发展的基础上结合成为“自由人的联合体”。

第二，在这个“自由人的联合体”中，人的生存境遇是何种状态？对此马克思恩格斯有过几段经典论述：共产主义是“通过人并且为了人而对人的本质的真正占有……是人向自身、也就是向社会的即合乎人性的人的复归”[②]；人们可以“随自己的兴趣今天干这事，明天干那事，上午打猎，下午捕鱼，傍晚从事畜牧，晚饭后从事批判”[③]；“劳动已经不仅仅是谋生的手段，而且本身成了生活的第一需要”[④]；在这个联合体中，“每个人的自由发展是一切人的自由发展的条件”[⑤]。可见，首先，共产主义社会的劳动性质发生改变，不再是枯燥、乏味的谋生手段，而是人们充分施展自我才能、满足自身需要的目的本身，因而具有了消遣的性质。当然，这种情形以生产力水平极高发展从而必要劳动时间缩减到最低限度为前提。其次，劳

① 《马克思恩格斯文集》第5卷，北京：人民出版社，2009年，第874页。
② 《马克思恩格斯文集》第1卷，北京：人民出版社，2009年，第185页。
③ 《马克思恩格斯文集》第1卷，北京：人民出版社，2009年，第537页。
④ 《马克思恩格斯文集》第3卷，北京：人民出版社，2009年，第435页。
⑤ 《马克思恩格斯文集》第2卷，北京：人民出版社，2009年，第53页。

动性质的改变带来的是人们身心素质的全面发展与自由个性的充分张扬，突破了将人局限在极其狭隘范围内的机械劳动，人们可以依据自身兴趣从事各项活动，全面发展各项才能；与之相伴随的是自我个性的充分张扬，而这里的“个性”又是联合体的集体属性在个人身上的人格投射，即一种“从心所欲不逾矩”的积极个性。再次，每个人的社会关系充分扩展，精神境界极大提高。生产和交往的充分发展极大地扩展了每个人的生存边界，人们在各种形式的交往活动中结成了丰富的社会关系，这些社会关系最为“合乎人的本性”，其性质是非对抗的、互助和谐的，原因在于人们充分认识到自身的发展以所有他者的发展为前提，由此形成牢不可破的“保险博弈”，这是一种崇高的精神境界。这种高尚“共在”精神还体现为对人本身（而不仅仅是自身）的终极关怀，一种永无止境的反思与进取态度。最后，共产主义社会中人们的高尚精神境界，固然有其充分的社会经济文化基础，但却是潜在和间接的；而将这种潜在性转化为现实性的，便是共产主义社会的思想政治教育。

基于对社会经济状况与人的生存境遇的描述，可以概括出共产主义社会的主要特征：其一，必然性与现实性。共产主义的实现具有自然和历史的必然性，这是马克思主义经典作家通过大量事实基础与逻辑论证所得出的科学结论。共产主义实现的必然性既来自人与社会自然的相互作用，即人不同于动物之处在于人具有任何物种的尺度，能够不断探索更适于自身生存发展的方式，这种永无止境的超越性品质决定了人不会满足于当下，而是不断指向发展的未来，这是一种潜在的必然性。而共产主义实现的现实必然性则源于生产力与生产关系的矛盾运动，基于对资本主义社会基本结构与内在矛盾的深刻剖析。马克思恩格斯指出资本主义生产关系已经成为生产力进一步发展的边界与限制，“生产资料的集中和劳动的社会化，达到了同它们的资本主义外壳不能相容的地步。这个外壳就要炸毁了。资本主义私有制的丧钟就要响了”[①]，因此共产主义的实现便是自然

① 《马克思恩格斯文集》第5卷，北京：人民出版社，2009年，第874页。

和历史的必然。但是，这种必然性不等于人们可以什么都不做，像等待明天一样期待它的自然到来。共产主义只有通过无产阶级的革命运动才具有现实意义，也正是在这个意义上马克思主义经典作家才将共产主义视为“变革现实的运动”。其二，长期性、层次性与阶段性。尽管共产主义是人类社会未来的必然走向，但这是一个极其漫长的过程，“无论哪一个社会形态，在它所能容纳的全部生产力发挥出来以前，是决不会灭亡的；而新的更高的生产关系，在它的物质存在条件在旧社会的胎胞里成熟以前，是决不会出现的”①。共产主义的实现必然会经历与旧社会的纠缠，期间曲折与反复不可避免。正是看到了这种复杂性，马克思将共产主义社会划分为两个阶段，在共产主义的初级阶段，社会经济政治文化等各方面带有资本主义社会的痕迹是难以避免的。其三，开放性和发展性。马克思恩格斯一再指出，共产主义社会并不是一个终极的永恒形态，而是和其他社会形态一样不断发展。所谓将共产主义理解为人类社会的“最高形态”，只是较之于当下而言具有相对的含义。共产主义作为“自由王国”的开端，只是一个起点，因此在这个意义上马克思指出共产主义是“人的解放和复原的一个现实的、对下一段历史发展来说是必然的环节”②，而人类所真正追求的也不是作为手段或环节的共产主义本身，而是人自身的彻底解放。③

（二）共产主义社会思想政治教育“自觉—本真”形态

在此基础上，可以对共产主义社会思想政治教育的存在逻辑展开论述。首先是生发逻辑，即共产主义社会存在思想政治教育的缘由和依据。其一，前文已述，共产主义是社会和历史的必然，这种必将成为现实的社会形态为该社会中思想政治教育的存在奠定前提。否则，存在一种没有社会根基的思想政治教育，是不可想象的。其

① 《马克思恩格斯文集》第2卷，北京：人民出版社，2009年，第592页。

② 《马克思恩格斯文集》第1卷，北京：人民出版社，2009年，第197页。

③ 参见杨峻岭、吴潜涛：《全面理解马克思恩格斯共产主义的科学内涵》，《马克思主义研究》，2018年第4期，第10页。

二，思想政治教育属于社会意识的范畴，而社会意识具有相对独立性，社会意识的相对独立性表现之一是与社会存在的不完全同步性。也就是说，尽管共产主义的经济社会面貌同以往相比发生了根本性改变，但人们的思想意识却不可能完全摆脱旧社会形态的影响，特别是在共产主义社会的初级阶段，这个阶段“刚刚从资本主义社会中产生出来的，它在各方面，在经济、道德和精神方面都还带着它脱胎出来的那个旧社会的痕迹”①，因此在这一阶段通过思想政治教育引导人们正确认识社会和时代的变化、转变自身观念、从而逐步培养起共产主义的思想认识和道德观点，不仅是可能的，而且是必要的。而此时的思想政治教育，在形式上和以往相比也有很大的相似之处。其三，从矛盾的普遍性原理出发，矛盾无时不在，无处不有，是事物存在的根据。阶级矛盾只是人与社会关系的一种表现形式，在共产主义社会中，人和社会的矛盾以另外一种形式呈现出来，但这并不意味着矛盾的消失。共产主义社会人与人之间的矛盾是一种超阶级的和谐状态，但无论矛盾的状态如何，作为现实的社会关系是客观存在，而与之相应在社会意识上所反映的共产主义道德观念及其教化，自然也是客观现实的。具体而言，共产主义社会的特征之一是人们交往的普遍性，而交往必然以某种规则和秩序为前提，因此思想政治教育作为社会关系建构与维系的基本途径，在包括共产主义社会在内的任何社会中都具有存在的根基与理由。其四，进而言之，一方面从人的生物本性来看，同其他生物相比，无论具有多么特殊的文化属性，无论以一种怎样的方式呈现自身的存在，“而人来源于动物界这一事实已经决定人永远不能完全摆脱兽性，所以问题永远只能在于摆脱得多些或少些，在于兽性或人性的程度上的差异”②；另一方面人类毕竟不同于动物，需要以社会的形式维系作为“人”这一物种的繁衍，因而人的这种自然属性与社会属性的矛

① 《马克思恩格斯文集》第3卷，北京：人民出版社，2009年，第434页。

② 《马克思恩格斯文集》第9卷，北京：人民出版社，2009年，第106页。

盾只有通过道德教化的方式才能得以解决。因此，尽管共产主义社会中人们的精神境界得到了极大提升，但就对自身生物本性的规约以实现更好的发展方式而言，思想政治教育仍然有存在的必要。

共产主义社会存在思想政治教育，其形态特征表现为一种“自觉—本真”的呈现逻辑。首先，这里所说的形态呈现主要是指共产主义社会的高级阶段，而对于刚刚从旧社会中脱胎而来的初级阶段，其思想政治教育同经济文化各方面一样，很大程度上保留了先前社会的种种特征，或者说是一种朝向新形态的过渡形态。其次，共产主义社会的思想政治教育以所有人的高度自觉为前提。其中包含几层意思：其一，“所有人”是指全人类，共产主义社会不再有阶级国家的划分，所有人以类的形式作为联合体而存在，因此思想政治教育也不再是一些人对另一些人、一部分人对另一部分人的教育，而是以类形态出现的所有人的自我教育，在这个意义上，共产主义社会只有一种思想政治教育；其二，共产主义社会思想政治教育的主客体合而为一，每个人都既是教育者，又是受教育者，即所有人的自我教育，这是由于人们精神境界与各方面素质能力的极大提升，既认识到思想政治教育对于自身发展的重要意义，同时也具备进行自我学习与自我教育的能力；其三，这种态度与能力上的自觉是共产主义社会思想政治教育得以实现的重要基础和保障，只有充分意识到通过思想政治教育协调好“人人为我”与“我为人人”的辩证关系，才能实现所有个体的自由全面发展，因此人人都需要思想政治教育，人人都进行自我思想政治教育的“自觉”意识是极为重要的。最后，共产主义社会的思想政治教育脱去了阶级性的外衣，直接指向人的解放与发展，因而是一种本真与回归。具体而言，一则，“本”意为本来面目，即最初的发生缘由，原始社会之所以出现思想政治教育在于原始人维系生存的基本需要，而阶级社会的思想政治教育则沦为维护阶级统治的某种工具，在共产主义社会中，思想政治教育再次回归其作用于“人”本身的本源所在；二则，“真”意味着合乎本质，前文已经指出，在最一般的意义上思想政治教育的内核是通过建构和维系特定的社会关系以协调秩序，维系人生存促进人发展，在共产主义社会，思想政治教育不再通过所谓的“虚假共同体”间接作用于人，而是直接指向联合起来的人本身，回归现实的生活世界，追求终极的生命关怀，在不断的反思与超越中开创“人”最合乎其本性的境界，实现永无止境的解放与发展。这便是共产主义社会思想政治教育“自觉—本真”形态的基本含义。

四、思想政治教育历史形态的完整序列

以整体、宏观的过程性历史视域考察思想政治教育的产生、发展和演进，能够得出思想政治教育存在的时空场域集中但不局限于阶级社会的结论，由此构成其历史形态的完整序列。在这个序列中，思想政治教育形态有了阶级与非阶级（在逻辑推论的意义上）两种区分，由此便会产生这二者间关系的问题。应当说，阶级形态与非阶级形态不是相互分离割裂的，而是这个统一历史过程的有机构成，是人类社会发展历程中伴随生产方式的改变而与之相应在政治观点和思想观念上作用和实现方式的演进序列。从根本上说，作为思想上层建筑，思想政治教育阶级形态与非阶级形态的统一性是由人类社会生产发展的连续性决定的。人和动物最大的不同之处在于动物只是盲目被动地从自然界中获取物质资料，而人类则能够积极主动地从事物质资料的生产劳动，只有在生产劳动中人才能够作为人实现生存和发展，因此对人类社会而言，物质资料的生产在任何时候都是首要和基本的前提条件。然而，生产并非一个人的生产，而是人与人之间相互配合与协作的活动，由此在生产过程中便会产生人与人之间的关系，这些关系具有种种复杂表现形式，可能是和谐一致的，也可能是冲突对抗的，而人类只有通过一定的方式将这些关系限定在适当的形式内，才能够避免在过度的对抗中消耗自身，这便是政治和道德产生的根源。而思想政治教育正是通过作用于人们的思想认识以建构并维系适应生产发展的社会关系，因此就物质生产对于维系人类社会存在和发展的前提性基础性意义的角度而言，

思想政治教育并不仅仅局限于阶级社会，其阶级形态与非阶级形态是与不同生产方式相适应的表现形式，是一个连续和统一的历史过程。

在这个连续的历史序列中，原始社会形态与共产主义社会形态分别构成阶级形态的过去式和将来式。思想政治教育的原始社会“原发—形成中”形态是阶级形态的过去式，揭示了思想政治教育的起源和形成过程，以混沌和潜在的形式包含了阶级形态中所有矛盾的根源。阶级形态中最为核心的意识形态属性，其对抗性起源于原始社会末期家庭关系的实质；而任何一种意识形态的目的都在于维系特定的社会关系，这在原始社会中表现为指向维系氏族生存的某种规则和秩序；而意识形态本身作为独立的思想上层建筑，也是从原始社会混沌的社会整体意识中逐渐分化而产生的。可见，“原发—形成中”形态是孕育和产生阶级形态的母体，二者虽然从外观和内容来看存在很大差别，但具有相同的本质，是其在历史中生成和实现的不同阶段表现。正如种子和树木的关系，它们彼此在外观形态上明显不同，但在物种的角度上属于同一事物，是其自然的生发演进过程。思想政治教育的共产主义“自觉—本真”形态则是阶级形态的将来式，勾勒出思想政治教育未来发展的趋向和走势。马克思主义哲学揭示出现存一切事物必然灭亡的规律，阶级作为一种历史现象同样也是如此，其产生于物质资料在满足人生存需要基础上有所剩余但仍不够充分的历史前提，也必将随着物质资料极大丰富能够满足所有人的发展需要而消亡。当然，某事物的消亡并非构成该事物的物质本身不复存在，而是指其内在物质要素形态或组合关联的结构形式的改变与转化。阶级的消亡也是如此，就实质而言，阶级只是某种特定社会关系的实现形式，当这种关系发展到新的阶段时自然也就不再需要阶级这种形式来确证和维系，但作为实质内容的社会关系却是与人类社会始终相伴随的。伴随这种社会关系形式的转变，思想政治教育必然也会发生相应的变化，“自觉—本真”形态便是对应于共产主义社会自由人联合体这种社会关系的教育形式，该形态表明阶级社会中外在、异己的思想政治教育已被主体自身所占有，成为其自我发展、自我实现的基本手段和方式。

从根本上讲，之所以说阶级形态与非阶级形态统一于思想政治教育这一人类文化现象的历史过程，在于贯穿始终的内核与本质是相同的。无论是原始社会盲目无意识的言传身教，还是阶级社会的意识形态教化，以及共产主义社会彰显主体力量实现全面发展的自我教育，在历史序列中思想政治教育的落脚点都指向了相同的目的：建构与维系某种社会关系，不论这种关系的范围是大是小、性质是和谐统一还是分裂对抗，这便是思想政治教育存在的意义和根据所在。当然，维系社会关系的方式不止思想政治教育一种，因此这是从“属”的角度对思想政治教育本质的界定；而从“种差”的角度看，在历史发展中不论何种形态的思想政治教育，其基本形式都是教化和引导，即通过思想观念的塑造而从根本上实现对特定社会关系的内在认同，由此区别于制度法律等其他形式通过外在约束而实现的规则秩序。因此，尽管不论从内容还是形式看阶级形态与非阶级形态都具有很多差别，但其之所以能够作为一个完整序列统一于人类社会历史发展中被称作“思想政治教育”的文化现象，其依据就在于此。

第三节　人类历史视域下的思想政治教育形态演进规律

一、边界扩展、否定回归与聚合统一

基于人类社会历史的整体宏观视域，能够概括出思想政治教育发展演进的若干规律，有学者指出，这些规律体现了思想政治教育内在的历史逻辑，“呈现出从零散到系统、从自发到自觉、从简单到复杂、从经验到科学的发展态势”[①]。通过本章前两节对思想政治教

---

① 杨威、陈毅：《思想政治教育形态问题初探》，《思想理论教育》，2020 年第 1 期，第 55 页。

育"原发—形成中"形态、阶级形态、"自觉—本真"形态各自内部以及彼此之间历史脉络的梳理，可进一步归纳出思想政治教育在历史发展进程中范围、性质、功能等形态方面的演进规律，主要有边界扩展、否定回归、聚合统一等。

第一，"边界扩展"规律。这是指思想政治教育在历史发展过程中对象范围、内容方法等由少到多、由点到面，逐步渗透到社会生活各个领域和方面的扩展规律。具体而言，在教育对象范围方面，原始社会思想政治教育的范围仅限于各个分散的民族、部落等原始集团内部；进入阶级社会则发展为特定阶级（主要是统治阶级）内部或不同阶级间乃至整个社会（尽管从性质上看，阶级社会分裂为统治阶级和被统治阶级，思想政治教育的范围较之于原始社会从"全体人"变为"部分人"，但就数量而言仍然是远远大于原始社会氏族整体的，因而仍然是一种扩展。这与人类社会人口发展的总体规律相一致）[①]，由此思想政治教育呈现为以民族或国家为边界的形态。随着世界历史的形成与发展，超越政治民族与国家之上的共同规则、共同主张必然会随着交往的不断扩展而日益增多，相应便会产生基于国际共识的国际社会形态。这种形态的发展最终便是共产主义社会全人类作为一个统一体的类形态，而这也是最为普遍意义上的思想政治教育。在教育内容方面，最初的思想政治教育仅仅局限于简单生活技能和人际规范，而后发展到更大范围内人与人之间的交往准则，由此形成社会伦理；当阶级和国家产生后，统治阶级的意识形态便成为思想政治教育的主要内容，而这些内容的增加并不会淡化原有的道德伦理内容甚至还以此为基础；随着社会实践的继续发展，伴随不断产生的新情况新问题，思想政治教育便会增加相应的内容，在当代社会最为明显的便是心理疏导、人文关怀等；

① 这里需要澄清的是，原始社会的"社会整体"是就某个氏族、部落或部落联盟的意义而言，因为原始社会孤立分散的特征决定了任何氏族能够与外界接触的范围是极其有限的，因此对每个氏族来说"整体"就是其自身或能够接触到的联盟。而全部这些分散氏族部落集合意义上的"整体"并不具有现实性。

随着人类社会交往的不断深入与全球性问题的日益凸显，我们有理由相信，基于人类命运共同体理念的思想内容将扮演越来越重要的角色。可以看出，伴随人类社会的发展演进，新的教育内容不断涌现，而原初和基本性内容并未消失，而是以新的形式得以保留。在教育方法方面，总体上经历了经验、零散、生活化到学理、系统化、制度化两个阶段，在前一阶段，思想政治教育逐步从日常生活中独立并分离出来，从言传身教、身体力行到口头教育，再到专门、正式的引导教化，逐步走向正规化；而在后一阶段，基于系统反思的思想政治教育方法则大体体现为从灌输、批评与自我批评、对话引导，到网络、多媒体、心理干预等现代方法的过程。一方面，同内容发展一样，新方法的出现只是丰富和改变了方法体系，传统方法借助新的形式而继续保留和发展；另一方面，现代技术手段的运用又促进了思想政治教育与社会生活各个方面的深度融合，从而进一步推动了思想政治教育在质和量上的双重深化与扩展。

第二，“否定回归”规律。指思想政治教育的核心理念、价值主张及功效属性在历史过程中螺旋上升的发展规律。这一规律可从两方面加以阐述，其一是思想政治教育的基本理念和价值取向在不同时期就形式和外观而言具有某种相似性，但其内容和实质在根本上却是否定和上升的。以原始社会“原发—形成中”形态和共产主义社会“自觉—本真”形态为例，从直观上看二者都致力于实现共同体所有成员的发展，都是一种整体本位的价值取向；但就其各自“共同体”的性质而言共产主义的自由人联合体显然要高于原始社会的氏族共同体，后者所指向的是维系生存，而前者则是超越和解放。因此共产主义社会思想政治教育看起来是朝向原始社会的某种“回归”，但这显然是更高意义上的“复活”与“重建”。而这种复归之所以能够实现，在于经历了阶级社会思想政治教育的两次否定：在阶级形态中，思想政治教育以表达特定群体意志、维护特定群体的利益为宗旨，通过限制一部分人的发展来实现其他人的发展，因此较之于原始社会的全员发展，阶级社会的部分成员发展构成第一次否定；而伴随阶级的消亡，共产主义要实现的是全人类的发展和解放，因此又通过第二次否定再次指向了整体，思想政治教育的历史形态由此呈现出阶段性特征，但这只是就数量和形式规定一个方面来说的。另一方面，从内容和性质来看，思想政治教育对于人的发展的理念主张是伴随生产力的提高而不断深化和丰富的，这是一个既不断克服又有所保留的扬弃过程。因此，从根本上讲思想政治教育历史形态演进中理念和取向的否定回归是通过连续性与阶段性的统一而实现的。其二，思想政治教育的历史性质和功效是在经历倒退和反复中向前发展的。就总体进程而言，思想政治教育阶级形态较之于原始社会形态以形式上的倒退实现了内容上的进步，而这种倒退和反复对于更高的共产主义形态而言又是不可或缺的必经环节。在阶级形态内，古希腊旨在培养人整体素质的思想政治教育经过中世纪神学思想政治教育的“否定”，孕育出西方近现代再次凸显人价值与尊严的思想政治教育；中国共产党思想政治教育在民主革命时期颇有成效，经过历史的“否定”，在当代中国又焕发出蓬勃生机。而在每一个具体时期和地域中思想政治教育的发展，同样也是在这种曲折探索和波动反复中得以实现的。正如恩格斯所言：“没有哪一次巨大的历史灾难不是以历史的进步为补偿的。只有活动方式在改变。”① 可见，在漫长历史演进中，思想政治教育形态的发展呈现出鲜明的“否定回归”特征。

第三，“聚合统一”规律。指思想政治教育在历史发展中对社会关系进行思想整合与共识凝聚的功能规律，标识着思想政治教育这一社会性存在的价值与意义。通过对思想政治教育历史形态的过程性考察，不难发现思想政治教育的基本功能在于“合”而非“斗”。这一点在非阶级形态中较好理解，在原始社会，思想政治教育的主要功能在于形成氏族成员共同认可的观念和规则，从而将个体极其

① 《马克思恩格斯文集》第10卷，北京：人民出版社，2009年，第665页。

有限的力量凝聚成集体的合力，以应对严酷的自然环境从而维系生存；在共产主义社会，思想政治教育则是每个人自我发展自我实现的基本需要，通过自我教育不断提升思想境界，在“自由人”的基础上形成“联合体”，实现所有人的全面发展。而在阶级社会，通常说来思想政治教育是统治集团意志诉求的集中表达，是维护阶级统治的工具，由此不免使人产生思想政治教育执行阶级对抗斗争职能的印象。事实上，阶级社会思想政治教育的“聚合”是在“分裂”基础上进行的，正是由于社会中存在不同观念和主张，为了避免持有这些不同主张的社会成员在无止境的争斗中过度消耗自身而影响更为基本的生产活动，需要有一些协调、整合机制以保证社会在稳定秩序内运行，思想政治教育便是其中之一。不同于国家机器的强制性力量，思想政治教育的作用是一种软性协调，其特征在于能够吸纳更多的意志和主张，从而将社会的分裂力量控制在一定范围之内。从这个意义上说，阶级社会思想政治教育的意识形态要求与约束只是手段，其最终目的在于稳定秩序，建构关系，因而同样是“统一”而非“分裂”。在历史发展中，思想政治教育“聚合统一”规律的实现主要依靠三种机制，其一是协同，即对不同的思想观念进行和解，在有倾向性的基础上形成共同接受的意志和主张，表现为“让多元价值并存或者是将分歧统一于更普遍的理论基础，以逻辑一致的价值体系使社会成员相互尊重，持续社会合作”①。其二是转化，通过一定的环节和形式使具有普遍性、整体性的社会共同意志与个体性、差异化的思想观念相对接，进而转化为个体自身的价值意愿与文明素养。其三是借力，借助政治观念的约束规范与道德伦理的引导认同，使协同与转化成为可能，从而实现不同观念的整合，形成相对和谐稳定的关系，对社会历史发展产生“聚合统一”的效应与价值。

---

① 参见李敏：《论思想政治教育社会属性的本质规定及实践运行》，《思想教育研究》，2018年第8期，第26页。

二、熔铸于人类自我超越、自我确证的解放历程中

基于对思想政治教育形态发展过程的概括和抽象，可以得出边界扩展、否定回归、聚合统一三条规律。在此基础上对这三条规律进一步加以反思能够发现，思想政治教育形态的历史演进与人类解放的历史进程相伴随，思想政治教育熔铸于人类自我超越、自我确证的解放历程中。

从过程与形式的角度看，思想政治教育形态发展同人类解放过程具有共性特征，主要表现为过程性、阶段性、曲折性和上升性。首先，思想政治教育是一种文化现象，其规定性在历史过程中得以生成和展开，依次更替的形态揭示出思想政治教育建构社会思想关系的内核与本质，思想政治教育现象与人类社会共始终。人类解放是人自身不断摆脱束缚、争取自由的活动，是人本质力量的彰显，就其对人类自我确证和实现的意义而言，人类解放不仅仅是物质性活动，还更多地体现为一种精神性、文化性活动。同样，人类解放也是一个历史过程，自人类社会产生起就面临从严酷的自然环境中生存下来的基本需求，这是解放的最初形态；随着历史的发展，解放的范围不断扩展，内涵逐渐丰富；共产主义并不是人类解放的终点，而是人类进入自由王国的新起点和标志。因此，人类解放没有止境，同思想政治教育一样，其形态在历史中不断生成发展，是一种过程性存在。其次，思想政治教育在历史中依次呈现为“原发—形成中”形态、阶级形态、“自觉—本真”形态三个基本形态，阶级形态又大体经历了由“内生—整体”到“个体—关联”的亚形态演进过程。在不同形态中，思想政治教育的价值理念、诉求主张、内容方法等具有很大差异，呈现出鲜明的阶段性特征。人类解放同样也是如此，社会形态的更替演进标志着人类解放阶段的递进，原始社会、奴隶社会、封建社会、资本主义社会、社会主义社会以及共产主义社会五种形态，大体上勾勒出人类解放的主要阶段与环节。最后，思想政治教育形态的发展是在曲折中前进的扬弃过程，人类

解放同样也是如此。马克思在论述人的发展三形态时指出，以物的依赖为基础的人的独立性阶段是对人的依赖阶段的超越，但这种超越表现为形式上的倒退，然而却又是实现自由人联合体的必要环节。思想政治教育形态的演进也是如此，每一种形态都是在前后关联中存在的，即使负向的虚幻形态也有其历史必然性和积极意义，正是通过形态间的否定和扬弃，思想政治教育才能够作为过程性存在于历史中生成和发展。因此从形式特征的角度而言，思想政治教育与人类解放历程相伴随。

从内核与实质的角度看，思想政治教育不仅仅是伴随，而且深深熔铸在人类解放进程中，成为人类解放的一支力量、一个方面与一种彰显。首先，从根本上讲，思想政治教育存在的意义是使人以更符合“人”的方式实现更好的生存与发展，最终落脚点是人对自由的追寻与占有，这也是人类解放的要义所在。就解放一词的基本含义来看，其内涵是突破束缚，获得自由，而自由是基于必然的，“自由不在于幻想中摆脱自然规律而独立，而在于认识这些规律，从而能够有计划地使自然规律为一定的目的服务”①，可见自由是合规律性与合目的性的统一。思想政治教育的合规律性体现为一定科学理论的指导，归根结底在于作为时代精神精华的哲学世界观；思想政治教育的合目的性在于体现社会主流意志的政治观点和伦理规范，反映时代总体的价值取向和追求；思想政治教育合规律性与合目的性统一于现实的教育引导与自我规范的行为实践中，由此作为一种积极的自由力量体现并推动人类解放的历史进程。其次，思想政治教育通过调节个人与社会的关系来推动人类解放。人类解放总体上涉及人与自然、人与社会、人与自身三方面关系，三者中人与社会的关系居于主导和统摄地位。一方面，人与自然的关系是通过社会的形式来体现的；另一方面，人与自身的关系是在社会中评价和确证的。正如马克思所言，“人不是抽象的蛰居于世界之外的存在物。

---

① 《马克思恩格斯文集》第9卷，北京：人民出版社，2009年，第120页。

人就是人的世界，就是国家，社会”[①]，“只有在共同体中，个人才能获得全面发展其才能的手段，也就是说，只有在共同体中才可能有个人自由”[②]。在共同体中个人自由的实现必须基于一定的社会关系，而思想政治教育正是调节个人同社会关系的重要方式。思想政治教育通过武装人头脑、建构人精神的方式使“批判的武器”作用于使用“武器”的主体——一定社会关系中的现实的个人，从而转化为“武器的批判”，实现对个人和社会关系的调节以推动解放的进程。最后，通过这种引导、建构和调节，思想政治教育最终所要实现的是个人与社会的统一。这种统一既不是原始社会自发盲目的混沌整体，也不是阶级社会的强制不公与迁就让渡，而是真正的自由人联合体，即“个人的自由发展和个性与整个社会的发展融为一体”，“每个人的发展与其他人的发展互为条件”[③]。这种统一是个体与类、社会与自然、自由与必然的历史之谜的解答，也正是人类解放的最终目标。当然，这一愿景的实现必然漫长且曲折，但思想政治教育的历史形态演进已经表明，总体趋势和方向是不会改变的。

更进一步讲，思想政治教育之所以能够伴随并推动人类解放，在于其充分彰显并培育壮大了人的本质力量[④]。其一，思想政治教育引导人不断认识自我、反思自我，在对真善美的追求中激发人的主体性、能动性和创造性，引导人们充分占有自身本质，使人“成为人”。其二，思想政治教育通过不断调整个人同社会的思想关系，以引导和促使人探索更适合于自身的存在方式，使人永无止境地追求自我发展、自我完善，成为一种超越性存在。其三，思想政治教育为人提供面向未来的信仰与信念，是对人安身立命的终极依据与人生价值的最高探索，即为人提供终极关怀。正是凭借这种精神性、

---

① 《马克思恩格斯文集》第1卷，北京：人民出版社，2009年，第3页。

② 《马克思恩格斯文集》第1卷，北京：人民出版社，2009年，第571页。

③ 胡刘、薛俊强、何玲玲等：《马克思主义基础理论专题研究》，北京：人民出版社，2018年，第192页。

④ 观点参考张澍军：《德育哲学引论》，北京：人民出版社，2002年，第134—145页。

价值性追求与主体性、能动性力量，人才能够成为一种不断追求解放的超越性存在。由此可见，思想政治教育既是人类解放进程中人的本质力量的集中体现，也是进一步培育、发展人本质力量的基本方式，从而成为人类解放的现实彰显与重要力量。因此在这个意义上说，思想政治教育伴随并深深熔铸于人类自我超越、自我确证的解放历程中。

第六章 思想政治教育形态研究的理论价值

本书在开篇时就已指出，思想政治教育形态研究的目的不仅在于描述“思想政治教育看起来像什么”，更在于揭示其“究竟是什么”，而对后者的回答，也正是逻辑理路中从“思维抽象”到“思维具体”的实现。当然，这种跃升是在思维逻辑的层面进行的，因而较之于下一章的现实旨趣来说仍然是抽象的。本章所要探讨的，便是在理论和学科层面思想政治教育形态研究的归结与价值。就直接和切近的意义而言，形态研究的落脚点在于实现对思想政治教育概念和本质的深化认识；而从引申的角度来说，形态研究提供了一个深刻理解思想政治教育的认识工具，对于实现学科纵深与融合发展具有重要意义。

第一节 引发关于思想政治教育概念适用语境的思考

作为形态研究的逻辑起点，思想政治教育概念是对思想政治教育活动和现象最为一般和抽象的概括。从这一抽象的起点出发，基于特定视域思想政治教育的形态逐渐丰富和充盈；当这一工作完成时，形态研究的逻辑行程便实现了一次螺旋式上升，重新回到了概念本身。此时，在更多规定性的充实下，作为逻辑起点的概念已显得有些抽象和单薄，主要表现为适用语境较为笼统，难以实现精准定位和精确表达。因而这里所要做的工作，便是尝试对此困境加以探索和突破。

一、传统思想政治教育概念的语义困境

这里所说的传统思想政治教育概念，并没有特指某一时期或某位学者的某种表达，而是站在形态研究的视角来反观和泛指目前我们通常在一般意义上所说的思想政治教育概念。从学界目前的研究现状而言，对概念本身的界定就存在不少争议，只有首先阐明这些不同概念界定的各自区别，明确其差异体现在何种层面和维度，才能够进一步从整体上对其语义表述与使用语境作出评价。因此首先需要做的是对学界有关思想政治教育概念的界定论述加以梳理和分析。

第一，思想政治教育概念本身的形成就经历了一个过程，对此第三章已有论述，但这并不是重点，这里主要探讨的是这一概念表述形成确立之后其内涵的不同界定。也就是说，同样是“思想政治教育”，不同学者对其内涵的理解并不一样，这里选取几个有代表性的观点加以评述：“思想政治教育是指社会或社会群体用一定的思想观念、政治观点、道德规范，对其成员施加有目的、有计划、有组织的影响，使他们形成符合一定社会或一定阶级所需要的思想品德的社会实践活动。”① “一定的阶级或政治集团，为实现一定的政治目标，有目的地对人们施加意识形态的影响，以期转变人们的思想，进行指导人们行动的社会行为。”② “一定阶级或政治集团，为了实现其政治目标和任务而进行的，以政治思想教育重点的，思想、道德和心理综合教育实践。”③ “思想政治教育是教育者与受教育者根据社会和自身发展的需要，以正确的思想、政治、道德理论为指导，在适应与促进社会发展的过程中，不断提高思想、政治、道德素质和促进全面发展的过程。”④ “思想政治教育是一定的阶级、社会、组

---

① 张耀灿、陈万柏主编：《思想政治教育学原理》，北京：高等教育出版社，2001年，第4页。

② 苏振芳主编：《思想政治教育学原理》，厦门：厦门大学出版社，2000年，第5页。

③ 陈秉公：《思想政治教育学》，长春：吉林大学出版社，1992年，第2—3页。

④ 《思想政治教育学原理》编写组：《思想政治教育学原理》，北京：高等教育出版社，2016年，第5页。

织、群体与其成员，通过多种方式开展思想、情感的交流互动，引导其成员吸纳、认同一定社会的思想观念、政治观点、道德规范，促进其成员知、情、意、行均衡发展和思想品德自主建构的社会实践活动。”①

对学界这些不同的概念界定，有学者指出，根据“属＋种差”的定义逻辑，其区别主要包含两个方面：一是从“属”的方面看对思想政治教育的定性，其有“社会实践活动”和“教育实践活动”之分；二是从“种差”的角度看，有社会价值本位的“施加”“引导”“转化”等观点及关注受教育者自身方面的“需要”“建构”等观点②。还有学者认为，目前学界对思想政治教育概念的界定存在含混性问题，表现为这一概念对教育内容的表述不够周延，涵盖面有限，教育目标存在泛化窄化问题，形式上看“一定的”等表述过于笼统，缺乏具体指向性③，对活动性质的界定主要倾向于系统、自觉的学校教育，难以涵盖大量潜移默化的教育活动④，等等。以上几位学者关于学界思想政治教育概念存在分歧及问题的评价主要有两个角度，一是在教育学的意义上探讨定义如何更好地契合教育实践，凸显教育的育人属性，以上几位学者的观点多数是在这个层面上进行的；二是在社会或文化的意义上彰显思想政治教育在社会和历史中的定位及意义，上述评价中李春华的观点主要就是基于这种角度。进一步思考不难发现，这两种评价维度大体上和思想政治教育形态研究的两大视域相对应，由此为这样一种思路提供了确证和支持，即以形态研究视域为工具，重新审视和反思思想政治教育概念界定

① 张耀灿：《推进思想政治教育研究范式的人学转换》，《思想教育研究》，2010年第7期，第3—6页。

② 侯勇、孙其昂：《思想政治教育概念学科认识的三维路径》，《探索》，2012年第6期，第133—135页。

③ 参见王淑芹、李文博：《“思想政治教育”概念的廓清与释义》，《思想理论教育导刊》，2018年第8期，第125—126页。

④ 参见李春华、上官苗苗：《论科学把握思想政治教育内涵的基本原则——以界定思想政治教育内涵为视角》，《中国社会科学院研究生院学报》，2017年第6期，第35页。

中的困境和问题。

从形态研究的角度来看，在概念界定时之所以出现表述各异、含混不清的问题，主要源于现实中思想政治教育本身存在的多重性、复杂性，而我们在概念表述时常常将不同层面、不同语境的思想政治教育相混淆。还是以目前学界认可度较高的思想政治教育概念为例①，应当说这一界定尽可能多地吸收、综合了学界各方面意见，因而得到了较为广泛的认可；然而也正是由此，在对不同甚至对立的观点进行综合时也难免出现逻辑上的矛盾现象。回到本书第三章形态研究逻辑起点中关于思想政治教育概念的语义解读框架，从学科属性的角度看，这一概念中的方式词“遵循人们思想品德形成发展规律……对其成员施加有目的、有计划、有组织的影响”显然是基于教育学的表述范式，而属性词“社会实践活动”则更多是基于文化学或哲学的考量。如果严格强调其学科归属的话，那么将结尾处的属性词改为“教育实践活动”会更为精准。与此范式相似，目前学界的大多数界定以“社会实践活动”为属性词，但其他关键词的选取明显偏向于“教育实践活动”。当然，这二者并非绝对矛盾和冲突，因为“教育实践活动”本身属于“社会实践活动”的一个方面，因此从广义的角度来说这样表述是没有问题的。然而，这里之所以要提出这样一个问题，并非无理取闹或“鸡蛋里挑骨头”，而是试图指出平时我们在概念使用时一个常忽略的问题，以期引起学界注意：即有时将思想政治教育视为具体现实的教育活动，而有时又将其看作人类社会中宏观抽象的文化现象，而在概念表述时却并没有加以区分。由此便出现了使用语境混乱和语义表达不清等问题。

这种局面的产生从形态的角度来看无非是因为我们看待思想政治教育时存在两个不同的视域，一个是在特定时空环境下微观具体

① 即张耀灿、郑永廷、吴潜涛等著的《现代思想政治教育学》人民出版社2006年版第50页的界定。详见本书第三章第三节第一目相关论述。

的教育活动，重在考察思想政治教育的主体客体、内容方式、目标价值、运作实现等内容，旨在提升教育的实效性，这是教育学的研究范式，也是本书第四章所分析的结构视域；另一个是在宏观整体的历史发展中将思想政治教育视为人类社会的一种文化现象，考察其产生发展及演变的历史规律，这是哲学或文化学的研究范式，即本书第五章所论述的历史视域。应当说，这两种视域是目前我们认识思想政治教育的两个不同方面，各自的思维方式、研究路向各不相同，但二者的意义和价值各有侧重且具有互补性，故在研究中应当综合使用并加以区分。而在概念表述时对这两个层面应加以区分，明确是在什么意义上使用思想政治教育概念，进而避免混乱，区分概念的具体“所指”，而非泛泛“能指”，从而破解语义困境，实现概念的精准表述。

二、思想政治教育概念的语境划分及规范

要区分思想政治教育概念使用的不同语境，就要对之前界定中的用词进行相应调整，将原本混淆的含义区分开来。就作为微观教育活动的思想政治教育而言，可表述为“教育者遵照一定阶级、政党、社会群体的意愿以及受教育者思想品德形成发展规律，用一定的思想观念、政治观点、道德规范，对受教育者施加有目的、有计划、有组织的影响，提升其思想境界，养成符合一定社会、一定阶级所需要的品德行为的教育实践活动”。这一界定与原有概念的区别在于，首先，将主体词明确限定为“教育者”，对象词从泛泛的“人们”改为“受教育者”，即现实教育行为的直接实施者与承受者，以明确这一活动的教育学性质。其次，教育者在开展教育活动时的遵循有两方面：一是特定阶级政党或群体的意志和意愿，所体现的是价值性主张；二是教育对象的思想品德形成发展规律，这体现的是科学性要求，只有将科学规律与价值诉求结合起来，教育活动才能够有的放矢。再次，将目标词在原来单一“符合一定社会阶级需要的思想品德”的基础上增添“提升其思想境界”，一方面平衡社会取

向与个体取向的分量，以显示教育活动对人的发展的意义；另一方面将“思想品德”拆分为“思想境界”与“品德行为”，使之更符合教育学细化目标维度的原则。最后，将属性词改为“教育实践活动”，进一步凸显其教育活动属性。此外还需注意一点，既然是在教育活动的语境下使用此概念，就有必要明确教育活动的具体属性，以突出其现实性和指向性。具体到表述中就是要注意到“一定的”一词的使用，当其性质和指向非常明确的时候，“一定的”就应替换为有具体内容的表述。如我国当代思想政治教育就可表述为：教育者遵照党和人民的主张意愿以及受教育者思想品德形成发展规律，用马克思主义思想观点及道德规范，对受教育者施加有目的、有计划、有组织的影响，提升其思想境界，使其形成共产主义远大理想和中国特色社会主义共同理想，形成为实现中华民族伟大复兴而应具备的思想观点与品德行为的教育实践活动。

就作为宏观人类文化现象的思想政治教育而言，可界定为“一定的社会组织或群体为维系特定的社会关系和秩序，通过思想引导和精神建构的方式作用于自身及其他成员，以实现更好发展的社会实践活动”。这一表述与原有概念界定差别较大，其要义是：首先，这一概念立足于整个人类社会，并未特指是哪一时期、哪一地域的思想政治教育，而是在最一般的意义上就其整体存在而言，故主体词不再特指“一定阶级、政党”，而是以“社会组织和群体”代之，由此涵盖了非阶级形态的思想政治教育；同时对象词也不再是“其成员”，而是“自身及其他成员”，既更加符合阶级社会中大量存在的超本阶级边界的关联形态思想政治教育的现实，也将原始社会（对其成员而言的“社会”以整个氏族为边界）和共产主义社会（全人类以类的形式进行自我教育）的思想政治教育现象纳入其中。其次，这种文化现象的目的有两个，直接目的是维系特定的社会关系和秩序，间接目的则是实现人类更好的生存与发展，这一点集中体现了思想政治教育作为文化现象所体现的人的开放性和超越性品质及其存在的根本意义和价值。再次，将思想政治教育的教育活动性质淡化表述为思想引导与精神建构，以显示出同社会其他文化现象的区别。最后，属性词“社会实践活动”以及整体概念的表述都尽可能体现思想政治教育中个人和社会关系这一关键矛盾，以更好地揭示思想政治教育的内核与本质。

第二节　推动思想政治教育本质的深化认识

同概念一道，思想政治教育本质研究目前在学界也是一个争议较大领域，且关于本质的争论同概念相比有过之而无不及，这反映出学界在“思想政治教育究竟是什么”这一问题上难以达成共识的尴尬境遇，这对学科的发展是非常不利的，因为本质问题的重要性不言而喻。面对此种境遇，思想政治教育形态研究或许能够提供一些思路和启示。为此，首先需要深刻理解本质的内涵，并明确学界目前有关思想政治教育本质的争论及其焦点所在。

一、学界关于思想政治教育本质的争论及其焦点

在哲学中，本质是指某物“是其所是”的根据。亚里士多德指出，“个体只不过是其自身的实体，所以是的是被认为是个体的实体或本质”[①]，在这个定义中本质是高于个体的上位概念，一事物之所以如此是由于其符合某种规定，这个规定便是其本质。从形式逻辑的角度看，定义是对事物本质的描述，定义所遵循的是“属+种差”原则。亚里士多德关于本质的界定主要是从上位共性即“是什么（属）”的角度进行的，这是必要的，但不够充分。因为某物符合某种规定，只能说明它是此物，但并不能说明它不是别物；符合这种一般性规定的存在都可以是此物，但“此物”不同于“彼物”则是

① ［古希腊］亚里士多德：《形而上学》，苗力田译，北京：中国人民大学出版社，2003年，第135页。

源于其特殊性的规定。黑格尔认为："一物的存在即在他物之内，这个他物即是与它自身同一的，即是它的本质……根据就是内在存在着的本质，而本质实质上即是根据。"① 这个定义则把本质限定在事物自身边界之内，本质就是事物自身存在与规定的统一，侧重于从"种差"的角度对某物"何以是此而非彼"的本质加以阐明。从哲学史这两个关于本质概念的经典界定中不难看出，理解决定某物"是其所是"的本质，包含一般性与特殊性两个维度，前者在于说明其"是什么"，有助于解释同一事物的不同现象和形态呈现，即多样性中的统一性问题；而后者则在于说明其"不是什么"，是为了解释呈现相同现象或特征的事物为何不是同一事物，即普遍性中的特殊性问题。只有将这两个方面结合起来，才能够对事物的本质加以说明。

从研究的逻辑原则来看，思想政治教育本质是一个特殊的认识论问题，尽管研究的对象是本质，但是并不能秉持独断论和本质主义，因为哲学史的发展历程已经表明"没有认识论的本体论为无效"②。同时在认识过程中既要避免"只是从客体的或者直观的形式去理解"的机械唯物主义，又要反对"把能动的方面抽象地发展"的唯心主义③；既不能完全拘泥于历史本身而不加以逻辑上的修正，又不能纯粹地在思维意识中"用词句反对词句"。因此，只有运用马克思主义实践的思维方式才能够科学合理地认识思想政治教育的本质。"在实践中证明自己思维的真理性"④，一方面应当看到思想政治教育本质不等于思想政治教育本体但也不能离开本体，"不能完全套用自然科学的方法，将其实体化和永恒化"⑤，也不能脱离思想政治

① ［德］黑格尔：《小逻辑》，贺麟译，北京：商务印书馆，2009年，第260—261页。
② 孙正聿：《哲学通论（修订版）》，上海：复旦大学出版社，2015年，第89页。
③ 参见《马克思恩格斯文集》第1卷，北京：人民出版社，2009年，第499页。
④ 《马克思恩格斯文集》第1卷，北京：人民出版社，2009年，第500页。
⑤ 李俊奎、王升臻：《关于思想政治教育本质问题的再思考》，《广西社会科学》，2017年第10期，第242页。

教育存在本身进行纯粹任意的主观规定，而应坚持分析与综合、归纳与演绎、抽象与具体、历史与逻辑的有机统一；另一方面思想政治教育本质研究应具有价值指向性，应服从、服务于特定时代内涵下思想政治教育理论研究和实践应用的现实需要。

在此基础上来看学界目前关于思想政治教育本质的界定，应当说是众说纷纭，争议颇多。对此有学者进行了梳理，主要有意识形态论、价值主导论、人学目的论、人的社会化论、灌输论、掌握群众论、社会治理论等[①]，以及交往互动论、精神生产论、实践论等，而这些观点还只是一元本质论，“相对独立的观点就达 30 多种”，此外“还存在二元论、三元论、四元论等诸多观点”[②]。从争论的焦点看，主要集中在三个方面：一是本质与本质属性，即是否认同以某种属性作为思想政治教育的本质，如政治性、阶级性、意识形态性等；二是一元本质与多元本质，即关于思想政治教育本质数量的争论；三是本质稳定性与变动性，即思想政治教育本质的普适性问题。关于这些争论，学界目前大致认可的倾向是：思想政治教育的本质不等于本质属性，本质属性是本质的呈现形式，本质是本质属性的内在依据，不应该用本质属性来取代本质；思想政治教育的本质是一元的，而本质的解读层面是多样的；思想政治教育的本质由其自身矛盾所决定，具有稳定性，稳定的本质在不同时空环境下具有不同的内涵，呈现出多样的表现形式。

挖掘学界这些关于本质观点的共性，可以从目的与形式两个角度加以概括：从目的论角度看，思想政治教育的本质在于实现社会或个人的某些期盼与主张，其中倾向于社会发展价值的观点包括意识形态论、价值主导论、灌输论、思想掌握群众论、社会治理论等；倾向于个体发展价值的观点则有人学目的论、交往互动论、实践论

① 陈秉公：《思想政治教育本质研究现状及建议》，《思想教育研究》，2014 年第 6 期，第 6 页。

② 冯刚、郑永廷主编：《思想政治教育学科 30 年发展研究报告》，北京：光明日报出版社，2014 年，第 93—95 页。

等；介于二者间的观点则以人的社会化论为代表。从形式或手段论角度讲，侧重于从实现一定目的的不同方法和途径来理解思想政治教育本质，典型的主张有灌输论、思想掌握群众论、精神生产论、实践论等。当然，目的与形式只是不同整合标准中的一种，这一标准既无法涵盖到全部关于本质的观点，也会有一些重合之处；但是从这个划分中还是能够看出，关于思想政治教育本质“是什么”的回答要从思想政治教育“为什么”（目的与指向）、“怎么样”（方式和手段）这两个问题中寻找答案。显然，学界关于本质的这些观点已经对这两个问题作出了回应：思想政治教育为的是实现社会稳定有序和人的全面发展，靠的是精神意识教育与思想观念引导。而这两方面都共同指向了思想政治教育活动中最为内在和一般的矛盾与关系：个人与社会的思想关系。这是理解思想政治教育本质的关键所在，而不同观点的争论，实际上也是围绕这一对关系中矛盾双方的地位及作用方式而展开的。

二、形态研究视域下的思想政治教育本质新解

通过对学界既有观点的梳理整合，可将个人与社会的思想关系确立为理解思想政治教育本质问题的关键，这是一种抽象的逻辑思辨方法；而在形态研究过程中基于具体现实的总结与升华，同样能够得出相似的结论，由此其合理性得到进一步确证。这里主要阐述两个问题：一是本质问题与形态研究在方法路向上的契合与一致性，即从方法论的角度澄清为何思想政治教育形态研究有助于深化对思想政治教育本质的理解；二是提出在形态研究基础上实现的关于思想政治教育本质的新认识、新观点。

从方法论的角度看，形态研究有助于从思想政治教育本质研究中历史存在与逻辑认知的“解释学循环”中跳脱出来。所谓“解释学循环”，海德格尔认为“对未知文本的理解，永远由被理解的前结构所决定”，而伽达默尔则以此说明“传统与理解之间的循环关系”①。也

① 参见冯契主编：《外国哲学大辞典》，上海：上海辞书出版社，2008年，第306页。

就是说，人对文本的理解、对事物的认识总会受到当下既有的认知结构及观点的影响，文本的意义总是在对话与理解中不断生成和开放的。而思想政治教育本质认知中的“解释学循环”则借用这一概念，指研究思想政治教育本质不可避免地受到已有本质认识的影响这一现象。一方面，思想政治教育本质是从大量的思想政治教育现象和活动中抽离、整合而来的；另一方面，哪些现象和活动能够进入研究者的视野，或者说判定其是否可以称之为“思想政治教育”，则又必须以思想政治教育的本质为依据。由此形成了认识思想政治教育本质的两条路径：历史事实考察与概念逻辑推论。前者立足思想政治教育的发展演进史，从大量的史实中归纳思想政治教育的本质；后者则基于思想政治教育概念，从概念界定中选取逻辑要件，进而抽象出其背后蕴藏的本质。从哲学史的角度来看，这两条路径大体上对应经验论和唯理论两种认识倾向：一是基于历史事实的考察运用后天综合方法，从外在于意识的事实本身出发进行归纳综合，从中抽象出共性的要素；但这种经验论的认识方式却无法保证结论的必然性，因为历史本身是开放和发展的，任何一个在历史中变化了的现象都有可能证伪已有的结论。二是基于概念逻辑的推论运用先天分析方法，从头脑中先验的认识结构出发进行分析演绎，从而保证结论的必然性；但这种唯理论认识方式的结论却已然包含在既有前提之中，是一种纯粹在观念中运作的思维抽象，对于增进关于事物本身的认识没有增益。

哲学史的发展历程表明，马克思主义实践观是摆脱经验论和唯理论各自局限性的科学方法，因此思想政治教育本质研究的基本态度是实践取向，坚持科学性与价值性的统一。科学性关乎理论认识与事实本身的趋近关系，是从实践中得以立论的根本依据；价值性涉及理论认识对现实活动的指涉关系，是其结论回归指导实践的正当性所在。而科学性与价值性并重的保证在于历史与逻辑的统一，即运用“倒序反思法”，从其晚近成熟形态即当下已有的思想政治教育本质结论出发，遵照这些结论中已有的规定对历史材料进行选取与充实，实现历史与逻辑的相互补充、相互修正与互释生成。由此可见，马克思主义实践思维方式强调科学性与价值性、历史与逻辑的统一，以及“倒叙反思”等方法实际上正是“从抽象到具体”逻辑理路的具体体现，也就是说思想政治教育本质问题与思想政治教育形态研究所遵循的是同一套方法规则与逻辑秩序；从另一个角度来说，通常我们所讲的字面意义上的“形态”正是本质在不同时空条件下的表现形式，每一种思想政治教育形态都是对思想政治教育本质的某种揭示和呈现，因此蕴含在这些不同形态背后的最为一般抽象的共性，正是思想政治教育的本质。正是在这个意义上，思想政治教育形态研究的落脚点就是思想政治教育的本质，即前文中反复提到的“思想政治教育究竟是什么”这一问题。因此，基于对思想政治教育形态考察所得到的关于其本质的结论也就获得了合理性与正当性依据。具体来说，思想政治教育形态研究对于本质问题的深入理解主要有如下两条路径。

第一条路径是第四章结构视域中的分析路径。即通过由表及里、由浅入深的结构解析，从思想政治教育与其他社会系统的关系、思想政治教育各构成要素、要素间的相互作用与运作实现，特别是在基本矛盾与规律中寻找共性成分，即渗透在思想政治教育活动方方面面、决定其何以如此的依据，也就是思想政治教育的本质。通过对泛在形态、构件形态、运作形态的解析，不难发现其中最为凸显的共性范畴有两种：一是个人与社会，二是思想引导与建构。具体来看，首先，思想政治教育与经济、政治、文化系统间的紧密关系表明其是一种社会存在，是社会有序运行的重要保障；但思想政治教育对社会及其系统的作用是通过个人即受教育者思想素质的改变而间接实现的，也就是说思想政治教育是连接个人与社会的一个桥梁和纽带，其中介作用是以精神引导和思想建构的方式实现的。其次，教育者和受教育者是思想政治教育系统中最为基础和重要的要素，教育者作为一种角色主体，是以执行者的身份传递一定社会或集团的意志和主张，即有特定目标指向及内涵的教育内容；受教育者对这些主张的接纳与践行程度决定了教育的效果，而接纳与践行的方式同样是基于一定的思想关系并在其指导下进行的。最后，思想政治教育基本矛盾和规律更是直接指出了个人与社会的内在矛盾和张力，整个思想政治教育运行过程就是通过思想引导与建构的方式来推动这对矛盾的解决。因此，个人与社会、思想引导与建构便成为贯穿思想政治教育始终的核心要件。

第二条路径是第五章历史视域中的综合路径。即从思想政治教育产生、发展、演进的历史序列中挖掘形态间转化的前后关联与不同形态背后的共性因素，在不断的前提追问中归纳这一整体走向的决定依据，即思想政治教育的本质。就通常阶级社会基本场域而言，显然任何一种形态的思想政治教育都是对特定社会意识形态的宣传与教化，这一结论通过对各种形态思想政治教育的内容和方法概括便不难得出。然而，若对其中“意识形态”与“宣传教化”这两个关键词进行进一步的深入思考便会引发很多疑问：如意识形态何以产生、其本质是什么？宣传与教育只是一种方式，这种方式是否只能存在于阶级社会？意识形态教化是否仅仅为了规范和约束人们的思想以维护阶级统治，其存在的依据和意义是什么？等等。在对这些问题的思考中我们发现，要想深刻理解某一事物或现象，不仅要深入其内部探索结构，更应跳脱其本身整体鸟瞰，这两种视域缺一不可，因此要理解意识形态教化问题就不能局限于阶级社会之中，而应从人类社会发展整体的角度来把握。在这样一种视域下，原始社会和共产主义社会虽然没有我们所说的阶级含义的意识形态，但有人们对于社会存在的主观认识与反映，也就是说社会意识是客观存在的。原始社会的社会意识是自发朴素和盲目混沌的，其最终可归结为一个问题，即如何生存；而共产主义社会的社会意识是高度自觉和统一的，体现为每个人对自由全面发展的占有与实现。从根本上说，不论是生存还是发展，都只有在一定的社会关系中才能实现，这是由人这一物种的实践性存在方式与社会性本质所决定的。

再来反观阶级社会的意识形态，从根本上说特定阶级的意志与主张同样是为了建构和维系某种社会关系，在这一点上与非阶级社会并没有区别。同样，作为方式和手段的宣传教化本身不仅适用于阶级社会，而且是人类文明传承的工具，是社会意识传播和继承的一种方式。由此，在宏观整体的历史视域中思想政治教育的存在根据便由意识形态教化扩展为社会思想关系的引导和建构。

在此基础上，这里尝试对思想政治教育本质进行如下界定：是人类为了规范一定的秩序和关系以维系生存、实现发展而不断进行的探索性与发展性的精神引导和思想建构活动[①]。这一界定的要义在于：其一，思想政治教育从根本上讲是要协调个人与社会的关系，使人们认同某种特定的社会关系，即一定历史时期内人的存在方式。这是思想政治教育何以发生与存在的前提根据。其二，建构和维系特定社会关系的意义在于规范个体行为，稳定社会秩序，以促进和实现社会和个人的协调有序发展。这是思想政治教育所要实现的目的所在。其三，建构和维系特定社会关系的方式是精神引导与思想教育，是通过转变人的认识使其实现自主作为、自我规范的内部软性约束这样一种积极律令，以区别于法律规则等通过禁止、惩戒性手段实现的外部硬性控制即消极禁令。这是思想政治教育的作用和实现方式。第四，不同时期不同地域的思想政治教育具体性质和目的、教育内容与方式各不相同，是不断开放、发展的。也就是说，思想政治教育本质与现象间是一元和多样的对应关系，本质是抽象、固定、唯一的，现象则是具体、丰富、变化的。这是思想政治教育本质与现象的存在特征。将这四点综合起来，从发生根据到最终目的、从作用方式到存在特点，便形成了一种较为全面、客观的关于思想政治教育本质的认识。

---

① 参见王哲、张澍军：《思想政治教育“原始发生”问题再认识——“思想政治教育观”创新探讨之三》，《思想教育研究》，2020 年第 3 期，第 125 页。

第三节 提供把握思想政治教育本体性存在的认识工具

本章前两节所论述的关于思想政治教育概念和本质的结论，可以说是形态研究的理论归宿所在，是对思想政治教育是什么问题的直接回应。本节和下一节的论述角度将发生转变，不再拘泥于对结论本身的阐发，而是在具体结论的基础上，从学科的视角揭示这些结论的得出对于思想政治教育学科发展的意义所在。

概念和本质共同构成了理性把握思想政治教育本体存在的基本方式，而之所以能够透过形态得出有关概念本质的新认识，正是说明了形态研究为把握思想政治教育本体性存在提供了一种认识手段和工具，这对于拓展学科基础理论研究的领域和方法具有重要意义。

一、思想政治教育存在的本体论审视

在存在的意义上理解和把握思想政治教育，首先应当明确"存在"的基本含义。在哲学中"存在"有两层含义①，一是指独立于人的意识之外的客观存在，相当于"物质"，在这个意义上通常将哲学的基本问题表述为"思维与存在、物质与意识的关系问题"。但是仔细思考的话便会发现，这层含义的表述实际上是一个循环定义，即"存在是某种存在"，这是不够彻底的。因此，"存在"还有了更为根本的另一层含义："有"（being），指世界上的一切物质和精神现象。在这个定义中有两点值得留意，其一是物质与精神对于存在来说是充分必要的，一方面存在既包括物质性存在，也包括精神性存在；另一方面物质和精神在最普遍和抽象的意义上覆盖了存在的全部内涵，存在也仅有物质性和精神性两种（至少对于人类目前的认识能

① 参见冯契主编：《外国哲学大辞典》，上海：上海辞书出版社，2008年，第58—59页。

力来说如此)。其二应当理解此定义中“现象”一词的含义，在这里现象并不能仅仅理解为与本质相对应的事物的外部联系和特征，而是在更加抽象的二者统一的含义上理解为“有如此”(通俗表述为“有这么一种东西/事物……”)，其侧重点在于“有”，因此这里所说的现象也就是在“存在”的意义上来讲的。为方便论述，本节中所使用的概念“存在”如无特别说明，都是指第二层含义“有”；而“现象”则姑且作狭义(相对于本质)和广义(相当于存在)的区分。①

在“有”的含义上理解存在，是相对于“无”或“非有”而言，应当进一步追问三个问题：有什么？怎么有？为何有？其中的“有什么”是就外在表现和特征(狭义的现象)而言，“怎么有”“为何有”则是指内部的结构机理、运作实现以及矛盾根据。不难看出，这三个问题对于存在的解释，遵循从现象(狭义)到本质最终实现二者相统一的路径，而这也正是形态研究的基本解释原则。因此，通过对研究对象进行全面深入的形态考察，便有助于从其存在本身的高度获得更为抽象和深入的认识。在对对象进行形态研究的过程中，最重要的是要处理好现象(狭义)与本质的关系。一方面，二者间的区别十分明显，“一切事物，它的现象同它的本质之间是有矛盾的。人们必须通过对现象的分析和研究，才能了解到事物的本质，因此需要有科学”②，“透过现象看本质”是任何科学研究都应遵循的基本要求。另一方面，形态研究的特殊性在于不仅看到彼此间区别，更应突出和强调二者的统一性。本书第一章已经指出，形态是连接现象(狭义)和本质的中介与纽带，是对事物整体性存在的描述和观照。黑格尔认为，“本质一定要表现出来，本质的表现即现象，本

---

① 在本书行文中，“思想政治教育现象”表述也有这两层含义，具体内涵在各自语境中不难区分，故没有特意标注。

② 中共中央文献研究室编：《毛泽东文集》第6卷，北京：人民出版社，1999年，第401页。

质表现为直接性的存在"[①]，马克思、恩格斯、列宁也都认为现象与本质是不可分离的统一序列的范畴。因此，在逻辑秩序上形态研究的落脚点在于把握事物现象（狭义）与本质的统一，也就是获得关于其"存在"的认识。

思想政治教育形态，就其内涵来说指思想政治教育的形式样态和存在状态，其中的形式样态即狭义的现象或直观，而存在状态则是前者的深化，也就是呈现本质的（黑格尔所理解的即广义的）现象。通过结构与历史两大视域的研究，在对各种具体形态进行分析比较、概括共性和规律的基础上，得出思想政治教育是这样一种存在：是人类社会各个时期的一项客观活动，通过教化和引导的方式作用于人的思想认识，使之形成特定倾向，从而使人更好地生存与发展。具体来看，一是"客观活动"回答了"有什么"的问题，表明有思想政治教育这样一种现实存在，而且是一项主观见之于客观的特殊性现实存在。尽管思想政治教育的内容观点、理念主张是主观的，但这些内容所反映的社会关系、思想政治教育得以开展和实现的物质基础以及思想政治教育的形式本身都是客观的。二是"教化和引导"回答了"怎么有"的问题，即思想政治教育能够成为这种存在的内在机理。正是通过作用于人们的思想认识，思想政治教育对人类社会产生影响，由此使其从一种可能性存在转变为现实性存在。三是"使人更好地生存与发展"回答了"为何有"的问题，即思想政治教育存在的依据。人作为一种超越性存在，能够不断发挥自身的主体性与能动性积极地影响和改造世界，从而更好地满足其生存与发展的需要，思想政治教育正是为了满足人的这一需要而成为一种客观存在。

应当说，形态研究是获得关于思想政治教育存在的认识的基本途径和工具。一般而言，通常的思想政治教育理论是把思想政治教育当作一种"既有""现成"的存在或现象（广义）来对待的，其直

① 参见冯契主编：《外国哲学大辞典》，上海：上海辞书出版社，2008 年，第 166 页。

接在此基础上来描述“这样的”思想政治教育是“什么样”，而没有进一步追问其“为何这样”以及“如何这样”，即对存在本身的深入反思。而形态研究则首先将“有”（思想政治教育）加以“悬置”，通过其内在结构和发展演进来回答“怎么有”与“为何有”的问题，最终确证这种存在。因此，形态研究在现象（狭义）与本质统一的意义上提出了关于思想政治教育存在/现象（广义）的认识，是对思想政治教育基础理论研究领域加以拓展的尝试。

二、思想政治教育存在的门类与谱系

借助形态研究这一独特视角和工具，有助于深化对思想政治教育存在的本体性认识。前文已述，把握存在最重要的是处理好现象（狭义）与本质的关系，其中便涉及同一性和多样性的问题，整个思想政治教育形态研究大体上都遵循从多样形态中挖掘同一本质的思路，这一任务进行到本章前两节时已宣告完成。而接下来的工作便是将思路调转回来，在同一性观照下梳理具体形态的多样性，认识这些不同的形态是如何反映并呈现统一的本质的。只有将这两个方面结合起来才算是真正实现了对思想政治教育存在的本体性观照。进一步思考不难发现，这两个方面实际上正是形态研究逻辑架构中研究思路与叙述思路的再现，故第二方面实际上在行文中也是已完成的，只不过在叙述中分散在各个环节和方面。因此需要加以集中概括与整合，将叙述中出现的各种思想政治教育形态进行罗列分类，明确不同分类和层次，厘清形态间相互关系及其在整体中的位置，进而尝试概括出思想政治教育存在的门类与谱系。

应当说，门类与谱系是一对相互关联并互释的概念。其中“门类”一词较好理解，是指对某一事物或存在的下位要素进行分析和解构，根据一定的标准将系统整体划分为不同的片段和部分，从而呈现事物整体的多样性并以更精确的方式对其加以把握。而“谱系”概念则借用哲学术语，意指对对象起源、演变等进行系统性梳理和分析，是一种纵向的历史解释方法。因此不难看出，门类与谱系构成分解研究对象的经纬，二者相互交织彼此诠释，门类可以看作是当下的谱系，而谱系则是历史的门类。借用福柯的观点，谱系是“关于现在的历史”，其背后的价值取向在于对当下的权威结论和观点进行批判。由此可见，建构思想政治教育存在的门类与谱系，实际上就是对其诸种形态的结构化整合，从而在此基础上以批判的眼光对其本质进行反思和再认。具体来说，思想政治教育的系统门类与谱系可以从以下几个层面加以把握。

第一，在最为一般和概括的层面，所有客观存在的思想政治教育，不论其为何种形态，都可以统称为现实形态，这是对思想政治教育本体存在的最一般概括。在现实形态中有一种形态最为特殊，它以非现实的形态存在，且能够对现实形态的变化发展产生影响，我们姑且称其为观念形态。值得注意的是，这里所说的观念形态，并不是指已经在头脑中谋划好而尚未付诸实践的潜在形态，也不是作为抽象思想政治教育要素的价值观、理念等理论形态，而是指整个思想政治教育活动的参与者特别是研究者和实施者对思想政治教育本身的认识和态度，即思想政治教育客观存在在人思维中的观念形态。不难发现，观念形态就其形式而言是主观的，但同样也是一种现实性存在，因而在表面上同现实形态看似二元分化，但实际上是包含于现实形态中的特殊形态。之所以特殊，就在于观念形态能够对现实形态的变化发展产生重要影响。由于思想政治教育是一种主观见之于客观的实践活动，因而其不可避免带有人的主观成分，随着人们对于思想政治教育的定性定位、态度评价等观念形态的不断改变，其现实形态必然相应发生变化，这便是一个主体客体化的过程。在此意义上，思想政治教育形态研究就是一种典型的观念形态，它以现实形态为基础和底本，在经过思维整合之后呈现为抽象理论，并将通过实践转化并推动现实形态的发展。概而言之，观念形态的提出实际上揭示了思想政治教育现实形态不断变化和发展的内在机理，仅是作为前提在对其门类和谱系介绍之前加以交代。

第二，古今中外所有在历史中曾出现过或者依照逻辑应该出现的形态，都属于历史形态范畴。历史形态是对现实形态时间维度的解读，二者在外延上是相同的，不同历史中的现实形态都有其相应的观念形态，当然这种观念形态有自觉和盲目之分。按照时空顺序，历史形态可分为阶级形态和非阶级形态，二者构成历史形态之下的二级形态，其中非阶级形态可称为不典型的思想政治教育形态或者说阶级形态的转化形态，主要包括原始社会“原发—形成中”形态与共产主义社会“自觉—本真”形态两个三级形态。而阶级形态则可根据时空顺序和本质关系分为两种三级形态，一种划分是依照时空顺序的中国古代形态、古希腊罗马形态、欧洲中世纪形态、西方近现代形态等；另一种划分是按照逻辑秩序的“内生—整体”形态、“个体—关联”形态、虚幻形态等。当然，如果从更为细节的角度来看的话，这些三级形态还可以进一步分出四级形态乃至更为下位的形态。此外，历史形态中还存在一种特殊的亚形态，我们称之为过渡形态，这种形态不属于包括二级形态在内的任何形态层次，但却是这些层次内部和层次间形态相互关联转化的中介与桥梁，正是有过渡形态的存在，历史形态才能够作为一个绵延不断的序列而存在，构成思想政治教育现实形态的纵向谱系。

第三，现实中存在的任何一个思想政治教育活动与实践，都有其开展运作的方式，以此为依据区分的形态属于结构形态。结构形态是对现实形态系统维度的解读，每一种现实存在的思想政治教育都是一个复杂的系统，都是由特定要素构成并遵循一定的规则运作，因此结构形态的外延与现实形态也是相同的，是与历史形态相并列的一级形态。在结构形态之中，依据思想政治教育活动开展时的外部支撑、自身要素、运行机理三个方面，可分为泛在形态、要素形态、运作形态三个二级形态。其中泛在形态包括经济、政治、文化、社会等三级形态；要素形态根据教育者和受教育者的构成及关系、教育内容与方法的选取和比例等分为个体、群体、类等对象范围形态，积极主动、敷衍了事等主客体态度形态，政治主导、伦理主导、“三观”主导等内容形态，放任沉默、权威灌输、民主对话、自我实现等方法形态及主客体关系形态等三级形态和四级形态；运作形态包含学校、家庭、社会、网络等空间形态，认知导向、情感导向、行为导向等目标形态，教学、研究、管理、制度等过程形态，高效、低效、无效、负效等效能形态，等等。这些不同层次的结构形态区分了现实中不同的思想政治教育类型，是对其现实形态横向门类的划分。

第四，历史形态和结构形态是对思想政治教育现实形态不同维度的审视，二者相互映射、相互补充，结构形态是历史形态某个瞬间的展开，历史形态是结构形态的时空序列和发展，二者的关系类似于门类与谱系，在形式上是并列的两个层面，在实际中则是思想政治教育现实形态的“经”和“纬”相互交织。在此基础上融入对观念形态与现实形态关系的介绍，便可在最为普遍、一般的意义上界定和描述思想政治教育本体，并建构起其多样存在的门类和谱系。这对于拓展思想政治教育基础理论研究的领域、开辟新的方法来说无疑是大胆的探索与尝试。

第四节　促进思想政治教育学科融合式发展

从学科的角度来看，思想政治教育形态研究出于其自身特殊性，对于促进学科实现融合式发展具有独特意义。所谓融合式发展，就是将先前条块分割式的发展加以系统性整合，使之成为具有内在紧密联系而外部协调一致的“一整块钢板”，这对于进一步强化学科特色、提升学科系统性与协调性无疑具有重要意义。形态问题研究对促进思想政治教育学科融合式发展的独特意义和功能主要有两个表现，其一是打通各分支学科间壁垒的“耦合剂”，其二是对学科加以整体观照的“普照光”。

一、打通思想政治教育分支学科间壁垒

思想政治教育学科自成立以来，经过近四十年的发展，已实现

跨越式进步和突破，其表现之一就是科学体系基本确立，大体上包括思想政治教育学原理、思想政治教育方法论、中外思想政治教育史、思想政治教育比较研究、思想政治教育学科教学、思想政治教育专题实践等主要分支学科。这些学科大体上可分为三个层面：一是以原理、方法论等为主要构成的思想政治教育基础理论，这是学科体系中最为基础和内核的部分，是整个学科得以确立的骨架，对其他分支学科起着统摄和指导地位；二是由历史和比较研究构成的史实学科，这里所说的史实包括历史和现实两个方面，为学科体系提供了丰富的历史材料与现实支撑，是对基础理论的解释与确证，即我们所说的“论从史出”，构成学科体系的血肉；三是将思政理论应用到教学及生活各方面以解决现实问题为导向的大量专题性应用学科，如学科教学、网络思政、社区思政、军队思政等，这些分支学科充分体现思想政治教育的实践性，在涉及不同领域、解决具体问题时起着具有针对性的作用，构成学科体系的关节与末梢。

应当说，这样一个内容丰富、层次鲜明的学科体系，基本涵盖了思想政治教育的各个领域和方面，表明我国思政学科经过数十年发展在边界扩展方面已取得巨大成就，学科研究领域和辐射范围大体上得以确立。然而，如果将视线集中到学科体系内部的话，不难发现在这片“田地”之内还是存在一些问题，主要表现有二：一是分支学科各自独立性较强，彼此间界限分明，除了思想政治教育学原理与其他学科存在较多关联外，其他学科彼此间联系很少，缺少共同的情境场和问题域，呈现“各自为战”的条块分割状态；二是不同学科间及学科内部发展不均衡，基础理论研究较之于应用实践研究存在短板，思想政治教育史研究整体较为薄弱，而在思想政治教育史中中国共产党思想政治教育史相对成熟，中国古代、西方古代及近现代等领域研究还很欠缺。根据“木桶效应”理论，学科短板成为制约整体发展的关键瓶颈，这种不均衡的现状亟待改变；而如果借用这一理论分析学科间联系不够紧密的问题，则表现为木板间接合不够、存在缝隙，这对于木桶整体功能的发挥而言显然是十分不利的。因此，尽管已经取得很大成就，但作为一门年轻的学科，思想政治教育依然有很大的发展与深化空间。

恩格斯在论述人类自然科学和历史研究的发展历程时指出，在学科发展早期，为了认识“由种种联系和相互作用无穷无尽地交织”的研究对象的细节，就必须“把它们从自然的或历史的联系中抽出来，从它们的特性、它们的特殊的原因和结果等等方面来分别加以研究”[①]，因此条块分割的分类研究是十分必要的；而当学科发展进入更为广阔的空间和领域时，这种基于常识的思维方式就会遇到一个界限，“一超过这个界限，它就会变成片面的、狭隘的、抽象的，并且陷入无法解决的矛盾，因为它看到一个一个的事物，忘记它们互相间的联系；看到它们的存在，忘记它们的生成和消逝，看到它们的静止，忘记它们的运动；因为它只见树木，不见森林”[②]。因而此时这种孤立静止的研究方式便显得捉襟见肘了。事实上，思想政治教育学科从产生至今，短短几十年间就已走过西方自然和社会科学用了几百年甚至上千年才经历的由形而上学向辩证法思维方式的转变，这与我国思政学科从一开始就以马克思主义为指导是分不开的。然而，事物的发展必然要经历一个过程，思想政治教育学科也是如此，在早期进行分门别类专科研究是必要的，而随着学科的逐渐深化与成熟，就需要从“各自为战”的条块分割转变为系统协调的整合发展，这同样也是学科自身发展的必然逻辑。因此，摆在思政研究者眼下的一个迫切问题，便是应寻找一个怎样的切入口，以打通各分支学科间的壁垒，从而实现融合式发展。

应当说，思想政治教育形态研究恰巧为此提供了一个有力抓手和契机。就形态问题自身的特殊性而言，无论研究思想政治教育的哪一方面，不论是理论还是实践、历史还是比较，任何对象都有其自身的“形态”，因此形态研究先天具有与各门学科相互关联的性质

---

① 《马克思恩格斯文集》第9卷，北京：人民出版社，2009年，第23页。

② 《马克思恩格斯文集》第9卷，北京：人民出版社，2009年，第24页。

和属性，这是其他任何研究所不具备的。具体来说，首先，形态研究为理论研究提供现实材料，一方面确证某些原理的合理性，另一方面为完善某些观点提供依据和支持，从而使理论研究与史实研究、实践研究结合起来，避免从概念到概念的空洞抽象。其次，形态研究为历史和比较研究提供经验支点，使其面对庞杂的材料时能够高效筛选、直击要害，而这些经验支点和分析抓手的确立，显然又是从理论研究的逻辑框架和实践研究的价值取向中获得的。最后，形态研究为实践研究提供依据与支持，这种依据一方面来自理论本身的内在逻辑，另一方面来自历史和现实的经验与诉求。此外，在研究的意义上，这些分支学科间的相互作用和关联并不是直接或不完全是直接进行的，而只能以形态为中介，或者在无意识中通过形态而加以实现。原因在于各门分支学科自身的研究侧重和目标各不相同，彼此间相互借鉴时只能抽象到共同的上层对象——思想政治教育本身来进行，而思想政治教育本身又太过笼统和抽象，因而只能具体化为可把握的形态才能实现。由此可见，形态研究在思想政治教育学各门分支学科间起着相互关联、弥合空隙的“耦合剂”功能，是一种基于辩证思维并“不断地注意生成和消逝之间、前进的变化和后退的变化之间的普遍相互作用”[①] 的研究方式，有助于打通各分支学科间的阻塞和壁垒，促进相互连接和借鉴、补齐短板弱项，推动学科实现融合式发展。

二、对思想政治教育学科加以整体观照

思想政治教育学科的融合式发展，除了要求各分支学科紧密关联系统协调外，还需要有一种整体性统摄和观照，以实现对学科属性和发展方向的判断与引导。这便是一种“普照的光”，“它掩盖了一切其他色彩，改变着它们的特点。这是一种特殊的以太，它决定

① 《马克思恩格斯文集》第9卷，北京：人民出版社，2009年，第26页。

着它里面显露出来的一切存在的比重。”[①] 从学科的角度看，这种“普照光”的特点有三：其一，它是学科自身的内部组成，是学科本身由内而外的自我辐射和发散，而非学科之外的其他介入或干涉；其二，这种“普照光”与其他“光”相比在形式上没有特殊之处，都是学科整体的一个部分或构成；其三，“普照光”的特殊之处在于其辐射面广、穿透力强，以致能够改变其他“光”的呈现，对其他分支学科及学科整体能够产生重要影响。目前，思政学科的发展已进入这样一个时期，学者们已经开始注意到思政学科“普照光”的问题并致力于挖掘和拓展，但总体来看仍处于被遮蔽的状态，以致其光芒难以闪现出来。这种状况有待改变。

从学科体系的角度来看，有前文已提及的作为基本骨架的基础理论学科、作为血肉支撑的历史和比较学科、作为关节末梢的现实应用学科，进一步思考的话不难发现，这样一个学科系统其实并不完整，还缺少了一种无形但十分重要的组成部分，即作为灵魂的“普照光”。实际上，这个“普照光”正是思想政治教育元理论。就学界目前的一般性认识而言，所谓元理论是指“思想政治教育理论的理论，主要研究两大方面的理论问题，即一是理论体系结构合理性、科学性问题，二是概念、理论的解释力、科学性问题”[②]。这一界定概括了元理论最为核心的特质——反思性，也就是说，元理论之所以“元”，在于其是对既有理论科学性、合理性的思考和再认，是学科本身自我评价自我修正的理论体系。除此之外，思想政治教育元理论还有更为丰富的内涵，有学者指出思想政治教育元理论“既有对于已有理论进行更为基本的再认识，更有对于古今中外思想政治教育实践的再探讨”[③]，也就是说，元理论不是一种纯粹的理论

---

① 《马克思恩格斯文集》第8卷，北京：人民出版社，2009年，第31页。

② 张耀灿：《思想政治教育学科建设存在的若干问题》，《思想理论教育》，2015年第5期，第51页。

③ 张澍军：《学科重要理论探索——我的18个思想政治教育见识见解》，北京：中国人民大学出版社，2018年，第2页。

抽象，而是涵盖古今中外一切思想政治教育理论和实践的关于其本体性的终极追问，是把握思政学科的“总开关”。不难看出，思想政治教育元理论对于思政科学的发展有着重要意义和作用，它以一种既入乎其内又超乎其外的视角实现学科的自我反思和确认。一方面，元理论的范围和边界没有超出学科之外，其关注的对象也无疑是学科本身最为基础和内核的问题，这使其具有强烈的指向性和针对性；另一方面，元理论又能以一种高远的站位从学科内部庞杂交织的细节中跳脱出来，超越学科自身的限制在更为广阔的视域中鸟瞰，从而以既是“剧作者”又是“剧中人”的双重身份推动学科进步和发展，起到其他分支学科所不具备的功能和作用。

应当说，思想政治教育元理论涉及思想政治教育研究对象、学科边界、基本范畴、研究范式等内容，而形态问题也是其组成之一。思想政治教育形态研究对于学科发展的元理论作用主要有两方面体现，一是为重新思考思想政治教育概念、本质等基础理论提供新的思路和渠道。前文已述，思想政治教育形态研究的对象和目的有两个，就直接和切近的意义而言是思想政治教育现象（狭义），也就是对思想政治教育的外在形象加以描述，回答其“像什么”的问题；而从更加深层的角度看则是思想政治教育本体，即对其存在状态和根据的揭示，也就是“是什么”的问题。应当说，这两方面不是割裂分离的，后者是前者的自然引申和发展，形态研究正如一个通道，一头连接表象，另一头连接本质，从外在形象出发经由形态研究必然达到对本质的认识，从而对现有的基础理论持批判态度，使之具有开放性和生成性，能够随着理论研究和实践需要的发展而与时俱进，不致封闭和僵化。二是从研究范围来看，其具有普遍性和一般性，不仅涵盖古今中外各个时期和地区的思想政治教育现象（广义），而且包含特定环境中思想政治教育在社会生活各个方面的呈现及其各种具体形式，有助于从最为广阔的范围内抽象出最为普遍和一般的规律，从“为什么”（思想政治教育存在的根据和意义）和“怎么样”（思想政治教育如何运作和实现）两个方面回答思想政治教育“是什么”的问题。更进一步讲，这里所说的“是什么”，不是基于我们当下实践的在中国特色社会主义事业语境中的思想政治教育“应该是什么”，而是根据其自身历史发展演变整体而概括出的“本来是什么”。这种认识的转化实际上是将思想政治教育置于更为宏大的视域中加以考察，从而获得更为普遍和一般的认识。

综上所述，思想政治教育形态研究作为一束元理论的“普照光”，能够在宏大广阔的视域中对学科加以反思和观照，为之在“低头赶路”的征途中提供引导，从而避免在各种诱惑和掣肘中迷失方向。这样一种整体观照的“普照光”，加之系统弥合的“耦合剂”，对于实现思想政治教育学科融合式纵深发展，无疑具有重要而独特的价值。

第七章　思想政治教育形态研究的现实旨趣

根据第三章中关于思想政治教育形态研究思路及秩序的介绍，“从抽象到具体”逻辑理路中的“具体”有两层含义，既包括逻辑认知中具有更多规定性的思维具体，也包括作为实践活动的现实具体，且现实具体是较之于思维具体更为具体的具体。上一章关于形态研究理论价值的论述已对作为理论结论的思维具体略加阐述；本章则主要探讨形态研究的现实功能及旨向，从而实现思维具体到现实具体的第二次跃升。有关现实旨趣的论述遵循从宏观到微观的思路，一是在历史发展的视域中对当代中国思想政治教育形态加以定位，二是对这一历史形态的发展现状加以描述，指出成就和问题并进行有针对性的方略改进和原则探讨，三是在此基础上指出新时代我国思想政治教育形态转型的方向路径与建构策略。这也是思想政治教育形态研究的最终落脚点。

第一节　新时代我国思想政治教育形态的历史定位

一、新时代中国社会发展的时空方位和特征

时代是思想之母。认识新时代中国思想政治教育的形态特征，首要前提是科学地理解当下我国社会发展所处的时空方位与历史环境。党的十九大报告指出，“经过长期努力，中国特色社会主义进入了新时代，这是我国发展新的历史方位”。在马克思主义经典文本

中，“时代”一词并不少见，但在具体语境中其含义有所不同。其一是从社会发展的决定因素——经济方面来界定，根据生产方式区分不同的时代，在表述时使用经济时代、社会（形态）等概念。如马克思指出，“各种经济时代的区别，不在于生产什么，而在于怎样生产，用什么劳动资料生产”[①]，“手推磨产生的是封建主的社会，蒸汽磨产生的是工业资本家的社会”[②]。其二是根据特定时期世界的整体状况和主题来区分不同的时代，如“战争与革命”“和平与发展”等。除了不同的判定标准外，“时代”还具有层次性。列宁指出，“只有首先分析从一个时代转变到另一个时代的客观条件，才能理解我们面前发生的各种重大历史事件”[③]，“只有了解了某一时代的基本特征，才能在这一基础上去考虑这个国家或那个国家的更具体的特点”[④]。这段论述中的时代概念显然是在不同层次上讲的，前半句是在宏观一般意义上讲的“大时代”，而后半句则是某一具体范围和阶段内的“小时代”。大、小时代的区别主要有两个方面，一是时间跨度，可以认为小时代是大时代的某一阶段；二是空间边界，大时代是就人类社会整体来说，而小时代则可以指称部分国家和地区的局部特征。从列宁所揭示的时代概念的层次性可以看出，所谓大小之分是相对而言的，大的时代概念就是指人类社会整体发展的历史阶段，而小的时代概念则可以根据不同的时空范围进行不同的划分和表述。

由此可见，时代概念具有复合性和层次性，那么我们所说的“新时代”应当从何种意义上来理解便成为一个重要的理论问题。其一从总体上看，“新时代”符合列宁所说的“小时代”范畴。因为“这个新时代，是承前启后、继往开来、在新的历史条件下继续夺取

① 《马克思恩格斯文集》第5卷，北京：人民出版社，2009年，第210页。

② 《马克思恩格斯文集》第1卷，北京：人民出版社，2009年，第602页。

③ 《列宁专题文集：论资本主义》，北京：人民出版社，2009年，第91页。

④ 《列宁专题文集：论资本主义》，北京：人民出版社，2009年，第92页。

中国特色社会主义伟大胜利的时代”[①]，也就是说，“新时代”是中国特色社会主义发展的一个崭新历史阶段，是在社会主义与资本主义并存这样一个大的时代环境中中国社会发展所处的具体时空方位。其二，既然是有着特定内涵的时代概念，那么“新时代”究竟“新”在何处，其能够称之为“新时代”的依据是什么呢？党的十九大报告将其概括为“全方位、开创性的”“历史性成就”以及“深层次、根本性的”“历史性变革”。其中的“历史性成就”既以经济水平的不断提高为根本标志，同时也涵盖政治、文化、社会生活、生态、国防外交等各领域；而“历史性变革”，则从全面深化改革的角度强调了国家调整生产关系和上层建筑的决心与成效，其中特别强调制度建设与国家治理现代化。正如习近平总书记所言，“我国社会主义实践的前半程已经走过了”，“后半程，我们的主要历史任务是完善和发展中国特色社会主义制度”[②]。可见，这些“历史性成就”与“历史性变革”，既标志着我国生产力水平发展与生产关系及上层建筑调整进入新的阶段，也明确了我国社会进一步发展的目标、方向、任务和主题，因而能够称之为一个“新的时代”。其三，“新时代”的基本依据和标志是社会主要矛盾发生变化。辩证唯物主义认为，矛盾是事物存在的内在根据，是其联系的基本内容与发展的根本动力，是“理解一切现存事物的‘自己运动’的钥匙”[③]。新时代“我国社会主要矛盾已经转化为人民日益增长的美好生活需要和不平衡不充分的发展之间的矛盾”[④]，其中有两个关键：一是将人民群众的

---

① 习近平：《决胜全面建成小康社会　夺取新时代中国特色社会主义伟大胜利——在中国共产党第十九次全国代表大会上的报告》，北京：人民出版社，2017 年，第 10—11 页。

② 中共中央文献研究室：《习近平关于社会主义政治建设论述摘编》，北京：中央文献出版社，2017 年，第 6—7 页。

③ 《列宁全集》第 55 卷，北京：人民出版社，2017 年，第 306 页。

④ 习近平：《决胜全面建成小康社会　夺取新时代中国特色社会主义伟大胜利——在中国共产党第十九次全国代表大会上的报告》，北京：人民出版社，2017 年，第 11 页。

需要层次提升到美好生活的高度，内容更加全面而不仅仅局限在过去简单的物质文化方面；二是强调社会生产力的发展达到这样一个层次，不仅在量上有更高即“充分”的要求，而且在质上突出“平衡”这样一种双重规定，从而呈现出既与社会主义注重发展生产力和人民群众主体中心地位一脉相承，又与时俱进具有鲜明阶段性主张的“新时代”特征。

关于当代中国社会发展“新时代”的时空方位和历史特征，可以从两个方面来描述。其一，从中华民族实现伟大复兴的历史进程角度看，新时代意味着“中华民族迎来了从站起来、富起来到强起来的伟大飞跃”①。历史上中华民族曾长期处于世界发展前列，但是近代以后却遭遇了前所未有的苦难，因此“实现中华民族伟大复兴是近代以来中华民族最伟大的梦想”，“中国共产党一经成立……义无反顾肩负起实现中华民族伟大复兴的历史使命，团结带领人民进行了艰苦卓绝的斗争，谱写了气吞山河的壮丽史诗”②。1949 年中华人民共和国成立，标志着中华民族实现民族独立，中华民族从此“站起来”了；1978 年起实行改革开放，极大地解放和发展了生产力，人民生活水平不断提升，逐步“富起来”了；党的十八大以来，在取得诸多“历史性成就”与“历史性变革”的基础上，中华民族进入“强起来”的新时代，意味着发展将更加注重内涵与质量，将更有信心与底气。这样一个新的历史方位标志我们具备了坚实的物质基础与强大的理论武器，沿着正确的发展道路，依靠有力的制度设计，带着深厚的文化底蕴，从而“比历史上任何时期都更接近、

---

① 习近平：《决胜全面建成小康社会　夺取新时代中国特色社会主义伟大胜利——在中国共产党第十九次全国代表大会上的报告》，北京：人民出版社，2017 年，第 10 页。

② 习近平：《决胜全面建成小康社会　夺取新时代中国特色社会主义伟大胜利——在中国共产党第十九次全国代表大会上的报告》，北京：人民出版社，2017 年，第 13 页。

更有信心和能力实现中华民族伟大复兴的目标”[①]。其二，从世界社会主义发展史与中华民族的国际地位看，新时代的中国以自身发展取得的无可辩驳的成就，宣示世界社会主义运动在21世纪的事实在场，彰显中国正逐步走近世界舞台中央。从1848年《共产党宣言》发表即科学社会主义理论诞生以来，世界社会主义运动已走过170多年的历程，这期间既有过光辉灿烂的成就，也随着20世纪末发生的苏联解体和东欧剧变而陷入低潮，于是一些所谓“社会主义失败了”“历史终结了”的论调甚嚣尘上。面对这些言论，新时代的中国以实实在在的发展和成就给予了有力回击，用事实证明了世界社会主义运动在当代的在场和生机。而新时代中国的发展道路与社会变革，既非套用“马克思主义经典作家设想的模板”，也不是“国外现代化发展的翻版”[②]，而是紧密结合理论与实际、历史与现实，从而为当代世界其他致力于实现现代化的国家提供了一条可能的参考路径，为解决人类社会的发展问题贡献了中国智慧与方案。

当代中国社会发展所处的这样一个时空方位，从更深层次的角度来说体现出一种“后过渡性”的政治国家发展特征[③]。根据马克思主义国家观，“在资本主义社会和共产主义社会之间，有一个从前者变为后者的革命转变时期。同这个时期相适应的也有一个政治上的过渡时期，这个时期的国家只能是无产阶级的革命专政”[④]。从笼统的时间节点来看，社会主义是共产主义的初级阶段，因此马克思主义经典文本中的“过渡时期”应该是在社会主义社会建立之前，就我国而言即新中国成立到社会主义制度确立前的历史时期。就社会

① 习近平：《决胜全面建成小康社会　夺取新时代中国特色社会主义伟大胜利——在中国共产党第十九次全国代表大会上的报告》，北京：人民出版社，2017年，第15页。

② 习近平：《在纪念马克思诞辰200周年大会上的讲话》，北京：人民出版社，2018年，第26—27页。

③ 参见张澍军：《学科重要理论探索——我的18个思想政治教育见识见解》，北京：中国人民大学出版社，2018年，第179—180页。

④ 《马克思恩格斯文集》第3卷，北京：人民出版社，2009年，第445页。

变革的一般规律而言，政治上层建筑的变革具有即时性，而社会生产力的发展、经济文化的转变却是渐进的，因此遵循马克思主义经典文本中“过渡时期”的政治性本意，“后过渡性”中的“过渡”就性质而言也是从政治国家的含义上来说的，而社会经济文化的发展始终是一个渐变连续的过程，无所谓“过渡”“后过渡”与否。那么在政治国家的发展进程中为何会引入“后过渡”这样一个概念，这是由于无产阶级专政作为一种特殊的国家形态，是多数人统治少数人的“非传统意义国家”，其存在的时间节点是社会主义建成之前；但“国家不是‘被废除’的，它是自行消亡的”[①]，也就是说“过渡时期”即无产阶级专政的结束与国家的消亡之间存在一个很长的时间差，在这段时期内国家既保留运用强制力服务于统治阶级利益的“代言人”身份，又更多地执行社会管理的“协调者”角色，且阶级统治职能逐步弱化并逐渐向社会管理复归，这便是政治国家“后过渡性”的基本含义。引入政治国家发展“后过渡性”概念的用意在于，其一从社会主义“大时代”的角度对“新时代”这一“小时代”的特征和方位加以确证，在深化改革与扩大开放、突出社会治理与社会主体、价值取向多元化的同时，不能淡化国家的阶级统治职能，慎防偏离正确道路而带来的颠覆性灾难；其二是进一步凸显和明确“新时代”国家发展的基本方向，即人民群众主体地位的充分彰显，正如马克思所言，“历史活动是群众的活动，随着历史活动的深入，必将是群众队伍的扩大”[②]，而这也正是“后过渡性”国家发展的基本趋势和路向。

可以看出，当代我国社会发展正处于一个非常特殊的历史时期，其特殊性首先表现为发展加速性，这种加速发展带来的是成就与问题不断涌现的压缩效应和叠加效应，出现多态交织、共在融合的复杂局面。面对这种复杂状况，人民群众必然在思想认识上会产生一

---

① 《马克思恩格斯文集》第 9 卷，北京：人民出版社，2009 年，第 297 页。
② 《马克思恩格斯文集》第 1 卷，北京：人民出版社，2009 年，第 287 页。

系列困惑和问题。

第一，理想的期盼与现实的迷茫。一般来说，历史上各个时期人们的理想多数是基于自身现实而生发的直观朴素的愿望，不论是追求当下的安宁抑或未来的幸福，理想总是代表着一种美好的期盼，而期盼之所以可能则源于其对个人现实生活能够产生关涉。在资本主义时代，基于剥削和不平等的社会现实，马克思恩格斯提出了共产主义社会理想，在当时阶级矛盾异常紧张和激化的背景下，无产阶级革命和解放运动具有强烈的现实性，共产主义似乎指日可待；然而在之后的历史中，一方面是现实中无产阶级国家社会生产与经济水平的落后，另一方面是资本主义生产关系的调整与阶级矛盾的缓和，于是逐渐产生了安于现实、“告别革命”的思想倾向，共产主义理想或者被抽象成乌托邦，或者被简化为“土豆加牛肉”的庸俗观念。长期以来，关于共产主义远大理想的真正内涵及其现实性，并未被人民群众在思想认识层面深刻理解，加之改革开放以来我国社会生产力不断发展与人民群众生活水平不断提高，人们开始更多关注自身的现实生活，这样一来，既“不好理解”也“没必要理解”的共产主义理想便被悬置了。然而悬置并不能消除问题，这种状况导致人们出现信仰缺失、理想空场的精神荒漠现象，正如黑格尔所言：“世界精神太忙碌于现实，所以它不能转向内心，回复到自身。”[①] 这便会埋下一个伏笔，其问题必然在社会发展到一定阶段时暴露出来。随着中国特色社会主义进入新时代，新鲜事物层出不穷，各领域各方面变革与日俱增，社会进入快速发展与变革的时期。然而正是在这样一个阶段，社会发展的潜力与空间巨大，各种挑战与不确定性也不断涌现，对人民群众生活而言，以往的节奏逐步被打破，人们不得不开始重新思考“向何处去”的问题，这种对未来的关切使得曾被悬置的理想问题再度涌现，变得重要和紧迫起来。然

① ［德］黑格尔：《哲学史讲演录》第1卷，贺麟、王太庆等译，北京：商务印书馆，1959年，第1页。

而，旧的困惑还未解决，新的疑问便接踵而至：新时代究竟是一个怎样的时代？新时代在中国特色社会主义事业中处于何种位置？中国特色社会主义共同理想与共产主义远大理想间是什么关系？面对世界“百年未有之大变局”，人类社会将何去何从？理想与现实之间是否存在不可逾越的鸿沟？如此种种都成为困扰人民群众并亟待加以回应的思想困惑。

第二，个体将自身同他人、社会与国家相隔阂。从根本上说，人一开始就是“社会存在物”，应当避免“把‘社会’当作抽象的东西同个体对立起来”①。一则，现代社会赋予个体以极大的自主性和独立性，一面是资本逻辑下“以物的依赖为基础”的“人的‘虚幻’独立性”，一面是资产阶级精英文化倡导的“他人即地狱”“有毒的苍蝇”等种种理论②，使得个体产生一种虚妄的自大，将自身与他人、社会隔绝对立起来。二则，改革开放的不断深化与市场经济的充分发展带来的是利益主体的多元化，市场竞争的日趋激烈一方面加重了个体间孤立紧张的关系，强化了个人主义抽象主体性的观念；另一方面导致各项政策规则的协调性必须不断增强，各方面都必须让渡一部分自身的利益以实现社会整体的有序运行。于是，利益主体越是多元，意味着每个个体自身“让渡”的部分越多，这样一来国家和社会所保障的“最大公约数”就与个体关系的紧密程度而言似乎就越低，进而很容易使人将自身与国家和社会对立起来，产生一些偏激的认识：国家、社会究竟代表哪一部分人的利益？人民群众是否是一个同质的概念？为何社会进步所带来的是不平衡不充分的发展？共同富裕究竟有无可能性？等等。应当说，人民群众思想认识上的这些困惑和问题有其产生的客观原因；同时也应看到，这些问题如果得不到科学有效的回应与解答，势必会对我国社会主义

① 《马克思恩格斯文集》第1卷，北京：人民出版社，2009年，第188页。

② 尽管这些现象滋生于资本主义社会，但在全球化进程不断加深、国际社会各领域间交流逐渐深化，以及目前人类社会所处的总体历史进程的背景下，这些状况对我国的影响显然是客观存在的。

事业产生重大影响。因此摆在思政工作者面前的任务是艰巨的。从根本上来说，问题源于时代，当代中国社会所处的特殊历史进程与时空方位，既决定了人们思想认识的多重疑问与困惑，也决定了相应解决这些问题的思想政治教育的复杂性与综合性。

二、新时代中国思想政治教育形态的过渡性特征

这里所说的过渡性特征，是在过程及阶段的意义上对当下我国思想政治教育发展所处方位的整体性概括，因此可将其界定为一种历史视域中的过渡形态。所谓过渡形态，并不是一个独立的思想政治教育形态，而是在历史演进中兼具两种形态特征并体现其交融转化关系的特殊形态。根据辩证唯物主义基本原理，事物发展是连续性与阶段性的统一，任何事物的发展都会与其他事物及其前后阶段发生某种关联，绝对孤立、界限分明的事物和现象是不存在的。因此，思想政治教育形态的演进阶段也必然伴随种种交织与重叠，形态间的更替是一个曲折反复的渐进过程，兼具两种形态特征的过渡形态在历史上同样是存在的并占据了一定时期。从宏观层面讲，思想政治教育的阶级形态与非阶级形态间存在较大差异，因而按照其否定回归的发展规律，历史上的过渡形态就包含两个时期：一是原始社会末奴隶社会初伴随阶级国家产生的历史阶段；二是社会主义由理论变为现实，阶级、国家性质发生转变并开始走向消亡的历史时期。从微观层面讲，阶级形态中的不同亚形态间彼此也存在一定的发展转化关系，相应也会对应若干过渡形态。这是从一般能指的意义上所理解的过渡形态。

就具有特定内涵的具体所指来说，本节语境中的过渡形态特指当代中国兼具阶级性与民众性的思想政治教育。从时间范围来看，理论上兼具阶级性和民众性的思想政治教育在我国可追溯到社会主义制度确立之后，这是由我国当时的政治国家性质即前文论述的“后过渡性”所决定的；然而在很长一段历史时期内，由于对国家发展方位的认识处在不断探索中并经历一些反复，以致当时的思想政

治教育总体上仍呈现出阶级形态的特征，尽管当时我国已经是社会主义社会；随着改革开放与中国特色社会主义事业的不断推进，我们对国家发展方位和进程的认识也在不断深化，体现在思想政治教育理论和实践中便是不断凸显人民群众的主体地位与人本身的尊严和价值。因此，现实中将这种具有过渡性的思想政治教育形态对应时间确立为21世纪初特别是新时代以来更为合适。这种过渡性的思想政治教育不同于革命战争时期服务于阶级对立和斗争的传统阶级形态，又有所区别于共产主义社会致力于实现人的全面发展的思想政治教育，因而是一种融合叠加的状态。

新时代中国思想政治教育形态的过渡性，实际上在学界目前关于思想政治教育范式的争论中已略显端倪。本书第一章已经指出，范式主要强调学界共同体对于思想政治教育的认识和理解，这种理解一方面形成于既有的思想政治教育理论与实践，另一方面又会对后续的发展走向产生实质性影响，因此从实践的意义上看，范式集中体现和预示着当代中国思想政治教育的特征和趋势。目前，学界关于思想政治教育范式的理解主要表现为“社会哲学范式”与“人学范式”的争论。二者相比较而言，“社会哲学范式”强调马克思主义意识形态理论，凸显思想政治教育的社会功能，以灌输和他律为主要方式；而“人学范式”则更加强调马克思主义人的全面发展理论，突出思想政治教育指向人、服务人、发展人的个体性功能，方法上更加讲求自律和人文关怀①。从理论和现实角度看，这两种范式都具有合理性，也各自存在一些问题。“社会哲学范式”从理论上强调社会意识对于社会存在的反作用，在社会主义革命和建设历史上发挥了不可替代的重要作用，但同时也存在着相对忽视个人以及日常生活的弊端；而“人学范式”从理论上看体现了现实的个人以及

① 参见冯刚、郑永廷主编：《思想政治教育学科30年发展研究报告》，北京：光明日报出版社，2014年，第412页。

人的自由全面发展思想，在实践中对于解决人们个性化、现实性问题和需要具有重要意义，当然也不可避免地会产生淡化思想政治教育意识形态性的问题。从根源上讲，两种范式的分歧实质上体现了思想政治教育的“个人与社会关系”这对矛盾。从马克思主义实践的观点看，个人与社会虽然存在对立，但其根本上是统一的：一方面，“社会历史中存在的所有现象在根本上都是现实个人实践活动的结果”；另一方面，“个人的实践活动从来都离不开一定的社会条件”[①]。具体而言，一则，个人与社会的关系统一于人的物质生产实践；二则，当下中国思想政治教育的两种范式并不存在根本性对立，区别仅仅在于对个人和社会关系中何者更为重要、更为基础的不同认识，是对思想政治教育活动不同方面的侧重与强调；三则，从“社会哲学范式”向“人学范式”的转化体现出历史发展的趋势和规律，即社会从阶级对立斗争的动荡状态向服务建设人本身的和谐稳态运行转化，当然这种转化是一个渐进的过程，并不存在一方对另一方的完全否定与推倒重建，而是在新的历史环境中不断探索和建构更加统一的个人与社会关系，而这样一种相互交融、相互转化、矛盾双方力量地位变化的过程便体现为当下中国思想政治教育形态的过渡特征。

关于这种过渡性的具体呈现，有学者指出是当代中国德育（思想政治教育）运动更为本真和深邃的必然反映，主要体现为四个“回归”：“其一，德育的权利和义务由国家主体逐步向社会主体回归；其二，德育的本质存在由革命时期的‘精英’目标取向逐步向民族的大众的‘生活世界’回归；其三，德育的目的任务由工具理性主导逐步向建设人本身回归；其四，德育的运作方式由单向运动为主逐步向双向、多向乃至‘无穷向’回归。”[②] 这四个“回归”分别从主体、取向、任务、运行四个方面揭示了当代中国思想政治教

① 王秀阁：《论思想政治教育研究取向的问题——马克思主义实践观视角》，《马克思主义研究》，2015年第5期，第131、132页。

② 张澍军：《德育哲学引论》，北京：人民出版社，2002年，第17—19页。

育的叠加性、转化性特征。一方面，当代中国思想政治教育兼具阶级形态和非阶级形态的双重属性，既是传播国家意识形态、维护阶级关系的基本工具，也是进行社会管理、促进全体人民自由全面发展的重要手段。另一方面，“回归”体现出这两重属性间内在的关联与转化，按照历史发展的客观规律，阶级、国家是社会发展的产物，是人与人之间的社会关系在特定历史时期的表现形式。相较于人自身发展而言，阶级、国家只是一种工具或形式，但又是特定时期的必然形式，因此当历史发展到更高的阶段、使得这种形式不再具有必然性的时候，阶级、国家的政治职能（通常所理解的狭义政治）便逐步回归其服务社会的职能，相应的思想政治教育也回归其服务人本身这一更为深邃与本真的内涵。当下中国的思想政治教育就处在这个转化时期的初始阶段，如果说社会主义制度的确立仅仅作为前提开启了这种转化的可能性，那么中国特色社会主义进入新时代，以人民为中心的发展理念和实践便大大推动了这一进程的现实性。综上，新时代中国思想政治教育形态过渡性特征的基本内涵是：其一，既保留并继续强调对国家主流意识形态的宣传与教化，同时更加注重满足人民群众的精神需要、服务于人的全面发展；其二，这两重内涵与职能的关系不是取代与重建，而是并存和转化，在相当长的时期内逐渐淡化阶级属性、突出人本属性，从而朝向共产主义社会思想政治教育的“自觉—本真”形态。

对新时代中国思想政治教育形态冠以过渡性历史定位，具有一定的理论和现实意义。从理论上看，这种历史过渡性为思想政治教育非阶级形态推论提供支持。显然，当下中国思想政治教育与传统的阶级形态相比存在明显不同，突出表现为一种朝向人本身的形态特征，这是由我国国情所决定的客观事实，是一种现实性存在，同时其发展趋势又进一步预示了思想政治教育超越阶级社会的可能性和必然性，由此为非阶级形态的理论假设提供了现实性支撑。从实践上看，过渡性历史定位有助于避免泛政治化和去政治化两种错误倾向。在历史上，我们国家曾出现过分强调政治的“左”倾错误，思想政治教育完全沦为阶级统治的工具，给国家发展带来严重影响，为此我们进行了深刻反思；改革开放以来，随着西方社会思潮的涌入，又出现所谓“告别革命”“不问政治”的声音，而这实际上是一种隐蔽和更为危险的观念渗透，如果任其发展将会严重干扰和搅乱我国社会的主流意识形态与思想价值观念。因此，准确定位我国当代思想政治教育形态的过渡性特征，对于深刻认识国家社会与个人发展的方位和关系、消除这两种错误倾向的负面影响，具有十分重要的现实意义。

第二节　新时代我国思想政治教育形态转型与创新

一、发展现状、问题及缘由

进入新时代，我国思想政治教育事业获得长足深入发展，取得一系列重大成就和突破，探索出许多符合时代特征和满足实践需要的思想政治教育新形态，这些成就的取得与国家的高度重视和大力支持密不可分。党的十八大以来，国家对于思想政治教育事业的重视提升到前所未有的高度，召开了一系列会议安排部署有关工作。2016 年 5 月，习近平总书记主持召开哲学社会科学工作座谈会，强调坚持马克思主义在哲学社会科学领域的指导地位，提出构建中国特色哲学社会科学的原则方略；同年 12 月，召开全国高校思想政治工作会议，从办学方向、学生素质培养、工作体制机制创新、师资队伍以及党的领导等方面提出了高校思政工作的要求和部署；2018 年 8 月和 9 月，先后召开全国宣传思想工作会议、全国教育大会，提出了举旗帜、聚民心、育新人、兴文化、展形象的工作要求以及培养德智体美劳全面发展的社会主义建设者和接班人的使命任务；2019 年 3 月，召开学校思想政治理论课教师座谈会，明确了思政课的地位作用、思政课改革创新的基本原则，并对思政课教师提出了要求与希望，这在党的历史上尚属首次；2022 年党的二十大报告指出，“建设具有强大凝聚力和引领力的社会主义意识形态”，“广泛践行社会主义核心价值观”，“提高全社会文明程度”，“增强中华文明传播力影响力”，以及 2023 年 10 月全国宣传思想文化工作会议中首次提出的习近平文化思想，都对思想政治工作的深化发展提出了新的要求。一系列会议的召开极大地推动和促进了新时代思想政治教育的创新发展，思想政治工作的体制机制不断规范和完善；学科建设取得一系列突出成就，教学质量和规模、人才培养、科研能力、师资队伍、物质支持与保障等方面实现跨越式发展，思想政治教育在维护国家意识形态领域安全、促进社会经济发展，培养社会主义建设者和接班人方面发挥了不可替代的重要作用①，呈现出前所未有的繁荣局面。

当然，在取得这些成就的同时，也不能忽视存在的问题。大体而言，当下我国思想政治教育领域存在的问题主要有两方面表现：其一，从学科建设角度看，思想政治教育学科发展在量的扩张方面更为明显，而在质的提升方面则相对较为薄弱。当下思想政治教育学科的科研和教学规模不断壮大，相关研究论文、项目、著作等数量逐年增加，本科、硕士、博士各层级人才培养规模扩大，思政课教学课时量加大、师生比不断提高，这都体现出学科的壮大和发展。然而思想政治教育学科教学和科研质的提升却与量的扩张不同步，相对较为滞后，教学方面，在一些高校思政课数量不断增多，课程门数由原有的四至五门增加到六七门甚至更多，结果导致课程多而不精，教师疲于在各个课堂来回奔走而无暇深入研究教学内容改进教学方法，学生接收大量重复性内容和浅层性宣讲，反而削弱了思政课的效果。科研方面，一则，目前思想政治教育领域的研究呈现出一定的“自说自话”“拼盘式”特征，不同学者结合自身背景与特

① 参见冯刚、严帅：《新中国成立 70 年来高校思想政治教育的成就、经验与展望》，《教学与研究》，2019 年第 9 期，第 12—17 页。

长对思想政治教育进行不同维度的研究和解读，以致彼此间缺少真正的交流与对话，思想政治教育在不同学者中呈现出诸如哲学式、政治学式、法学式、社会学式等多重解读范式，研究成果丰硕但共识并不多，究其原因，在于思想政治教育学科范围和边界尚不够明确，真正体现思想政治教育学科特色的研究范式尚未完全建立，学者在研究领域和路径方面存在较大分歧；二则，在相关研究成果中有很大一部分是对国家方针政策的宣传性解读和阐释，而具有深刻思想性创新性的成果数量和比重仍有待提升。有学者指出，“不平衡不充分的发展问题是思想政治教育现代转型的现实之域”①，这是对当下思想政治教育学科发展质与量不协调不同步问题的进一步概括和归纳。其二，从价值实现与社会职能的角度看，目前思想政治教育在解决社会现实问题、满足人民群众的精神文化需要方面依然不够高效，思想政治教育形象仍有待提升。一方面，思想政治教育对于国家发展的方位、战略、举措等仍侧重于宣传，而缺少更为深入和更具说服力的解释，致使思想政治教育的内容对个体而言缺少针对性，难以入脑入心转化为内在认同，使得宣传效果大打折扣；另一方面，思想政治教育对于人们关心的现实问题，对于人民群众的美好生活需要特别是精神文化需要的关注并不够充分，思想政治教育在开拓人视野、提升人精神境界与格局方面存在可以大有作为的广阔空间。对此，马克思的两段经典论述特别具有启示意义：“理论只要说服人［ad hominem］，就能掌握群众；而理论只要彻底，就能说服人［ad hominem］。所谓彻底，就是抓住事物的根本。而人的根本就是人本身。”②“‘思想’一旦离开‘利益’，就一定会使自己出丑。”③

从形态研究的角度进行分析，思想政治教育理论和实践之所以

① 陈华洲、赵耀：《社会主要矛盾转化视域下思想政治教育的现代转型》，《思想理论教育》，2019年第2期，第16页。

② 《马克思恩格斯文集》第1卷，北京：人民出版社，2009年，第11页。

③ 《马克思恩格斯文集》第1卷，北京：人民出版社，2009年，第286页。

会在繁荣发展的同时出现这些问题，大体上有三方面原因：其一，针对教育教学活动中的问题，主要在于对思想政治教育的结构形态研究不够深入。尽管学界对思想政治教育活动中的要素、环节等方面已经进行了十分详细深入的探讨，但这些探讨相对较为分散和孤立，彼此间缺少相互关联和有机衔接，从而在理论和实践间无形设置了障碍，致使理论研究成果对于实际运作缺少说服力和指导力。为此需要打通这种壁垒和界限，以贯通的视野对思想政治教育结构进行整体性把握，从表层的要素构成出发，深入内部结构即要素间的作用关系和运作实现机制，最终得到内核本质的认识，从而理解思想政治教育活动的运作机制和实现机理，解决实效性不强的问题。其二，针对理论研究中的“自说自话”和解决现实问题不够高效的情况，主要在于对思想政治教育的历史形态研究不够充分。当前在思想政治教育学科体系中历史研究尚处于弱势地位，在本已薄弱的思想政治教育史研究中又存在重断代史、轻通史的问题，而断代史研究中同样存在分量不平衡的问题（中国共产党思想政治教育史突出，中国古代、世界古代、近现代等思想政治教育史不足）。当然，这种学科发展不平衡的问题与研究的资源、难度、基础等因素有很大关系，然而“论从史出”，如果缺少一种贯通的视野、宏大的格局，对思想政治教育的产生发展演进等加以本体性、前提性追问和反思①，势必存在视野狭隘的弊端，即只是从当下出发解释当下，而不能够从中跳脱出来，自然会产生缺少焦点的争论、难以确定的走向以及无力解释的现实等问题。其三，从思维方式的角度看，当下理论研究和实践活动中出现的这些问题源于对待思想政治教育的观点和态度过于现实化、碎片化和精细化，拘泥于某个具体要件、具体环节、具体问题，而缺少一种宏观性、过程性、前提性、整合性的形态思维和方法。当然从学科发展的角度看，早先时期的分析性、

① 通史研究不是对更为精细的断代史研究的拼接整合，也不可能深入历史的细枝末节当中；而是要强调一种整体宏观的视野和站位，对思想政治教育现象进行历时性的概览与鸟瞰。

精细化研究是必要的，但当这一过程进行到一定阶段，就需要开展综合性、整体性研究。对我国当代思想政治教育而言，应当说其已经发展到了这样一个阶段，需要在“量的积累”基础上实现“质的飞跃”，因此正视存在的问题，推动适应社会发展与学科发展需要的旧形态转型与新形态建构，便成为当下的重要任务。

二、改进方略、原则及路径

基于对当下我国思想政治教育发展现状、问题及其原因的分析，结合形态研究的视角与方法，推动新时代我国思想政治教育形态转型和创新，必须坚持若干方略和原则，这些方略原则明确了必须坚持、不能动摇的方面以及应当变革、加以发展的方面，构成思想政治教育形态创新的基本遵循。具体来说，首先要立足社会实践的发展。作为一种社会意识，思想政治教育是对社会存在特别是政治关系的反映，思想政治教育的基本原则取向、内容方法必须符合特定历史时期的社会特征和发展要求，并随着时代的发展而保持一种开放性品质，才能够对社会存在产生积极影响。当下，思想政治教育必须准确把握新时代的基本特征及社会主要矛盾的变化，关注自身发展的不平衡不充分问题及人民群众的美好生活需要特别是精神文化需要，找准自身发展定位，明确发展着力点和方向；同时要坚持问题导向，精准把握人民群众的现实关切和思想困惑，将“大道理”融入“小事件”之中，找到具体抓手，提升教育的针对性和实效性。其次要紧密结合党的中心工作和方针政策开展教育活动。长期以来，思想政治教育在党和国家的各项事业中起着“生命线”的重要作用，历史和实践已充分证明了这一点；新时代进一步明确了：中国特色社会主义最本质的特征是中国共产党领导，中国特色社会主义制度的最大优势是中国共产党领导。因此，新时代思想政治教育的发展必须坚持党的领导，紧密围绕党的各项方针任务开展工作，这便是“守正”，同时也是转型“创新”的前提。党的十八大以来，文化自信、社会主义核心价值观、思政课一体化、“三全育人”等被多次强调，这些都应成为当下思想政治教育发展所应重点关注的内容。最后要具有世界眼光与格局。习近平总书记多次强调，当今世界是一个“你中有我，我中有你”的命运共同体，“没有哪个国家能够独自应对人类面临的各种挑战，也没有哪个国家能够退回到自我封闭的孤岛”①，倡导构建人类命运共同体。进入新时代，思想政治教育的任务和使命增加了一项重要内容，不仅要继续加强和改进对我国人民群众的教育与引导，还要面向世界，扩大对外宣传与展示，讲好“中国故事”、传递“中国理念”，在世界多元思想观念冲击碰撞的舞台上维护好我国的地位和权利。要想做到这一点，放眼全球的世界眼光与格局是必不可少的。

在遵循这些基本原则的基础上，还要有具体的执行策略，这些策略构成新时代思想政治教育形态转型的基本方面。

第一，加强和改进思政课建设，创新课堂教学形态。课堂教学是落实思想政治教育立德树人根本使命的主渠道和主阵地，更是思想政治教育创新发展的主战场。其一，应当进一步改善教育者和受教育者之间的关系，建构起“交往—联动”的主客体关系新形态。其中的交往是对教育者和受教育者人格平等交互关系的确证，为避免二者彼此间先天的身份壁垒、实现交互与认同提供前提；而联动则意为教育者与受教育者在教学中角色地位的区别，教师应主动引导、学生要积极跟随，从而在二者的联动关系中保证教育的行进方向与效果实现。其二，要建构起内容方法的系统立体形态。既要保证内容方法的全面性，使之能够涵盖教育活动的各个方面和全部环节，又要强调层次性，突出不同层次的内容方法在分量比重及地位作用上的差异；还应注重协调性，保证不同的内容方法在同向协作中形成合力而非在异向掣肘中彼此内耗。其三，应实现工作队伍、体制机制的整合形态，在共生共轭共振中实现思想政治教育运行的

① 习近平：《决胜全面建成小康社会　夺取新时代中国特色社会主义伟大胜利——在中国共产党第十九次全国代表大会上的报告》，北京：人民出版社，2017年，第58页。

整体性与协调性。

第二，扩展思想政治教育的辐射面，创新社会教育形态。虽然课堂教学是思想政治教育的主渠道主阵地，但其涵盖面毕竟有限，只能面向在校学生。为了改善思想政治教育在场域和对象上不平衡不充分发展的问题，同时更大程度发挥思想政治教育在社会生活中的影响力，便需要充分探索和创新社会教育形态，使之能够面向干部、军人、农民工、普通民众等不同群体，涵盖面更加广泛，同时针对不同受教育群体的特征采取不同策略，针对性更为突出。具体路径包括：思想政治教育融入社会治理之中，与社会治理在现代化进程的深度互动中形成“相互建塑与型构、相互增益和共同谐变的深层融合关系”①；思想政治教育借助网络、自媒体等向日常生活渗入，实现其话语逻辑及呈现方式的“微叙事”转化；思想政治教育与社会工作局部整合，进一步凸显其人文关怀精神；等等。

第三，改进思想政治教育理论研究范式，推动构建学科共同体，创新学科研究形态。一则，形成具有思政科学特色的研究范式，彰显学科属性，化解其“任由不同学科范式装点而不知自身究竟是何物”的尴尬处境；二则，在一些基础性、前提性问题上达成共识与一致，明确学科属性和边界，使学术讨论由“自说自话”变成“交流碰撞”，形成更具说服力、能够为学界普遍认可和接受的观点与主张；三则，在精细化研究的基础上更加注重整合式研究，推动思想政治教育学科向纵深迈进。

第三节　新时代我国思想政治教育形态发展趋向与建构

根据当下我国社会发展所处的时空方位及历史特征，具有过渡

① 王俊斐：《融入·同构·互构：思想政治教育与社会治理融合的学理逻辑》，《湖北社会科学》，2019年第1期，第179页。

性的思想政治教育面临形态转型创新的现实呼唤，在对发展现状进行分析的基础上提出若干原则和方略，以此为遵循，能够推断出新时代我国思想政治教育形态发展的一些新方向，主要包括精准形态、生活形态、自主形态、共同体形态等。这些形态是从思想政治教育具体运作和实现方式的意义上来说的，是对本章第一节所提到的历史定位意义上的过渡性形态的具体阐释与现实呈现，是对当代中国思想政治教育实践发展的思考和判断，也是思想政治教育形态研究的最终落脚点。

一、精准思想政治教育形态

所谓精准，是指精细、准确，与粗放、笼统相对应。这是从运行方式和效能的角度对思想政治教育形态做出的界定。精准形态强调教育过程的精细化和准确化，突出针对性，是一种基于教育对象特征和具体问题情境的靶向性思想政治教育。

思想政治教育由笼统向精准的转变具有非常强烈的现实缘由。从历史发展的角度来看，传统思想政治教育阶级色彩更为明显，强调灌输整齐划一的意识形态观念，以尽可能实现其成员在政治观点和价值取向上的一致性。应当说，在特定历史时期这种思想政治教育形态是必要且合理的。从社会环境和实践需要的角度看，在政党夺取政权和巩固政权初期，政治斗争无疑是各项工作的中心环节，因而思想政治教育内容中必然强调集中统一的政治观点。从对象特征来看，传统社会中社会结构与阶层分化相对简单，特定政党和群体成员的思想观念基本接近，大体上属于一种“内生—整体”形态，因此思想政治教育存在内容设置上相对单一且高度一致的情况。与之相应，在运行上强调预设性和高效性，采取最为直接有效的方式开展教育活动，将事先设计好的内容传递给受教育者。应当说，这种思想政治教育在特定时期和环境中是十分高效的，而随着社会实践的发展，其暴露出的问题也越来越多。其一，从教育内容和方式上看，当一个政权已基本稳固并进入相对稳定的建设时期，其工作重心便会由政治斗争转向经济建设，思想政治教育内容也会相应调整，其内容构成将更加多样。随着社会实践的不断发展，新问题层出不穷，思想政治教育应对和解决问题的周期被大幅缩减，因此内容上的预设模式显然已难以应对实践的需要，故应转向开放、即时、生成的运作模式。其二，从教育对象性质和特征来看，伴随经济社会的丰富发展与深刻变革，社会阶层出现分化，不同受教育者自身特征及其对一些具体问题的看法不尽相同，因此相对忽视个体差异的单一教育方式在此情景中便很难发挥作用。随着中国特色社会主义进入新时代，我国发展面临的机遇和挑战都是“前所未有”的，思想政治教育需要关注和解决的问题在性质、层次上不尽相同，同时“以人民为中心”的发展理念要求思想政治教育必须直面和解决人民群众的现实思想困惑和问题，而不同受教育者自身的身心特征和思想困惑也各不相同，因此迫切需要思想政治教育由以往的“大水漫灌”变为“精准滴灌”，实现精准形态的转型与建构。

具体而言，精准形态思想政治教育之“精准”主要有两方面体现：一方面是从受教育者的角度看，由于成长环境、年龄、性格、职业等差异，不同个体间的差别巨大。以年龄为例，对于低年级儿童而言，形象化、情感化的教育引导更有助于从直观的角度认同某些抽象的理念；对于具备一定理性思维能力的青少年特别是大学生来说，就需要向其阐明结论背后的道理，引导其运用自身的理性和判断得出我们所期望的结论；而对于普通大众来说，则应充分考虑其现实利益与需要，使其思想观念建立在客观的现实基础之上。因此，当思想政治教育面临不同的对象时，应充分考虑其思想状况、性格特征，了解其喜好偏向与发展需求，找准其思想问题产生的原因和实质，并对其之后可能出现的思想和行为动向加以预测，从而制定出有针对性的教育内容和实施方案，开展一对一的教育引导活动。另一方面是从所要解决的思想困惑和问题的角度看，一则，不同问题的性质有所差异，有的属于方向性原则性问题，对此应高度关注并采取切实有力的措施加以扭转，必要时应付诸法律途径加以解决；有的属于一般性疑问和困惑，对此只需找准困惑的原因和关键并加以针对性引导即可化解。二则，问题产生的原因也不尽相同，有些属于认知问题，解决起来相对容易，只需向受教育者传递正确知识理论并帮助其理解内化即可；有些则属于态度问题，典型代表就是“明知故犯”，对此需进一步分析原因，找准问题的抓手和切入口加以解决，同时还应协调联动其他力量以解决超越思想政治教育范围之外的问题和原因。总之，不同背景环境和具体事件所导致的思想疑问也是千差万别，对此都应加以具体分析。可见，当面对不同事件和情景中的具体思想困惑和问题时，应根据事件和问题的特殊性寻找相应的办法和手段，从而加以引导和化解。

精准形态思想政治教育主要具有以下三个特征：一是针对性和差异化，即针对不同的教育对象和思想困惑选用不同的教育内容和方法，以解决具体问题为抓手和导向，避免千人一面，强调“量体裁衣”和“量身定制”，这是其“精准”之核心所在。二是开放性和生成性，不做过多预设，保持内容选取和方法运用的灵活性，在具体情景中根据实际需要即时调整，以实现最优组合和搭配。当然，强调开放性和生成性不等于不做任何准备，完全凭借临场发挥，而应事先充分了解教育对象的具体特征，判断思想困惑的性质和程度，充分考虑各种可能的情景和相应的解决思路，只有这样才可能做到胸有成竹、随机应变。因此开放性和生成性的特征实质上是对教育者能力素质提出了更高的要求。三是相对性和扩展性，这是就其应用范围而言，也就是说精准思想政治教育形态不是对传统思想政治教育形态的否定和代替，而是其必要的延伸和扩展。一方面，在更多具有共性的思想问题上，集中统一的教育形式显然更为高效和必要；另一方面，个体化差异化的教育相对更为费时费力，在一些无关紧要的小问题上并不是十分必要，且可以通过其他途径加以解决，因此其应用范围应当说是相对有限的，在任何场合任何情景中都采取这种教育形式既无必要也不现实。当然，从另一个层面说，传统思想政治教育的精准化转型，不一定非要体现为差异化的个性教育，但要求将教育内容和方法同实际问题和情景紧密结合起来，以此作为原则导向，在当下却是现实而必要的。

这样一种精准的思想政治教育形态，其实现依赖于两个必要支撑和保障：一是“大思政”工作格局及其制度安排。从表面看，突出涵盖面之广的“大思政”与强调针对性之专的“精准思政”似乎没有太多直接关联，但事实上前者恰恰为后者提供了必要的人力物力支撑与保障。由于精准思政强调因人而异、因事而新，故需要投入大量人力物力、占用大量时间空间，这对于思想政治教育的主渠道——课堂教学来说是难以实现的。因此，由课内延伸到课外乃至渗透到日常生活中，由集中讲解扩展为个性辅导，便需要以“大思政”的工作格局作为必要支撑，进而充分借用辅导员、心理咨询师、社区工作者等人员的专业技能和优势，弥补思政工作者的知识能力短板，保障精准思政的有效开展与实现。二是现代信息技术特别是大数据和人工智能的支持。通过数据采集与分析实现对教育对象精准画像、充分了解其特征，营造虚拟现实空间再现问题情境、建构可供试错而无现实不良后果的问题化解思想实验室，以云端信息方式解决传统物质媒介资源的空间分布不均等问题、实现资源共享，通过机器学习、人机交互等方式提高效率等，这些技术都将为精准形态思想政治教育的开展提供有力的支持和保障。

二、生活思想政治教育形态

通常而言，我们所说的“生活”主要指日常生活，即相对于工作来说的人们每日起居的活动和空间；而从更广的意义来看，“生活”泛指人类一切维系生活和发展的活动，因此从这个意义上来说工作也是一种生活。一般来说思想政治教育的主要渠道是学校和课堂，并不包括通常狭义的日常生活，也仅仅构成广义生活的一部分。从提升亲和力的角度看，思想政治教育应更多关注人们的日常生活，使其形式上更为生动；从协调个人与社会的关系这一内核的角度看，则应进一步融入政治生活，在国家治理和社会治理中发挥更加重要的角色。因此，从更为宽广的角度看，思想政治教育应进一步关注人置身其中的生活世界，重点拓展日常生活与政治生活两种形态。

思想政治教育的日常生活形态，主要强调思想政治教育与日常生活的双向融合：一方面，日常生活中的场景和问题为思想政治教育提供生动现实的素材和契机；另一方面，思想政治教育以潜移默化的方式将生活世界作为新的场域和阵地，实现对日常生活的观照与升华。之所以主张思想政治教育由课堂教学空间向日常生活空间的扩展，主要原因有三：一是传统课堂教学形态内容相对严肃，以讲授国家和社会发展的“大道理”为主，形式又较为呆板，在考试的压力下许多学生将其视为同其他学科一样需要识记和理解的“外在任务”来对待，从而失去了思想政治教育自身的特色，使其亲和力不够。二是传统课堂教学对于解决一些思想行为问题的时效性不够，许多在生活实践中产生的思想与行为困惑，当被教育者所关注并纳入教学安排中时，往往已过去一段时间，在这一过程中许多问题或者已经转化，或者通过其他方式得到解决，不论问题本身解决与否，它对受教育者产生的影响和作用却已成为客观实际。如果不能及时解决这些生活中大量存在的困惑和问题，思想政治教育的实效性便会大大降低。三是就课堂教学本身的内容和形式而言也应有所充实和改善，提升其现实性和生动性，使之易于被理解和接受，为此需要从生活世界中汲取大量素材和资源。因此，日常生活形态既开辟了一个新的思想政治教育空间及场域，也有助于进一步丰富和完善传统课堂的教学形态。

日常生活形态的思想政治教育主要表现为“课堂生活化”与“生活课堂化”的双向互动，其核心在于思想政治教育与日常生活的有机融合，而不仅仅是教学空间的转移。一方面，“课堂生活化”要求思想政治教育以轻松活泼的形式融入日常生活中，在潜移默化的活动和体验中起到教育效果。从形态的角度看，这一转化应做到“形变神不变”，也就是说进入日常生活的思想政治教育必须改变传统机械生硬的形象，采取灵活多样的形式，强调生动性和体验性，如参观访问、岗位体验、成长活动、节日仪式等，而不是机械地迁移，把生活变成新的课堂；同时还要保证这些活动能够起到思想引导和教化的作用，而不能只是热闹一场却没有起到任何效果。另一方面，“生活课堂化”主张生活中的琐碎点滴能够被教育者所关注和捕获并将其作为资源纳入课堂教育，当然这种捕获和选取是有针对性的，只有与思想政治教育活动相关才应被关注和转化，而不能是泛泛照搬。比如，恋爱是青年群体普遍关注的话题，任何恋爱行为都受一定的人生观和价值观影响，因此通过对这一话题的讨论从而引出关于人生观价值观的思考，有助于受教育者在切身体验和感同身受中加深理解和认同，效果自然比抽象的理论讲授要好得多。此外，对时政或社会热点话题的讨论，以及虚拟建构的一些思想实验如“电车难题”等也都是很好的形式，使这些充满“烟火气”的生活情境变为具有引导和启发意义的思想政治教育素材。

在具体实践和操作中，应当注意把握以下三对关系：一是课堂教学与生活情境，既不是把课堂搬到生活中去，也不是让课堂变为生活的剧场，而是像前文提到的做到双向互动、“神形统一”，以生活之“形”丰富思政之“神”，以思政之“神”引导照亮生活之“形”。二是微观叙事与宏大话语的关系，既要以宏大政治话语统摄引导日常事件而不将其遮蔽，又要通过具体现实问题支持引申抽象思想观念却不将其消解。三是娱乐性形式与思想性内容的关系，既不能过于强调思想观念而远离生活，又不能为了迎合受众而纯粹娱乐化，而应使生动现实的生活情境成为引发思考和启示的意义场，使哲理性思想和观念变得让人易于接受又不失内涵。总之，日常生活形态思想政治教育凸显现实性和生动性，注重参与和体验，主张寓教于乐，尽可能提升思想政治教育的亲和力与感染力。

较之于日常生活形态，思想政治教育的政治生活形态相对较为抽象，但作为“生活”范畴的重要组成方面，政治生活在任何时期都是客观存在的（基于广义政治概念）且对人的作用和影响不容忽视。亚里士多德指出，“人天生是一种政治动物”①，马克思也指出，“人是最名副其实的政治动物，不仅是一种合群的动物，而且是只有在社会中才能独立的动物”②。就概念本身而言，“政治”是“思想政治教育”概念的核心，思想政治教育根本上就是围绕政治生活而展开的。然而，由于政治概念的复合性及其表现形式的多样性，如果只是泛泛地说思想政治教育的政治生活形态，又显得过于笼统和模糊。因此，这里在具有明确内涵和具体所指的意义上特指与当下我国政治生活相适应的、体现时代和实践主题的、融入国家和社会治理中的思想政治教育形态。

应当说，思想政治教育本身就是国家治理和社会治理的一种形式。一则，思想政治教育属于思想上层建筑的范畴，这一属性决定了其与政治上层建筑间具有紧密关联和相互作用，二者具有同源性；二则，思想政治教育与社会治理和国家治理在系统意义上的复杂性、层次性和精准性则体现出二者具有同构性。这种属性和结构上的相似性成为思想政治教育融入国家和社会治理中的可能性。此外，仅仅具有“可能”并不充分，还要在此基础上说明“应该”，才能澄清这一形态的现实依据。将政治生活形态特别是融入国家和社会治理中作为新时代思想政治教育发展的一种趋向加以特意强调，与当下中国特色社会主义实践发展密不可分。随着我国社会发展现代化与民主化进程不断推进，近年来治理逐渐成为时代热词。从管理到治理，反映出治国理政方式和观念的转变，更加凸显民众的公共参与，强调价值共识。这与新时代思想政治教育在阶级性基础上进一步凸显民众性的历史特征相呼应。因此，无论是从当下我国社会发展的时代主题与实践逻辑的角度看，还是依照思想政治教育自身的结构规律和发展方位，强调思想政治教育与国家治理和社会治理的有机嵌入与深度融合，都应成为一种值得关注和留意的趋势。

---

① ［古希腊］亚里士多德：《政治学》，颜一、秦典华译，北京：中国人民大学出版社，2003 年，第 4 页。

② 《马克思恩格斯文集》第 8 卷，北京：人民出版社，2009 年，第 6 页。

从实现进路的角度看，思想政治教育通过一定的形式和手段对民众的思想观念进行现代化引导与塑造，通过改善和提升治理主体的观念和能力来推动和促进治理现代化。[①] 内容方面，重点在于培育责任意识、规则意识、伦理意识等观念。首先是责任意识，强调民众作为国家和社会的主人所应有的义务与担当。责任通常与身份相关联，身处特定的位置，理应肩负起相应的责任。在我国，人民是国家的主人，作为主人翁理应积极地关心和参与社会事务，主动奉献，乐于担当。由于我国历史上长期处于封建社会，民众的观念仍遗存一些臣服、让渡心理，甘愿将自身权利交由其代理人也就是百姓口中的“父母官”来行使，加之“文化大革命”时期疾风骤雨泛政治化运动所造成的反向冲击，导致民众存在不关心政治、对公共事务冷漠淡然的惰性心理，这与国家治理现代化显然是不相适应的。因此思想政治教育要在此方面着重用力，逐步培养起民众的主人翁觉悟，自觉承担起相应的责任和义务。其次是规则意识和伦理意识。如果说责任意识解决的是澄清民众参与国家和社会治理中“为什么”的问题，那么规则意识和伦理意识则要说明的是“怎么样”的问题。显然治理是一个复杂运作过程，需要多元主体的共同参与和协商，而只有做到有序参与，才能够保障治理的效能。因此当怀揣各自诉求和心愿的主体共同参与治理活动时，首要的前提是遵守共同的规则，这一规则对各方面都应具有普遍的约束力；在此基础上，各方还应坚守法律底线、秉持良好品行举止，在平等互利、相互理解、共谋合作的基础上探寻发展之道，达成最佳的治理方案。

从形式上看，这些观念的养成需要通过一定的方式和路径来实现，思想政治教育应重点关注以下几个方面：一是宣传阐释治理成就，使人民群众切实感受国家治理和社会治理所取得的成就，使其懂得这些成就的获得离不开个人的贡献和参与，从而调动和激发民

① 参见杨威：《思想政治教育：提升国家治理能力和国民素养的重要途径》，《思想教育研究》，2015 年第 12 期，第 5—7 页。

众的主体自觉与担当意识。二是民众心态引导，治理过程本身就是一个相互协调的过程，其中不可避免会影响一部分群体的利益，由此便容易引发不良的社会心态，因此思想政治教育对于不良社会心理的及时化解与正向引导便十分重要。三是全民动员号召，充分发挥思想政治教育辐射面广、层次性强的特点，对不同年龄、职业、身份的民众开展广泛而有针对性的教育，探索相应的制度设计与运作格局，真正形成全体社会成员共建、共治、共享的治理格局。四是实践塑造养成，彰显思想政治教育实践性优势，通过模拟情境创设等方式培养受教育者的实践能力，真正将态度、知识转化为行为，降低实际治理中的试错成本，切实培养和提高民众参与国家治理和社会治理的能力和素质。

以上论述介绍了思想政治教育在新时代融入生活世界中的两种形态呈现和发展趋向，二者共同之处在于都属于“常态”的生活。然而不论是个人日常生活还是国家的政治生活，并不总是波澜不惊，常态之外还会有许多意外、跳跃甚至是反复的“非常态”。“非常态”情境由于其罕见、突发等特征，无论对社会还是个人所造成的冲击都是巨大的，在这个时候尤其需要思想政治教育及时化解矛盾、疏导困惑；然而常态生活中的思想政治教育在“非常态”情境中同样难以及时适应和有效应对，此时对于秩序的尽快恢复便更是雪上加霜。面对国际社会各种力量间不断博弈与制衡的“百年未有之大变局”，我国社会发展所面临的风险与挑战是前所未有，难以预测的“黑天鹅”事件出现频率大大增加，随时都可能出现的“非常态”反而成了一种“新常态”。因此，思想政治教育不仅要继续完善常规运行机制，还要探索一套应对“非常态”生活情境的“非常”形态。

这里所说的“非常”，显然是相对于“通常”而言，是指当社会和个人生活面临突发事件威胁、进入“非常态”运行时而采取的一种临时性、应急性的思想政治教育。通常而言，社会运行基本处于相对稳定有序的状态，然而当面临突然发生的自然灾害、人为事件、公共卫生事件、战争等突发事件时，原有的秩序被打破，人民群众在生产生活领域遇到严重困难，社会陷入恐慌、混乱的状态。在突发事件中，常规思想政治教育的秩序被严重打乱，其运作机制并不能够有效适应社会“非常态”的运行要求，因而此时“非常”形态的思想政治教育便应需而生。总体来看，突发事件对思想政治教育的影响是双重的，既提供了极其鲜活生动的情境素材与契机，也对思想政治教育的内容形式、系统运作、机制保障提出了全新的要求。较之于常规形态而言，“非常”形态的思想政治教育在任务、内容、方式上主要突出四个方面：其一，心理疏导与人文关怀，在于平复民众心理，解决现实思想困难，既包括及时有效地干预和介入，也包括持续性地关注和重建；其二，信息澄清与舆论引导，为的是澄清事实真相，制止谣言传播，稳定社会心态和秩序，避免出现更大范围和程度的次生影响；其三，情感激励与共识凝聚，借助突发事件所营造的特殊情境及其中涌现出的正反典型案例，及时对人民群众思想情感加以引导和激励，动员民众团结协作恢复秩序，激发其强烈的家国情怀和责任意识；其四，事件过后的教训反思与经验总结，为以后类似情况发生后的应对和处置提前谋划。

三、自主思想政治教育形态

从作用于人本身、服务于人的自由全面发展的终极指向来看，思想政治教育之于人来说不是一种外在性存在，而是满足人自身精神世界建构和发展、实现不断超越的内在需要的手段和方式，因此在这个意义上，思想政治教育应当是人自觉自主的积极作为，而非外在强制的消极约束。但是，思想政治教育对人发展的这种意义作为潜在的可能，其现实性转化需要一定的历史条件，在传统阶级社会中思想政治教育的这一深层属性处于被遮蔽状态，更多扮演“他者”的角色；随着新时代我国社会主要矛盾的变化、在推进中国式现代化的历史进程中逐渐创造出将“他者”转化为“自我”的历史条件，个体自我引导、自我教化、自我进步的自主思想政治教育形态逐渐成为可能。

新时代我国社会主要矛盾发生变化意味着，其一，对人民群众需要的表述由过去的“物质文化需要”转变为“美好生活需要”，表明“需要”的内容与层次发生了明显提升。“美好生活”就范围而言显然涵盖更多的领域，从性质上看则是质的飞跃。而不论是性质还是程度，“美好生活需要”这一表述都更加突出并强调精神文化要素。一方面，精神文化需要是建立在物质需要基础上的高层次需要，仅仅注重物质需要的满足，无论如何是不能够称之为美好生活的；另一方面，精神文化需要作为一种精神力量和境界对物质需要具有强大的引导和调节作用，这表明在我国人的发展阶段和层次已经进入新的高度。因此，对自身思想观念和精神境界的提升已逐步成为人民群众的自觉意识，发展模式已由过去的“消极接受”逐步转变为自身的“主动追求”，因而人民群众会逐渐将思想政治教育视为一种自我发展自我完善的方式，而不再是过去的机械注入与教条宣讲。这表明思想政治教育已开启生发于人的自我发展系统的历史进程。其二，主要矛盾的另一方面“不平衡不充分的发展”表明人民群众的这种自觉意识还处于起步阶段，尚不够稳固，还有部分人缺少这种产生自觉观念的现实基础。因此，对正确认识思想政治教育自主形态而言有两点现实启示，一是应当看到这种形态只是反映出当下和今后的某种趋势和走向，对此不能操之过急，要尊重现实基础并加以稳步推进；二是要注重分类引导，针对不同发展阶段和实际采取相应方式，做到精准适切而不能“一刀切”。但是不论怎样，“不平衡不充分”毕竟反映出发展所存在现实问题，而解决这些问题则进一步衬托出推动思想政治教育向自主形态转型与建构的紧迫性。因此，新时代我国社会主要矛盾的变化标识着一种思想政治教育新形态的出场，这便是自主形态。

具体来说，自主形态强调同时作为教育者和受教育者的主体的内在力量，包含内需、内驱、内省三重意蕴。

内需是思想政治教育自主形态的起点。思想政治教育之所以能够内在地生发于人的社会性存在中，最根本的原因在于人们有着对它的需要。马克思恩格斯从人类学的角度论述了需要对于人存在发展的重要意义："全部人类历史的第一个前提无疑是有生命的个人的存在"[①]，物质生活资料的生产是人类得以生存的首要需要，而这个"已经得到满足的第一个需要本身、满足需要的活动和已经获得的为满足需要而用的工具又引起新的需要，而这种新的需要的产生是第一个历史活动"[②]。可见，正是在需要的不断满足与新的需要的不断生发和满足中，人类社会才得以维系和延续。当然，需要的层次和类型具有多样性，人类之所以能够作为区别于动物的一个物种，在于人类有着自身特殊的需要及其满足方式。马克思在论述人和动物的区别时指出："动物和自己的生命活动是直接同一的……有意识的生命活动把人同动物的生命活动直接区别开来。"[③] 可见，人与动物的区别在于人具有意识，是有观念的主体性和能动性存在。正是基于此，人具有思想观念的内在需要，通过主观世界的建构与发展为其自身赋予存在的意义和价值。为了满足精神世界的发展需要，人们必须获得对自身及其与世界关系的某种认识，这种认识带有方向性、根本性、持久性，需要通过不断的实践与思考来获得。而思想政治教育正是满足这种观念性需要的基本方式，因此人之为人所具有的思想观念需要，成为思想政治教育能够内在生发于人的前提和起点。当然，正如马克思所指出的，需要的满足与产生是一个螺旋式的上升过程，不断被满足和超越的精神文化需要使思想政治教育能够作为一个过程而存在，从而为之演进和发展提供不竭动力。

内驱是思想政治教育自主形态的动力。主体的内在需要使其产生了接受思想政治教育的动机，而动机的产生是瞬时性的，如果不能够加以维系，这种动机将很快消退或转化，因此思想政治教育自主形态的实现还需要一种动力机制，使个体的思想文化需要转化为持续接受思想教育的动力，这便是内驱力。顾名思义，内驱力就是

① 《马克思恩格斯文集》第1卷，北京：人民出版社，2009年，第519页。
② 《马克思恩格斯文集》第1卷，北京：人民出版社，2009年，第531—532页。
③ 《马克思恩格斯文集》第1卷，北京：人民出版社，2009年，第162页。

内在驱动力量，是主体自身心理系统诸要素相互联结相互作用而产生的能动效应，这些要素主要包括认知、情感、意志和信念等。认知是产生内驱力的起点，人的观念和行为都是在一定的认识基础（不仅仅是理性认识，也包括感性认识）上产生的，不论这种认识是否正确，都构成主体后续心理过程和行为的先导，在某种程度上说认知是人与自身和外部世界相互作用的先在结构。情感是内驱力的催化与调节要素，基于某种认识和判断，主体会产生相应的情感，积极的情感能够促进驱动力的生成和转化，消极的情感则会起到抑制和阻碍作用。意志和信念是维系内驱力的关键，情感的调节作用具有非理性特征，往往不够稳定，只有在信念的作用下才能将其转化为坚定的意志，从而具有持久性和稳定性，使之能够源源不断地持续输出。这种内在驱动力量与思想政治教育间的关系和作用是双向的，一方面，内驱力将个体的思想文化需要转化为接受思想政治教育的行为，使之形成自我思想观念更新和超越的主体意识，从而将思想政治教育转化为自身成长发展的内部要件，而不再是可有可无的外部手段，进而真正促使思想政治教育自主形态的生成。另一方面，内驱力的有序作用需要思想政治教育加以调节和引导，从构成要素看，信念和认知因素不仅仅局限在个体心理系统，而是更多地属于思想观念系统，科学合理的认识、崇高坚定的信念需要通过思想政治教育加以培养和引导，因此反过来思想政治教育也在调节和制约着内驱力，二者在相互作用中共生共存。

内省是思想政治教育自主形态的保障和归宿。作为思想政治教育的一种存在方式或呈现形式，自主形态的现实性需要通过一定的效益和表现来加以衡量评定，这一标准便是主体自身是否具有内省意识及其程度。具体来说，内省包含两重含义，一重含义是反省，即主体的自我监控、反思与调整。反省的内容既包括自身的观念与行为是否符合一定的要求规范、是否实现预期的目标，这实际上是对思想政治教育作用于个体成效的检验；同时，反省的内容还包括对自身是否具有思想观念更新发展的自觉意识，即是否具有进行自我思想教育的觉悟及其程度，这是对思想政治教育是否真正内在自主的检验。通过自我反省与调节，为思想政治教育真正实现由外在强制向内在自主的转变提供了保障。内省的另一重含义是觉醒，是人对自我本质的充分认识与自觉占有。马克思主义从社会关系的角度界定人的现实本质，认为人是一种具有自然与社会双重属性的存在，因此“人只有获得社会本质和精神本质，才构成真正意义上的完整的人性”[①]。所谓觉醒，就是首先认识到人具有超越自然本能的社会属性，并为之不懈努力，追求真善美，提升思想素养，追求崇高精神境界，使人之为人的社会性、超越性充分彰显。这样一种觉醒状态是思想政治教育自主形态的目的和归宿，其本质体现为主体自觉的超越意识，这种超越意识具有目的和手段的双重规定：从目的看，表现为对当下状态的不断否定与升华，最终所指向的是自由全面发展；从手段看，就是自觉通过思想政治教育发展自我、提升自我，使之融入自身觉醒的过程中，这便是其自主的根本体现。

四、共同体思想政治教育形态

在马克思主义经典文本中，共同体概念有多重含义。这里所说的是指基于“人类命运共同体”理念，以解决全人类共同面对的世界性问题为宗旨，在全球多元文明差异性基础上探寻共识，致力于构建一种兼收并蓄、开放包容的人类文明新形态的思想政治教育形态。

习近平总书记在2015年出席第七十届联合国大会一般性辩论时指出：“当今世界，各国互相依存、休戚与共。我们要继承和弘扬联合国宪章的宗旨和原则，构建以合作共赢为核心的新型国际关系，打造人类命运共同体。”[②]“人类命运共同体”理念是中国共产党对当今世界格局的精准分析与全人类发展之道的深刻判断，具有深厚的马克思主义理论和中国传统文化根源。马克思指出，“每一个单个人

① 张澍军：《德育哲学引论》，北京：人民出版社，2002年，第139页。
② 习近平：《习近平谈治国理政》第2卷，北京：外文出版社，2017年，第522页。

的解放的程度是与历史完全转变为世界历史的程度一致的"①，这里所说的世界历史是指全人类打破阶级民族国家界限的交往状态，其最终目标是"一个自觉的、有计划的联合体"②，这才是"真正的共同体"即"自由人联合体"。由此可见，共同体是人类社会的基本组织形式，其性质在不同历史时期不尽相同，"自由人联合体"是全人类实现解放的现实表现和标志。习近平总书记所提出的"人类命运共同体"，从性质程度上看与马克思所说的"真正的共同体"相比还有很大距离，这是由现实的人类历史发展进程所决定的。但其现实意义有两方面：一是揭示了人类社会的基本组织形式与处理全球性问题和挑战的根本思路，即团结合作共同应对而不能独善其身；二是指明了世界历史演进的总体趋向和发展前景，即不断打破边界与隔阂，实现共同发展。此外，人类命运共同体理念还与中国传统文化所倡导的"天下为公""大同世界"的思想相契合，可谓具有深厚的理论基础与充分的现实依据，为今后一段时期人类社会的发展提供了中国智慧和中国方案。

在人类命运共同体理念的指导下，思想政治教育形态在当代也将发生一些改变，突出表现是开始逐步打破民族国家的边界，在更大范围和领域内协调个人与共同体之间的思想关系。从思想政治教育本身的发展演进来看，边界扩展是其历史形态的一条内在规律，最开始思想政治教育仅仅在氏族、部落这样很小的范围内开展。随着人类生产的发展与交往的不断扩大，思想政治教育逐步扩展为特定政党和阶级内部凝聚动员的重要手段和方式，随后进一步冲破这一边界形成当今世界以民族国家为基本单位的形态。随着人类交往的持续发展与世界历史的不断推进，有理由相信思想政治教育也将进一步超越民族国家的界限而成为类形态。应当说，当今世界国与国之间的关系已开始显露这一进程和趋向的端倪。各种全球性问题

---

① 《马克思恩格斯文集》第 1 卷，北京：人民出版社，2009 年，第 541 页。
② 《马克思恩格斯全集》第 25 卷（下），北京：人民出版社，1974 年，第 745 页。

的不断涌现表明任何一个国家单凭自身实力都难以完全应对，合作与协商成为必然，由此也相应会形成越来越多的全球性思想关系和问题。人类命运共同体理念也正是在此背景下应运而生，这一理念实际上已经构成共同体思想政治教育形态的基本观念和主张。当然，这里所说的共同体，仅仅是马克思主义经典文本中“真正共同体”的原形，甚至只是一种原初倾向。尽管当今世界思想政治教育总体上仍处于国家形态的范畴，但毕竟已和纯粹的阶级形态有所不同，因此共同体思想政治教育形态符合本章第一节所提到的过渡形态的界定，是一种以阶级国家为基础同时又朝向共产主义“自觉—本真”形态的发展趋向。

更进一步明确地讲，共同体思想政治教育形态有理想性和现实性两个维度。从理想性的角度讲，其最终走向是共产主义社会的“自觉—本真”形态，是以全人类为边界和范围并致力于实现所有人自由全面发展的自我教育和完善，这显然需要经历很长的历史过程，但这一理想应当成为未来思想政治教育发展的方向并对现实产生影响和关涉。就现实性而言，其一，其基本目标和主旨主要有两个方面：一是在思想观念层面探寻全人类共同面临的全球性问题的解决之道，如气候问题中关于人与自然的关系、发展问题中各国所应承担的共同但有区别的义务及相应的权利、人权问题中人本身的尊严与价值，等等；二是在不同民族和国家多元价值观基础上寻找最适合全人类整体发展的共同价值和主张，以超越不同意识形态的差别，找寻思想观念的“最大公约数”。其二，根据人类命运共同体理念，共同体形态思想政治教育所要传递和核心主张主要包括“平等相待、互商互谅的政治观，公道正义、共建共享的安全观，开放创新、包容互惠的发展观，和而不同、兼收并蓄的文化观以及尊崇自然、绿色发展的生态观”[①] 等，这些理念仍有待进一步概括和归纳成为具有

① 曹清燕、彭娇娇：《构建“人类命运共同体”视域下思想政治教育的全球维度》，《思想政治教育研究》，2020 年第 2 期，第 84 页。

系统性的教育内容和主张。最后，目前这一形态的基本组织和实现方式是由中国发起倡导、面向全人类的“代理形式”，即中国共产党带领中国人民在国际舞台上传递更多的中国智慧和中国方案，其内容关涉全球性问题，并以解决这些问题实现共同发展为宗旨。而对这些中国方案的认可与采纳，其背后实际上是一个话语权与合法性的问题，因此其信度和效度的提升、在中国话语的基础上融入更多民族和国家的国家话语、最终形成共同的全球话语仍将是一个长期的历史过程。

由此便进一步牵扯到当下共同体思想政治教育形态应当特别关注和处理的一对矛盾——民族性与世界性的关系问题，主要有两方面表现：一是在运作和实现方式上，应努力实现中华民族积极发起倡导与各国各民族积极回应，彼此同向而行。一方面，人类命运共同体理念是由中国所主张和倡导的，在践行过程中必然中国将承担和付出更多；另一方面，这些主张在于解决全球共同关心和面临的实际问题，各国都是受益者，因而也需要得到其他国家的响应和配合，在这一过程中应努力避免和化解出于意识形态偏见而导致的消极对抗和相互掣肘。二是在价值取向上，目前世界各国由于发展的差异性和不平衡性，仍面临诸多国际问题和纷争，能够达成共识的范围还十分有限，因此共同体思想政治教育形态仍应体现鲜明的民族立场和取向，也就是说并不是要将这些中国主张强加于全世界，也不是毫无保留地一味倡导无私奉献，而是主张在与国家实力地位相符的基础上通过共识的达成而实现自身的发展，其落脚点还是要凸显对中华民族根本利益的维护与发展的促进。因而这实际上是在全球性视野中对民族性的再认与观照，其基本取向可概括为：立足本民族，面向全人类。

本节中提到的这些新形态在一定程度上反映了当下和未来我国思想政治教育发展的方向、趋势和路径。应当说这几种形态的划分标准和角度不尽相同，有的是基于技术层面，有的是依照空间场域，也有的是在运行状态层面加以划分；同时这几种形态间也并不存在严格的界限，而是在不同角度和方面相互融合，如日常生活形态可看作是精准形态的一种实现方式，自主形态是共同体形态从理想性维度在个体身上的体现，等等。总体来看，这些形态从不同方面体现出当下我国思想政治教育的过渡性特征，即阶级性向社会性的回归与转化，凸显其对于人本身的意义，进一步揭示思想政治教育对人的社会性存在的观照意蕴，由此论域回归到思想政治教育的本质并最终回应和确证其“究竟为何物”这一根本问题。

结语

作为人，作为在社会关系中繁衍生息的存在，人的一生都在以各种形式接受思想政治教育；作为思想政治教育专业的研究者，我们每天都在思考、从事这一事业。于是，思想政治教育成了我们最为熟悉的现象，似乎它自然而然地在那里，理所应当就是那个样子。然而，如果要追问“思想政治教育究竟是什么?”这一问题，似乎又不容易说清楚。当学者们都在以自己所理解的那个“思想政治教育”进行研究的时候，便难免出现缺少交锋、自说自话的现象。从研究的角度说，目前学界在一定程度上确实存在这种情况。从社会民众的理解和认识来讲，思想政治教育在不同时期呈现出两种似乎完全相反的评价，由于“文化大革命”时期思想政治教育“虚幻形态”不良影响的持续性，在很长一段时间人民群众将思想政治教育理解为斗争的工具，其形象并不很好，这种认识甚至持续到了今日；而进入新时代，党对思想政治工作高度重视，学科发展进入前所未有的繁荣时期，社会和民众又对其发展前景给予了高度关注和殷切希望。人民群众的这两种不同认识，同样反映出在对思想政治教育内涵与定位认识上的模糊性。因此，无论是学科自身还是社会实践的发展，都迫切要求对这一问题给予反思与回应。从理论研究的角度讲，“思想政治教育是什么”实际上是对其概念和本质的深入理解与再认，因此研究的整体进程便不能是“概念到概念”的直接跨越、在纯粹理论的范围内兜圈子，而应面向事件本身，从思想政治教育的事实性存在出发来加以认识和思考。于是，“思想政治教育形态”这一选题便应运而生。

本书主要在以下三个方面形成了一些初步的认识和判断。

第一，界定了思想政治教育形态概念的基本内涵，明确了思想政治教育形态、形态研究与视域间的内在关联。不同于通常我们将形态理解为外在直观的形状及样态，研究意义上的思想政治教育形态是指“思想政治教育的形式样态与存在状态”。其中“形式样态”大体相当于通常意义上的外在直观与感性经验，而“存在状态”则是对不同境遇下各异的外部样态的整体性整合及其“何以如此”即存在根据的把握，因此形态是连接现象与本质的中介，唯有全面、系统地把握思想政治教育的种种形态，才能够揭示其本质，从而真正回答“是什么”这一根本性问题。对于形态研究来说，视域是一个极其重要的关键范畴，所谓对象的“形态”是基于研究者一定“视域”内呈现并获得的，因而“形态”是内容、是结果，“视域”是形式、是原因，二者相互作用且密不可分，特定的视域（结构、历史）是认识理解思想政治教育形态的前提与关键。

第二，初步建构起思想政治教育形态研究的理论框架与逻辑秩序。总体上由前提性概念方法界定、主体性视域认定及其形态呈现、指向性理论归依及现实意义三部分构成。其中前提性部分通过相关概念比较与理论借鉴，对思想政治教育形态及其研究进行界定，从整体上明确研究对象、划定研究边界；在此基础上指出思想政治教育形态问题的出场具有强烈的理论研究及实践活动需要和依据；同时明确了思想政治教育形态研究“从抽象到具体”的逻辑理路。主体性部分认定了思想政治教育形态研究的两大基本视域：结构视域与历史视域。结构视域是对现实、具体的思想政治教育活动进行微观解剖的共时性研究视角，从基本的构成要素出发，逐渐深入要素间的关系、教育活动的运作与实现，最终深入内在本质与矛盾；历史视域则是对发展、过程性的思想政治教育现象进行宏观整合的历时性研究视角，概括其产生、发展、演进过程中的不同形态与规律，从最普遍和一般的角度获得关于其存在的认识。二者相互交织，共同构成观察思想政治教育的“经”与“纬”。指向性部分则回归思想政治教育形态研究的动因与本意，通过对两个层次双重维度的概念拆分与社会思想关系建构维系的本质再认，来回应“思想政治教育是什么”这一根本性问题。同时将当下我国社会的思想政治教育的发展界定为一种过渡形态，并在此基础上对新时代思想政治教育的守正创新提出若干思路和策略。

第三，在元理论意义上由形态问题引申出关于思想政治教育理论和实践发展问题的思考。作为具有元理论性质的研究课题，一方面思想政治教育形态本身是一个较为新颖的问题域，在一定程度上充实、完善了思想政治教育学的基本理论体系；另一方面也是更为重要的是，元理论之“元”在于其是理论的理论、思想的思想，形态研究不能止步于形态本身，而是通过这一过程实现对既有理论的反思，进而影响思想政治教育理论和实践的未来发展与走向。在此意义上，本书基于形态研究得出几点认识：首先，思想政治教育是一个宏观概念，具有不同层次的指向性，在表述思想政治教育概念时，应当明确在什么意义、何种层次上使用，避免表述含混与语义不清。其次，对思想政治教育本质的界定应当遵循“属＋种差”的基本原则，明确其区别于其他现象和活动的内在根据与实现形式。从这个角度来讲，将思想政治教育本质理解为“特定社会思想关系的建构与维系活动”更具融含性与本真性。再次，当代中国社会的发展呈现出“后过渡”现象和特征，由此决定当代中国的思想政治教育是一种由阶级形态向“自觉—本真”形态复归的过渡形态。最后，新时代思想政治教育的守正创新主要有三个发展方向：精准聚焦，面向生活世界与具体问题，切实解决人民群众的思想困惑，满足其精神文化需要；向内用力，实现思想政治教育由“外部输入”向“内部自主”的转化；放眼全球，探寻人类发展价值理念的“最大公约数”，为构建人类命运共同体作出贡献。

当然，由于笔者能力所限，加之这样一个理论性、思辨性的题目，因而本书不可避免地存在一些问题：如结构与框架具有探索和尝试性质，其立论是否可靠、逻辑是否严密需要经过实践的检验与完善；涉及一些具体问题的论述难免有些轻描淡写、粗枝大叶，许多细节难以深入，仍有待完善；行文中出现的一些观点存有争议，如非阶级形态是否存在、概念与本质的界定、当代中国社会及其思想政治教育的定位等。尽管存在这些问题，但我坚定认为这一课题具有重要的理论和现实意义，值得进行深入研究。在本书写作期间，笔者也留意到学界出现了一些在基础理论或元理论意义上探讨思想政治教育形态问题的文章和项目，这表明形态问题已经受到学界的关注，同时也印证了该问题的真实性与价值性。从某种程度上说，书中存在的这些问题正是今后需要进一步努力的方向，在此希望能够与学界同仁一道，将这一问题持续深入研究下去，使之成为思想政治教育研究的一个重要领域，对学科建设和社会发展产生积极意义和影响。

主要参考文献

著作类：

[1] 马克思恩格斯选集（第 1—4 卷）[M]. 北京：人民出版社，2012.

[2] 马克思恩格斯文集（第 1—10 卷）[M]. 北京：人民出版社，2009.

[3] 列宁选集（第 1—4 卷）[M]. 北京：人民出版社，2012.

[4] 毛泽东选集（第 1—4 卷）[M]. 北京：人民出版社，1991.

[5] 邓小平文选（第 1—3 卷）[M]. 北京：人民出版社，1994、1993.

[6] 江泽民文选（第 3 卷）[M]. 北京：人民出版社，2006.

[7] 胡锦涛文选（第 3 卷）[M]. 北京：人民出版社，2016.

[8] 习近平谈治国理政（第 1—4 卷）[M]. 北京：外文出版社，2018、2017、2020、2022.

[9] 李秀林，王于，李淮春，等. 辩证唯物主义和历史唯物主义原理（第五版）[M]. 北京：中国人民大学出版社，2004.

[10] 孙伯鍨，侯惠勤. 马克思主义哲学的历史和现状 [M]. 南京：南京大学出版社，2004.

[11] 孙正聿. 哲学通论（修订版）[M]. 上海：复旦大学出版社，2020.

[12] 郝立忠. 哲学形态学 [M]. 北京：人民出版社，2018.

[13] 张澍军. 学科重要理论探索——我的 18 个思想政治教育见识见解 [M]. 北京：中国人民大学出版社，2018.

[14] 张澍军. 德育哲学引论 [M]. 北京：人民出版社，2002.

[15] 冯刚，郑永廷. 思想政治教育学科 30 年发展研究报告 [M]. 北京：光明日报出版社，2014.

[16] 张耀灿，郑永廷，吴潜涛，等. 现代思想政治教育学 [M]. 北京：人民出版社，2006.

[17] 万美容. 思想政治教育方法发展研究 [M]. 北京：中国社会科学出版社，2007.

[18] 孙其昂. 思想政治教育学前沿研究 [M]. 北京：人民出版社，2013.

[19] 周琪，靳玉军，王永友，等. 思想政治教育基础理论前沿问题研究 [M]. 北京：人民出版社，2018.

[20] 李合亮. 思想政治教育探本——关于其起源及本质的研究 [M]. 北京：人民出版社，2007.

期刊论文类：

[1] 杨威，陈毅. 思想政治教育形态问题初探 [J]. 思想理论教育，2020 (1).

[2] 叶方兴. 论思想政治教育形态 [J]. 学术论坛，2019 (4).

[3] 傅松涛. 比较教育学教育形态研究范式的基本依据 [J]. 教育研究，2012 (1).

[4] 檀传宝. 德育形态的历史演进与现实价值 [J]. 教育研究，2014 (6).

[5] 骆郁廷，孙婷婷. 形象德育：一种新的德育形态 [J]. 教育研究，2017 (6).

[6] 王哲. 思想政治教育形态研究述评 [J]. 湖北社会科学，2020 (2).

[7] 樊浩. 道德教育的"'精神'形态"与"中国形态" [J]. 教育研究，2013 (2).

[8] 刘梅. 论思想政治教育的社会教育形态 [J]. 思想教育研

究，2011（9）.

[9] 熊建生. 论思想政治教育内容形态的层次结构 [J]. 思想理论教育导刊，2006（9）.

[10] 郑富兴. 现代性视野下的道德教育形态变迁 [J]. 思想理论教育，2009（18）.

[11] 杨威，符莹. 论思想政治教育的社会根源——基于社会结构的考察 [J]. 思想政治教育研究，2015（3）.

[12] 董雅华. 论思想政治教育共同体的建构 [J]. 思想理论教育，2017（11）.

[13] 祖嘉合. 对思想政治教育主体及其特性的思考 [J]. 教学与研究，2007（3）.

[14] 项久雨. 思想政治教育主客体关系的马克思主义逻辑 [J]. 教学与研究，2017（7）.

[15] 刘建军. 思想政治教育主客体难题的哲学求解 [J]. 教学与研究，2016（2）.

[16] 张建晓，孙其昂. 论思想政治教育内容结构的形态 [J]. 思想教育研究，2019（1）.

[17] 万美容，吴倩. 新时代思想政治教育内容有效供给论析 [J]. 马克思主义理论学科研究，2020（1）.

[18] 邹绍清. 思想政治教育方法论体系建构研究——以复杂系统论为视角 [J]. 思想理论教育，2016（1）.

[19] 徐志远. 思想政治教育学基本范畴的逻辑结构试探 [J]. 探索，2006（3）.

[20] 黄永宜，王新刚. 思想政治教育过程基本规律的再探讨 [J]. 思想理论教育导刊，2010（4）.

[21] 王秀阁. 论思想政治教育研究取向的问题——马克思主义实践观视角 [J]. 马克思主义研究，2015（5）.

[22] 韦冬雪. 思想政治教育过程规律体系探微 [J]. 学术论坛，2008（8）.

［23］张澍军. 论思想政治教育的历史定位与运行特征［J］. 教育研究，2015（4）.

［24］张毅翔，彭庆红. 思想政治教育过程及其规律研究回顾与展望［J］. 思想教育研究，2014（11）.

［25］沈壮海. 论思想政治教育过程的内在构成［J］. 中国青年政治学院学报，2001（1）.

［26］倪愫襄. 思想政治教育概念的元分析［J］. 思想理论教育，2012（12）.

［27］李春华，上官苗苗. 论科学把握思想政治教育内涵的基本原则——以界定思想政治教育内涵为视角［J］. 中国社会科学院研究生院学报，2017（6）.

［28］石书臣. 思想政治教育概念的学科梳理和探讨［J］. 思想教育研究，2008（8）.

［29］侯勇，孙其昂. 思想政治教育概念学科认识的三维路径［J］. 探索，2012（6）.

［30］李亿，吴荣军. 语词共识、命题同构、实践遵循：理解思想政治教育的三个维度——基于概念的共词分析视角［J］. 思想教育研究，2017（12）.

［31］陈秉公. 思想政治教育本质研究现状及建议［J］. 思想教育研究，2014（6）.

［32］李忠军. 关于思想政治教育本质的几点探讨［J］. 东北师大学报（哲学社会科学版），2012（5）.

［33］金林南. 思想政治教育本质研究的前提性问题［J］. 思想理论教育，2017（5）.

［34］李辉. 思想政治教育本质认识分歧探源［J］. 思想教育研究，2011（7）.

［35］郑永廷. 论社会意识形态与思想政治教育的内在联系［J］. 中国高校社会科学，2015（6）.

［36］张澍军. 论“政治”在思想政治教育中的规范规约作用——

“思想政治教育观”创新探讨之二［J］. 东北师大学报（哲学社会科学版），2015（1）.

［37］王学俭，郭绍均. 思想政治教育研究范式：体系、问题与建构［J］. 思想理论教育，2015（3）.

［38］沈壮海. 论思想政治教育理论研究的新范式与新形态［J］. 思想理论教育导刊，2007（2）.

［39］张耀灿，钱广荣. 思想政治教育研究范式论纲——思想政治教育研究方法的基本问题［J］. 思想教育研究，2014（7）.

［40］王升臻，李俊奎. “广义政治”视野下思想政治教育历史起点探究［J］. 湖北社会科学，2012（9）.

［41］何祥林，周军虎. 关于思想政治教育原始发生问题的思考［J］. 思想教育研究，2014（1）.

［42］王哲，张澍军. 思想政治教育“原始发生”问题再认识——“思想政治教育观”创新探讨之三［J］. 思想教育研究，2020（3）.

［43］杨威. 思想政治教育发生的历史考察［J］. 思想理论教育，2007（6）.

［44］金林南. 从政治的意识到意识的政治——思想政治教育起源的政治哲学探析［J］. 思想理论教育，2010（19）.

［45］张苗苗. 论思想政治教育的发生、发展与未来走向［J］. 教学与研究，2017（4）.

［46］王树荫，韩华，温静. 中国共产党思想政治教育史研究进展［J］. 思想教育研究，2014（8）.

［47］叶方兴. 作为道德实践的公民教育——古希腊公民教育的德性维度及其当代启示［J］. 南昌大学学报（人文社会科学版），2015（5）.

［48］张鲁宁. 西方公民德性教育思想的历史演变［J］. 思想理论教育，2008（11）.

［49］韩华. 思想政治教育史研究：回顾与前瞻［J］. 思想理论教育，2015（1）.

[50] 刘梅. 思想政治教育史的研究路径与方法 [J]. 马克思主义与现实，2008 (2).

[51] 张耀灿. 思想政治教育学科建设存在的若干问题 [J]. 思想理论教育，2015 (5).

[52] 钟启东. 思想政治教育理念创新的逻辑论析 [J]. 思想理论教育，2016 (8).

[53] 杨晓慧. 对深化思想政治教育学科建设的几点思考 [J]. 思想政治教育研究，2014 (1).

[54] 冯刚，严帅. 新中国成立 70 年来高校思想政治教育的成就、经验与展望 [J]. 教学与研究，2019 (9).

[55] 王秀阁. 思想政治教育学科深入发展中的凸显问题及解决对策 [J]. 思想教育研究，2013 (11).

[56] 陈慧军，平章起. 论新时代精准思想政治教育的逻辑向度 [J]. 学术论坛，2019 (5).

[57] 高德胜，杨羿. 思想政治教育的当代转向——从理论思想政治教育到应用思想政治教育 [J]. 思想政治教育研究，2018 (4).

[58] 宇文利. 新时代思想政治教育创新之魂 [J]. 思想理论教育，2019 (1).

[59] 冯晓玲. 新形势下思想政治教育学科发展的问题与取向 [J]. 思想理论教育导刊，2017 (12).

[60] 张明，尚庆飞. 理解中国特色社会主义新时代的三重维度 [J]. 南京社会科学，2018 (3).

[61] 颜晓峰，赵坤. 中国特色社会主义新时代的重大政治判断和战略考量 [J]. 马克思主义理论学科研究，2017 (6).

后 记

当书稿落下最后一笔的时候，我并没有太多先前认为会有的轻松、畅快之感，反而仿佛回到了5年前决定将思想政治教育形态研究作为博士论文选题时的惶恐与迷茫。之所以会有这种感觉，并不是对自己这些年的探索有所不满，从客观上讲，本书初步建构起的思想政治教育形态问题体系和框架，还是倾注了不少心思和精力的。而此时的彷徨之感，大抵是源于历经苦苦探索之后而深知研究之艰难以及由此生发出对学术的敬畏。借用苏格拉底的观点，正是由于自己“已知的圆圈”比先前大了那么一点点，于是“无知的边界”便随之更大了，正所谓“自知自己无知”。

怀着这份谦卑与敬重，五年来对思想政治教育形态问题的思考至此暂告一段落，但这或许只是万里长征的第一步。一路走来，首先要感谢我的硕士、博士研究生导师——张澍军教授。我与恩师相识至今已有近10年时光，这期间张老师对我倾注了大量心血，也见证了我从一名本科生成长为高校教师的蜕变，任何言语都不足以表达我对恩师的感激之情。张老师德高望重，对待学术一丝不苟，年逾古稀仍笔耕不辍，时常工作到深夜；先生为人正直，既是我的学业导师，更是我的人生导师。可以说这本书能够问世，完全是站在恩师的肩膀上实现的。毕业后离开老师身边，常囿于琐碎工作，我对老师也疏于联系、照顾，时常感到惭愧。在这里诚挚祝愿老师和师母身体健康，福寿康宁。

感谢南京理工大学马克思主义学院对本书出版的资助，感谢学校、学院领导和前辈对年轻教师成长的鼓励与支持。感谢母校东北师范大学、天津师范大学的培养，求学期间所汲取的思想养料和治学态度为今后学术生命的成长给予了源源不竭的滋养。感谢一路走来的朋友与伙伴，在这条路上我们曾经彼此鼓励，今后也将共同成长。

感谢父母的养育之恩，为我遮风挡雨、负重前行，已是而立之年仍能“潇洒”“任性”，我何其有幸。从上大学离开家门的那一刻起，或许就是一场有去无回的旅行——那回不去的故乡，是我心中最美的风景。

回首一路走来的旅程，有艰辛、有挑战，但更多的是在对意义的苦苦找寻以及不断自我确证过程中收获的感动和欣慰。当仰望已久的星空一旦变得触手可及，就成了坠落的陨石，而这颗陨石，又何尝不是西西弗斯们的命运之石——重要的绝不是它终会滚落山崖的结局，而是在每次滚落之后仍能重返山巅。于是，这一次西西弗斯有了亲手将巨石推下悬崖的勇气，对他来说，这何尝不是幸福的啊！

2023 年 3 月 28 日

于紫金山下